講説 民法（債権総論）

吉川日出男　木幡文德　野口昌宏　庄　菊博
後藤泰一　山口康夫　田口文夫　久々湊晴夫

不磨書房

〔執筆分担〕

吉川日出男（札幌学院大学教授）　第1章，第3章，第4章
木幡　文德（専修大学教授）　第2章
野口　昌宏（大東文化大学教授）　第5章，第6章
庄　　菊博（専修大学教授）　第7章
後藤　泰一（信州大学教授）　第8章
山口　康夫（流通経済大学教授）　第9章
田口　文夫（専修大学助教授）　第10章第1節〜第4節
久々湊晴夫（北海道医療大学教授）　第10章第5節〜第8節

（執筆順）

はしがき

　この度，講説民法シリーズ『債権総論』が刊行される運びとなった。本シリーズは，『総則』が平成10年に，『親族法・相続法』と『債権各論』が同11年に，『物権法』が同12年にそれぞれ刊行されており（『総則』と『親族法・相続法』は，その後，成年後見制度の導入に伴い補充・改訂がなされている），本書をもってここに全5巻が揃ったことになる。

　債権総論は，その性格上，債権各論に比べて条文が抽象的にできているため，問題を具体的にイメージすることが容易でない場合が多く，また，条文の具体的解釈をめぐって意見の対立が生じやすい領域である。そうしたことから，債権総論は，講義をする者にとっても聴く者にとっても苦労を伴うことが少なくない。

　本書の基本的姿勢は，まず，債権総論における抽象的な条文につき，ＡＢ間における分かりやすい単純化したモデルを設定した上で，具体的にどういったことが問題なのかを明確に把握してもらうこと，つぎに，その問題がどのような理屈（解釈）によって解決されているのか，判例・学説の考え方を通して具体的に理解してもらうことにある。この繰り返しによって，民法の仕組みや考え方，論理的・体系的な思考力が身につくであろうとの思いを強くしている。

　執筆にあたって，各執筆者は，それぞれ大学での民法講義の経験に基づき，学習者が迷路に陥りそうな箇所については工夫をこらし，できるだけ平易な口調で語りかけるようにと心掛けたつもりである。この思いがどれだけ伝わっているかは読者の厳正な批判を待つほかない。本書をさらに良いものにするために，私たちはこれからも精進する所存である。

　本書の刊行にあたっては，終始，不磨書房の稲葉文彦氏に大変お世話になった。ここに執筆者一同，心よりお礼を申し上げる次第である。

2001年2月8日

執筆者一同

目　次

はしがき

第1章　債権総論 ……………………………………………………… 1
第1節　総　説 …………………………………………………… 1
　　1　債権の意義 ………………………………………………… 1
　　2　債権の本質 ………………………………………………… 1
　　3　債権法の役割 ……………………………………………… 3
第2節　債権法の意義・範囲および特色 ……………………… 5
　　1　債権法の意義 ……………………………………………… 5
　　2　債権総論の範囲 …………………………………………… 5
　　3　債権法の特色 ……………………………………………… 7

第2章　債権の目的 …………………………………………………… 9
第1節　債権の目的（給付の意義など） ……………………… 9
　　1　債権の目的の意義 ………………………………………… 9
　　2　給付の有効要件 …………………………………………… 9
第2節　給付の種類 ……………………………………………… 11
第3節　特定物債権 ……………………………………………… 12
　　1　意　義 ……………………………………………………… 12
　　2　債務者の義務内容 ………………………………………… 13
第4節　種類債権 ………………………………………………… 14
　　1　種類債権の意義 …………………………………………… 14
　　2　種類債権の目的物の品質 ………………………………… 14
　　3　種類債権の特定（集中）………………………………… 14
第5節　金銭債権 ………………………………………………… 17
　　1　金銭債権の意義 …………………………………………… 17
　　2　金銭債権の給付義務 ……………………………………… 17

　　　　3　金銭債権と事情変更の原則 ………………………………… *18*
　第6節　利 息 債 権 ………………………………………………………… *19*
　　　　1　利息債権の意義 ……………………………………………… *19*
　　　　2　二種の利息債権（基本権たる利息債権・支分権たる
　　　　　　利息債権）………………………………………………………… *19*
　　　　3　利　　率 ……………………………………………………… *20*
　　　　4　重　　利 ……………………………………………………… *20*
　　　　5　利息制限法 …………………………………………………… *21*
　　　　6　出資取締法における高利の制限および貸金業規制法 ……… *24*
　第7節　選 択 債 権 ………………………………………………………… *25*
　　　　1　選択債権の意義 ……………………………………………… *25*
　　　　2　選択債権の特定 ……………………………………………… *26*
　第8節　任 意 債 権 ………………………………………………………… *28*
　　　　1　任意債権の意義 ……………………………………………… *28*
　　　　2　任意債権の特色 ……………………………………………… *28*

第3章　債権の効力 …………………………………………………………… *29*
　第1節　債権の効力 ………………………………………………………… *29*
　　　　1　債権の効力の意義 …………………………………………… *29*
　　　　2　債権の効力の概要 …………………………………………… *29*
　第2節　自 然 債 務 ………………………………………………………… *30*
　　　　1　自然債務の意義 ……………………………………………… *30*
　　　　2　自然債務に関する学説・判例 ……………………………… *30*
　第3節　債務と責任 ………………………………………………………… *31*
　　　　1　債務と責任の関係 …………………………………………… *31*
　　　　2　債務の分離 …………………………………………………… *32*
　第4節　債 権 侵 害 ………………………………………………………… *32*
　　　　1　第三者による債権侵害 ……………………………………… *32*
　　　　2　債権侵害にもとづく損害賠償請求権 ……………………… *33*
　　　　3　債権侵害にもとづく妨害排除請求権 ……………………… *35*

第4章　債権の強制履行 ……………………………………… 38
第1節　債権の強制的実現の意義 ……………………………… 38
第2節　直 接 強 制 ……………………………………………… 38
第3節　代 替 執 行 ……………………………………………… 39
第4節　判 決 代 用 ……………………………………………… 39
第5節　間 接 強 制 ……………………………………………… 40

第5章　債務不履行 …………………………………………… 42
第1節　債務不履行の意義 ……………………………………… 42
　1　債務不履行とは何か ……………………………………… 42
　2　債務不履行の態様 ………………………………………… 43
第2節　履 行 遅 滞 ……………………………………………… 44
　1　履行遅滞とは何か ………………………………………… 44
　2　履行遅滞の要件 …………………………………………… 44
　3　履行遅滞の効果 …………………………………………… 50
第3節　履 行 不 能 ……………………………………………… 53
　1　履行不能とは何か ………………………………………… 53
　2　履行不能の要件 …………………………………………… 54
　3　履行不能の効果 …………………………………………… 57
第4節　不完全履行 ……………………………………………… 58
　1　不完全履行とは何か ……………………………………… 58
　2　不完全履行の要件 ………………………………………… 59
　3　不完全履行の効果 ………………………………………… 62
第5節　損害賠償——債務不履行の効果 ……………………… 63
　1　意　義 ……………………………………………………… 63
　2　損害賠償の範囲 …………………………………………… 64
　3　損害賠償額の算定 ………………………………………… 66
　4　損害賠償の範囲に関する例外 …………………………… 67
　5　損害賠償の方法 …………………………………………… 72

第6章 受領遅滞 ……………………………………………… 73
第1節 受領遅滞の意義および性質 …………………………… 73
第2節 受領遅滞の要件 ………………………………………… 74
第3節 受領遅滞の効果 ………………………………………… 76
第4節 受領遅滞の終了 ………………………………………… 78

第7章 責任財産の保全 …………………………………… 79
第1節 序 説 …………………………………………………… 79
第2節 債権者代位権 …………………………………………… 80
1 債権者代位権の意義 ………………………………… 80
2 債権者代位権の要件 ………………………………… 80
3 債権者代位権の目的となる権利 …………………… 82
4 債権者代位権の行使方法 …………………………… 83
5 債権者代位権行使の範囲 …………………………… 83
6 債権者代位権行使の効果 …………………………… 84
7 債権者代位権の転用 ………………………………… 85
第3節 債権者取消権 …………………………………………… 87
1 債権者取消権の意義 ………………………………… 87
2 債権者取消権の法的性質 …………………………… 87
3 債権者取消権の要件 ………………………………… 89
4 債権者取消権の行使方法と範囲 …………………… 93
5 債権者取消権行使の効果 …………………………… 96
6 債権者取消権の消滅時効 …………………………… 99

第8章 多数当事者の債権関係 …………………………… 100
第1節 序 説 …………………………………………………… 100
1 多数当事者の債権関係の意義 ……………………… 100
2 債権債務の合有的帰属・総有的帰属 ……………… 100
3 多数当事者の債権関係の効力 ……………………… 101
第2節 分割債権関係 …………………………………………… 102

	1	意義——分割債権・債務の原則 …………………………… *102*
	2	分割債権・債務の成立 …………………………………………… *102*
第3節	不可分債権関係 ……………………………………………………………… *104*
	1	不可分債権・債務の意義および成立 ………………………… *104*
	2	不可分債権の効力 ……………………………………………………… *105*
	3	不可分債務の効力 ……………………………………………………… *107*
第4節	連 帯 債 務 ………………………………………………………………… *107*
	1	連帯債務の意義と性質 ………………………………………………… *107*
	2	連帯債務の成立 …………………………………………………………… *108*
	3	連帯債務の効力 …………………………………………………………… *109*
	4	不真正連帯債務 …………………………………………………………… *118*
	5	連帯債権 ………………………………………………………………………… *120*
第5節	保 証 債 務 ………………………………………………………………… *121*
	1	保証債務の意義 …………………………………………………………… *121*
	2	保証債務の成立 …………………………………………………………… *122*
	3	保証債務の内容と範囲 ………………………………………………… *124*
	4	保証債務の効力 …………………………………………………………… *125*
第6節	特殊な保証 ………………………………………………………………… *134*
	1	連帯保証 ………………………………………………………………………… *134*
	2	共同保証 ………………………………………………………………………… *135*
	3	継続的保証 …………………………………………………………………… *137*
	4	身元保証 ………………………………………………………………………… *138*
	5	賃貸借契約の保証 ……………………………………………………… *140*
	6	機関保証 ………………………………………………………………………… *141*

第9章 債権関係の変動（債権譲渡・債務引受） …………………… *142*

第1節　序　説 ………………………………………………………………………… *142*

  1　主体の変更 …………………………………………………………………… *142*

  2　社会的作用 …………………………………………………………………… *143*

第2節　債 権 譲 渡 ………………………………………………………………… *144*

   1 債権譲渡の意義と概要 …………………………………… *144*
   2 指名債権の譲渡 …………………………………………… *145*
   3 証券的債権の譲渡 ………………………………………… *152*
 第3節 債務の引受 …………………………………………………… *155*
   1 債務引受の意義 …………………………………………… *155*
   2 債務引受契約 ……………………………………………… *156*
 第4節 併存的債務引受，履行引受 ………………………………… *157*
   1 併存的債務引受 …………………………………………… *157*
   2 履行の引受 ………………………………………………… *158*
 第5節 契約上の地位の譲渡 ………………………………………… *158*
   1 契約上の地位の譲渡の意義 ……………………………… *158*
   2 契約上の地位の譲渡の要件 ……………………………… *159*
   3 契約上の地位の譲渡の効果 ……………………………… *159*

第10章 債権の消滅 …………………………………………………… *160*

 第1節 序　説 ………………………………………………………… *160*
   1 債権の消滅原因 …………………………………………… *160*
   2 債権消滅原因の分類 ……………………………………… *161*
 第2節 弁　済 ………………………………………………………… *161*
   1 弁済の意義と性質 ………………………………………… *161*
   2 誰が弁済をなしうるか ── 弁済者 …………………… *164*
   3 誰に対して弁済すべきか ── 弁済受領者 …………… *167*
   4 いつ，どこで，何を弁済すべきか ── 弁済の客体・場所・
     時期・費用 ………………………………………………… *171*
   5 どの程度の履行行為をすれば弁済があったものとされるか
     ── 弁済の提供 …………………………………………… *175*
   6 弁済はどの債務に対してなされたものか ── 弁済の充当 … *181*
   7 弁済の事実は何によって証明されるか ── 弁済の証拠 …… *184*
   8 債務者以外の弁済者の有する求償権の確保 ── 弁済による
     代位（代位弁済） ………………………………………… *185*

第3節 代物弁済 ………………………………………………… 194
　1　代物弁済の意義と性質 ……………………………………… 194
　2　代物弁済の要件 ……………………………………………… 197
　3　代物弁済の効果 ……………………………………………… 198
　4　代物弁済の予約 ……………………………………………… 198
第4節 供　　託 ………………………………………………… 200
　1　供託の意義と性質 …………………………………………… 200
　2　供託の要件 …………………………………………………… 201
　3　供託の方法 …………………………………………………… 204
　4　供託の効果 …………………………………………………… 205
第5節 相　　殺 ………………………………………………… 208
　1　相殺の意義 …………………………………………………… 208
　2　相殺の要件 …………………………………………………… 209
　3　相殺の方法 …………………………………………………… 212
　4　相殺の効果 …………………………………………………… 214
第6節 更　　改 ………………………………………………… 215
　1　更改の意義 …………………………………………………… 215
　2　更改の要件 …………………………………………………… 216
　3　更改の効果 …………………………………………………… 217
第7節 免　　除 ………………………………………………… 217
　1　免除の意義 …………………………………………………… 217
　2　免除の方法 …………………………………………………… 218
　3　免除の効果 …………………………………………………… 219
第8節 混　　同 ………………………………………………… 219
　1　混同の意義 …………………………………………………… 219
　2　混同の効果 …………………………………………………… 220

事項索引 ………………………………………………………… 223
判例索引 ………………………………………………………… 229

【参考文献】 さらに学習を深めようとする人のために

安達三季生『債権総論（第4版）』（2000年　信山社）
池田真朗『スタートライン債権法』（1995年　日本評論社）
遠藤浩・川井健他編『民法(4)債権総論（第4版）』（有斐閣双書）（1997年　有斐閣）
遠藤浩・水本浩編『債権総論』（青林教科書シリーズ）（1986年　青林書院）
近江幸治『民法講義(4)債権法総論』（1994年　成文堂）
奥田昌道『債権総論（増補版）』（1992年　悠々社）
於保不二雄『債権総論（新版）』（法律学全集）（1972年　有斐閣）
川井健『債権法Ⅰ債権総論(上)』『債権法Ⅱ債権総論(下)』（1988年　日本評論社）
川井健・鎌田薫編『債権総論』（現代青林講義）（1999年　青林書院）
北川善太郎『民法要綱(3)債権総論』（1993年　有斐閣）
澤井裕『テキストブック債権総論（増補版）』（1992年　有斐閣）
潮見佳男『債権総論』（1994年　信山社）
篠塚昭次『民法口話(3)債権総論』（1996年　有斐閣）
鈴木禄弥『債権法講義（3訂版）』（1995年　創文社）
田山輝明『民法講義案(4)債権総論』（1993年　成文堂）
野村豊弘・栗田哲男他『民法3債権総論（第2版補訂）』（有斐閣Sシリーズ）（1999年　有斐閣）
林良平（安永正昭補訂）・石田喜久夫・高木多喜男『債権総論（第3版）』（現代法律学全集）（1982年　青林書院）
平井宜雄『債権総論（第2版）』（法律学講座双書）（1994年　弘文堂）
平野裕之『債権総論（第2版補正版）』（2000年　信山社）
星野英一『民法概論Ⅲ』（1978年　良書普及会）
前田達明『口述債権総論（第3版）』（1990年　成文堂）
松坂佐一『民法提要　債権総論（第4版）』（1990年　有斐閣）
水本浩『債権総論』（1989年　有斐閣）
森泉章・中井美雄他『民法講義(4)債権総論』（有斐閣大学双書）（1977年　有斐閣）
山田卓生他編『分析と展開　民法Ⅱ債権（第3版）』（1998年　弘文堂）
我妻栄『新訂債権総論（民法講義Ⅳ）』（1964年　岩波書店）
我妻栄・有泉亨・川井健『民法2債権法（第5版）』（2000年　一粒社）

〔注釈等〕

奥田昌道編『新版　注釈民法(10)債権(1)』（1987年　有斐閣）
西村信雄編『新版　注釈民法(11)債権(2)』（1965年　有斐閣）

磯村哲編『新版　注釈民法⑿債権⑶』（1970年　有斐閣）
篠塚昭次・前田達明編『新判例コンメンタール民法5・6』（1992年　三省堂）
星野英一・平井宜雄『民法判例百選Ⅱ債権（第4版）』（1996年　有斐閣）
ジュリスト重要判例解説（毎年発行　有斐閣）
瀬川信久・内田貴・森田宏樹『民法判例集（担保物件・債権総論）』（1998年　有斐閣）
我妻栄・民法研究同人会編『民法基本判例集（第6版）』（1999年　一粒社）

第1章　債権総論

第1節　総　　説

1　債権の意義

　債権とは，特定人（債権者）が他の特定人（債務者）に対して一定の行為（給付）を請求することができる権利をいう。たとえば，貸主が借主に対して貸金を請求する権利，買主が売主に対して目的物の引渡を請求する権利などがこれに当たる。債権は単に「請求権」に尽きるのではなく，この債権に伴う多くの権能と義務（同時履行の抗弁権，担保責任，解除権など）を内含している。こうした当事者間の全法律関係を債権関係という。債権関係は当事者の共同目的達成のための有機的協力関係であり，当事者の信頼関係が基盤になっている。

2　債権の本質

　債権の本質を物権との対比の中でみていくことにする。
　（1）　請求権・支配権
　債権は特定人が他の特定人に対して一定の行為を「請求する権利」であり，債権者は契約当事者以外の者には原則として給付を請求することはできない。他方，物権は「直接的支配権」であり，自分以外のすべての者に対してその権利を主張することができる。この区別は，債権は債務者の行為を介してのみその目的が達成されるが，物権は権利者の意思で実現できる，という意味において正しい。
　（2）　相対権・絶対権
　債権は債権者が債務者に対してのみ一定の給付を請求できる権利である。かくして，債権は「相対権」（対人権）であるといわれている。これに対して，物権は物に対する絶対的支配権であり「絶対権」（対世権）であるとされている。

大正初期に第三者による債権侵害において，不法行為の成立を認める必要から，債権も不可侵性を有する点で絶対権と異ならないと解され，両者の区別が一時排斥される傾向を生じたが，権利の本来的効力からこうした区別は意義があるものとされている。

（3） 排他性の有無

債権の場合，相容れない内容の債権の併存的成立が認められる。すなわち，債権は債務者の意思にもとづく権利であるから排他性を認めるに適しない権利であるといえる。他方，物権は排他的権利であるから，1つの物について同一内容を有する2個以上の権利を認めることはできない（一物一権主義）。それゆえ，新たな物権はそれ以前に発生した権利の内容を害しない範囲で成立することになる。すなわち，物権には順位があることになる。しかし債権には順位はない。たとえば，債務者（A）が債権者（B）から2,000万円，同（C）から1,000万円（B・C抵当権者，B1番抵当権者，C2番抵当権者），同（D）から1,000万円，同（E）から250万円（D・E一般債権者）から借用したところ，Aの責任財産として抵当目的物の競売代金3,500万円しか残らなかったとしよう。この場合，B・C・D・Eはどのように分配を受けることになるのであろうか。①BはCに優先して配分を受け（先順位物権は後順位物権に優先する），②Cは残余の財産からD・Eに優先して配分を受けることになる（物権は債権に優先する）。③他方，D・EはB・Cへの配分後の残余の財産からそれぞれ債権額に応じて配分を受けることになる。これを債権者平等の原則という。最終的には，Bは2,000万円，Cは1,000万円，Dは400万円，Eは100万円の配分を受けることになる。

しかし，不動産賃借権については民法（605条・395条），その他特別法（借地借家法10条・31条など）によって排他性が認められていることに注意する必要がある。

（4） 譲渡性の有無

債権は法的な人的連鎖であり，契約当事者の一方が変わると，その債権の同一性が失われることから，債権の同一性を維持したまま債権を譲渡することはできないはずである。しかし，民法は債権を財産権の1つとしてその譲渡性を承認するにいたっている（466条1項本文）。しかし，わが民法はその例外を設

けている。すなわち，債務の性質が譲渡を許さない場合（466条1項但書），当事者が債権譲渡しないという特約をしているような場合（同条2項），特定人の特別の信頼関係に重点が置かれているような場合（594条2項・612条1項・625条1項・104条など）には，債権の譲渡性は制限されている。他方，物権は絶対的・排他的権利であるから，自由に譲渡することができる。

(5) 不可侵性の有無

債権は特定の債権者と特定の債務者の権利義務関係であるとすることを強調すれば，債権を侵害してはならないのは債務者のみであり，したがって，第三者による債権侵害はありえないことになる。たとえば，B（賃貸人）がA（賃借人）に賃貸した土地をC（第三者）が不法に占拠した場合，債権には排他性がないから，AからCに対して，債権侵害を理由に妨害排除請求することはできないことになる。しかし，今日では，債権にも不可侵性があり，第三者による債権侵害が不法行為を成立させる場合があるとされている。他方，物権には不可侵性があり，それに対する侵害に対しては物権的請求権が発生する。

3 債権法の役割

(1) 債権の歴史的意義

債権は「他人をして将来財貨または労務を給付させることを目的とする権利」である。債権がこのような社会的機能を果たすには，一定の文化的発展が必要となる。物権と債権との関係でみると，まず，人の財貨に対する支配が「物権」として社会的に承認されることが必要である（物権の発生）。たとえば，自給自足経済社会では，自分が獲得し，生産した物について所有権さえ認められればそれで十分である。しかし，現物交換がなされる社会になると，「現在の財貨」と「現在の財貨」の交換が行われ，さらに商品取引が頻繁に行われるようになると，買主と売主との間に一定の信頼関係が生じ，「現在の財貨」と「将来の財貨」の交換が行われるようになる。ここにおいて法的カテゴリーとしての本来的「債権」が発生する。社会はさらに発展し，「将来の財貨」と「将来の財貨」との交換が行われるようになり，貨幣制度の発生に伴って，売買という債権関係が生み出され，雇用契約，労働契約など新しい類型の債権関係（有価証券に化体された債権，カルテル契約，労働協約，新種の契約など）が

多数発生することになる。

（2） 財産としての債権

資本主義経済が発展すると，債権（債務者に将来一定の給付をさせる権利）は現在において価値あるものと観念され，債権自体他人に譲渡することができるようになる。債権が証券によって譲渡されるようになると，債権は証券に化体して1個の独立した動産・財産となり（債権の動産化・物権化），取引の対象となる。民法は無記名債権（たとえば，乗車券・商品券等）を動産とみなしている（86条3項）。商法は，手形，小切手，貨物引換証等の有価証券を交付することによって権利移転するとして，それらの流通の安全を図っている。

（3） 物権の債権化

資本主義社会では物権と債権は相互に関連して社会的・経済的機能を果たしている。すなわち，物権は債権と結合して資本化（利用権と価値権の分離）され，所有者の非所有者に対する経済的優位は物を支配する作用から人を支配する作用を営むようになる。これを物権の債権化という。物権の債権化はやがて産業資本の支配から金融資本の支配に移行していく。金融資本は巨大な資本をバックに企業に貸金を行い産業資本に介入していく。それと同時に，金融資本は債権を保全するため企業担保制度（各種の財団抵当法など）を確立し，ますます支配力を強化していくことになる（我妻栄・近代法における債権の優越的地位）。

（4） 債権の物権化

債権の物権化は2つの点で現れる。第1は，債権の証券化においてである。すなわち，債権，とくに金銭債権は「物権に到達する手段」としての地位から，それ自体1つの独立した財産権として「自己目的化」する場面である。第2は，債権の効力強化についてである。債権は物権より効力は劣るが，債権と結合して作用する所有権は債務者の地位・権利を強く抑圧することになる。たとえば，Aがその所有する土地をBに賃貸し，Bがその土地上に建物を建てて居住していたところ，Aはその土地をCに譲渡してしまったとしよう。この場合において，賃借権を一般的債権と解すると，BはCに対して，賃借権をもって対抗できないことになる。これではBの地位が不安定なことから，民法はBが不動産賃借権の登記をしておれば，事後当該不動産につき物権を取得した者に対して，

対抗できるとしている (605条)。しかし，この規定は実際上ほとんど実効性をもたない。その後，建物保護法，借地借家法等によって，土地賃貸借の登記がなくても，借地上の建物の保存登記等をしておけば，新しい物権取得者に対抗できるとして，不動産賃借権の保護を図っている（建物保護ニ関スル法律1条）。最近改正された借地借家法においてもこの趣旨は貫かれている（借地借家10条1項・31条）。これらを「不動産賃借権の物権化」という。

第2節　債権法の意義・範囲および特色

1　債権法の意義

（1）　形式的意味における債権法

形式的意味における債権法とは，民法第三編の規定（399条～724条）するところをいう。すなわち，債権法の規定は，「総則」（第1章399条～520条），「契約」（第2章521条～696条），「事務管理」（第3章697条～702条），「不当利得」（第4章703条～708条），「不法行為」（第5章709条～724条）の5項目からなっている。「総則」では，債権の「内容」・「目的」・「効力」などを一般的に規定し，後者は債権発生の主要な原因としてその内容を規定する。前者を「債権総論」といい，後四者を「債権各論」という。

（2）　実質的意味における債権法

実質的意味における債権法とは，形式的意味における債権法とそれに関連する特別法をいう。債権総論の特別法として，利息制限法，身元保証ニ関スル法律，供託法などがある。債権各論の特別法としては，借地借家法，自動車損害賠償保障法，農地法，信託法，製造物責任法（PL法），国家賠償法などがある。これらを含めて実質的意味における債権法という。

2　債権総論の範囲

（1）　債権の目的（399条～411条）

債権の目的は債権の内容たる債務者の行為であって，給付ともよばれている。「給付」とは，債務者が債権者に対して有形・無形な利益を供与することをいう。債権の内容たる給付の種類は契約自由の原則によって，多様化しているが，

民法は，給付の種類に対応したいくつかの種類の債権に関する規定を設けている。すなわち，「特定物債権」(400条)，「種類債権」(401条)，「金銭債権」(402条)，「選択債権」(406条)などである。

（2） 債権の効力 (412条〜426条)

債権の効力とは，債権の目的を実現するために法律上認められた債権者の権能のことをいう。もし，債務者が任意に債務を履行しない（債務不履行）とき，債権者は国家権力により債務者に対してその給付の実現を強制し（強制執行），損害賠償の請求ができる。これが債権の本体的効力である。ここでは，債務不履行の諸形態，債務不履行による損害賠償に関する規定，債権者遅滞に関する規定，債権の強制的実現に関する規定，債権者代位権・債権者取消権に関する規定などが混在している。債権の強制的実現に関する規定は，実定法である民法の体系からすると特異な規定であり，また，債権者代位権や債権者取消権は「責任財産の保全」・「債権の対外的効力」とよばれているが，その機能については議論の多いところである。

（3） 多数当事者の債権関係 (427条〜465条)

通常，1つの債権をめぐって，1人の債権者，1人の債務者を想定して債権関係を論ずるが，当事者の一方または双方に複数人がかかわる債権関係に関与する場合がある。このような場合に，多数債権者と債務者との関係，多数債権者間の権利帰属の態様，あるいは債務者が多数いる場合における債権者の権利行使の態様，多数債務者間の債務負担の態様，多数債務者の1人に生じた事由が他に及ぼす影響いかんが問われることになる。わが民法典は，「分割債権」・「不分割債権」，「可分債務」・「不可分債務」，「連帯債務」，「保証債務」を一括して，「多数当事者の債権」として規定している。これらは，債権関係における当事者が複数であるという点では共通しているが，その作用・効果からみると異質なものを寄せ集めたものということもできる。「保証債務」と「連帯債務」は，その実質的においては「担保」的作用が濃厚であり，これらはまた債権の1つの効力として考えられる。

（4） 債権譲渡 (466条〜473条)

債権譲渡とは，文字どおり債権の同一性を維持しつつ移転することである。これは物権編総則の物権変動に対応するものである。債権譲渡は債権を1個独

立の財産として取引の目的となることを認めたものである。債権の譲渡性が認められるのは近代社会に入ってからである。債権にはいくつかの類型があり，ここではそれぞれの債権に応じた譲渡契約の成立要件，対抗要件について規定している。

（5） 債権の消滅（474条～520条）

債権の消滅とは，債権が客観的に存在を失うことである。民法は債権の消滅原因として，「弁済」，「相殺」，「更改」，「免除」，「混同」を規定しているが，債権の消滅はここに列挙されているものだけでなく，「時効」，「無効・取消」，「解除」，「期間の満了」，「解約告知」などによっても債権は消滅する。

以上のように，民法典の「債権総論」の規定は，債権という権利の種類・態様・効力，多数当事者の債権・債務関係，債権の回収といった，債権に共通する課題を体系化したものとなっている。

3　債権法の特色

（1） 任　意　性

債権法は原則として任意法規である。任意法規は強行法規に対する概念である。任意法規とは，当事者の意思によりその適用を排除し得る法規を意味する。債権は物権のような排他性を有しないから，第三者に影響するところは少なく，債権法は当事者の意思を尊重し，それが不明または欠落している場合にその意思を解釈・補充することをもってその任務とする。しかし，契約の自由といっても，①契約の内容が公序良俗に違反すればその契約は無効であるし（90条），②「法定債権関係」（事務管理・不当利得・不法行為等）の領域においては，ほとんど任意法規たる性格はなく，③契約関係のなかでも，たとえば，契約の形式・内容が定型化し契約の自由が形式化している，借地借家法，農業法，労働法（社会的立法），独占禁止法（経済統制立法）等の領域では，契約の自由は制限され，債権法の適用領域は縮小していくことになる。また，債権者代位権・債権者取消権に関する規定は純然たる任意規定ではなく，事務管理・不当利得・不法行為は任意法規としての性格をもたないといってよい。

（2） 普　遍　性

物権法や親族法・相続法は，その国・地方の特有の習慣または社会事情を基

礎としており，地域特性（固有性）を有することが多いが，債権法は取引関係（合理性に基礎をおく領域）を対象とすることから，地方的・民族的色彩が少なく，国際的普遍性をもつ。したがって，取引法としての民法・商法の区別は薄れ，いわゆる民法の商化現象が起こり，とくに，動産売買においては，国際動産売買法や手形・小切手法，あるいはＥＣ法を中心とした，国際的な統一法の制定化が試みられている。

（3） 信義則の支配

債権法は信義誠実の原則によって支配される。あるいは，債権関係は人と人との信頼関係の上に成り立つものであり，とくに契約関係にあっては，契約当事者は相互に信頼しあい，その信頼にこたえるよう行動することが基礎となっているからである。この信義則はローマ法における善意訴訟（actions bonae fidei）に端を発し，契約自由の原則が確立されるにつれ，債務者の行動原理として近代法に継承されることになった。フランス民法は，契約は信義則（bonne foi）に従って履行されるべきであるとしている（フ民1134条3項）。スイス民法はさらにそれを一歩進め，「権利および義務の履行は，信義誠実にしたがってなされなければならない」（ス民2条1項）と定めている。かつて，信義則を債権法ないし取引法の原則として導入することについて，法律と道徳を混同するものであるとか，裁判官に広く裁量を認めることになる等の指摘があったが，今日，個人の意思のみで法律関係を律することの困難さ，取引範囲の拡大・複雑化，非対等性社会において，信義則（1条2項）は「公共の福祉」（1条1項），「権利の濫用禁止」（1条3項）原則とならんで私法関係全般に通ずる原理として重要な位置を占めている。

第2章　債権の目的

第1節　債権の目的（給付の意義など）

1　債権の目的の意義

債権の目的とは，債権が権利として作用する対象を意味する。債権の客体あるいは債権の内容とよばれることもある。債権は特定の人（債権者）が特定の人（債務者）に対して特定の行為を請求し得る権利であると定義づけられるのであるから，債権の目的は債務者の特定の行為であるということになる。債務者が債権者に対してなすべきこの特定の行為のことを，とくに給付とよぶ。重ねて定義すれば，債権の目的は給付である。

2　給付の有効要件

債権は，主として法律行為によって生ずるものであり，私的自治の原則・法律行為自由の原則・契約自由の原則の下で，その内容すなわち給付は当事者の意思にまかされることになる。しかしながら，当然のことではあるが，法律行為の有効要件を満たしていることが必要なのであるから，給付は，適法性，可能性，確定性を有するものでなければならない。民法総則の法律行為の領域で検討されるべき事項であるので，ここでは簡単に概略を述べるにとどめる。

（1）　給付の適法性（社会的妥当性）

給付は，強行法規に違反したり，公序良俗に違反するものであってはならない（90条）。たとえば，妾として行為することは，不法な行為として無効であり，また一生婚姻をしない，あるいは特定の営業を行わないといった不作為義務を要求することを内容とする給付は，それ自体は不法であるとはいえないが，法的強制力を認めることが不法であるということができるので，これも無効とされよう。

(2) 給付の可能性

給付は実現可能なものでなければならない。実現不能な給付を目的とする債権は成立しない。可能か不能かは，物理的に決せられるものではなく，法的に評価される事柄であり，社会通念上の観念によることになる。したがって，琵琶湖に投げ入れられた指輪を拾い上げてくるということを給付とする債権は不能であり無効であるとされる。ところで，債権の成立について，この可能性が問題となるのは，債権の成立時においてであり，債権の成立時に不能であることを「原始的不能」といい，そもそも債権は発生しない。ただこの場合も，契約に関連して，「契約締結上の過失」として処理すべき問題が発生することに注意すべきである。他方，債権が有効に成立した後に給付が不能となった場合は「後発的不能」と称され，その債権の効力いかんの問題となるのであり，債務不履行（履行不能）あるいは危険負担として扱われる。

なお，給付の全部が不能か一部が不能かは，債務不履行あるいは瑕疵担保責任の問題とかかわるので注意されたい。

(3) 給付の確定性

給付は，確定できるものでなければならない。債務者が実現しようとしてもその内容が不明であっては実現のしようがないからである。もっとも，給付は必ずしも債権成立時に確定している必要はないが，少なくとも履行時までには確定していなければならない。この確定は，まず第1には当事者の意思によるが，民法には補充規定が設けられており，当事者の意思が明確でなければ，これらの規定による。これらのうち，種類債権・金銭債権・利息債権・選択債権については本章で検討するが，保証債権に関する規定（447条）も確定に関する補充規定である。

(4) 給付とその金銭的価値の有無

(1),(2),(3)の要件を満たせば，どのような内容のものであっても債権の目的となり得る。給付の訴えを提起することができるし，強制履行ができない場合には，損害賠償を求めることができる。このことに関連し，債権の目的が金銭的価値を有しなければならないかどうかについて問題とされた。古い判例ではあるが，僧侶が祖先供養のために永代常念仏を行うことも債権の目的となり得るとしたものがある（東京地判大正2年新聞986号25頁）。もっとも，金銭

に見積もることのできない給付については，徳義上のあるいは道義上の関係にとどまるものと解すべき場合が多い（たとえば，ある事項について調査をするという約束は友誼的な軽い約束事にすぎず法的義務まで負わせるものではないとする最判昭和34年2月26日民集13巻2号394頁がある）。

第2節　給付の種類

　給付は，人の一定の行為ということになるからさまざまな角度から分類される。民法は，目的の態様に応じて，特定物債権，種類債権，金銭債権，利息債権，選択債権と分類し，それぞれについて規定を置いている。これらについては後に説明するので，ここではそれ以外の角度から給付を分類し説明を加えておく。

　（1）　作為・不作為

　労務の提供・品物の引渡などのように，債務者が一定の行為を積極的にある行為をすることが給付の内容である場合を「作為債務」という。これに対し，一定の建築物を建てないとか，競争となるような業務を行わない（競業避止義務）などのように，消極的に債務者が一定の行為をしないことを給付の内容とすることを「不作為債務」という。この区別は，債務不履行の場合にいかなる強制をなし得るか（414条）を考察する上で必要となる。

　（2）　与える給付（与える債務）・なす給付（なす債務）

　物の引渡を内容とするかあるいは債務者の行為そのものを内容とするかによる区別である。前者の物の引渡を内容とするのが与える給付であり，物の引渡以外のことを目的とするのがなす給付である。与える給付においては，債権の実現は，物の引渡によって達成されるので，誰によってそれが実現されるかは重要な意味を持たないので，債務者以外の者によって実現されることもありうる。一方，なす給付は，債務者自身によって実現されることが予定されていて，債務者以外の者による実現は本来予定されていない。つまり，前者が，債務者の人格と給付の分離が可能であるのに対し，後者は債務者の人格と給付がより密接に結合しているといえる。そこで，この両者では強制履行の方法に違いが生ずることになる。

（3） 可分給付・不可分給付

給付を分割して実現できるかそれとも一括してでなければ実現できないのかによる区別である。100万円の金銭，1トンの米を引き渡すことが債務の内容であるときには，これらを分割して，たとえば10万円ずつ10回に分けて，あるいは500キロずつ2回にわけて引き渡しても給付の本質が害されるわけでもなく，可能なことである。しかし，1頭の馬を引き渡すとか1台の車を引き渡すことを内容とする時は，これを分割して給付することは通常は困難である。前者を可分給付といい後者を不可分給付という。この区別は，債権者または債務者が複数いる時にそれぞれの債権者，債務者がどのような内容の権利，義務を負うのか，また，どのような関係に立つのかを考察するうえで必要な概念となる。

（4） 1回的給付・継続的給付・回帰的給付

売買における商品の引渡のように1回限りの給付によって完了するものか（1回的給付），家屋の賃貸借契約の賃貸物を賃借人に提供しておくことに見られるように，給付が間断なく継続的に実現されるものか（継続的給付），新聞の定期購読契約のように給付が一定期間をおいて反復的に実現されるのか（回帰的給付）による区別である。この区別は，とくに，継続的給付，回帰的給付においては，債権者と債務者の債権実現へ向けての信頼関係がより強いものと理解され，債務不履行について考察する際に考慮すべきこととなる。つまり，継続する給付の関係において，そのうちの一部の給付について履行遅滞，履行不能が生じたとき，全体の債権債務関係にどのような効果が発生するのかを格別に考慮すべきこととなるからである。

第3節　特定物債権

1　意　義

特定物債権とは，AがBに貸していた自動車の引渡を求める場合のように，特定物の引渡を目的とする債権である。ここにいう特定物とは具体的取引において，当事者がその個性に着目して他の物と区別して給付対象を指定した物であり，不代替物とは異なる概念である。つまり同じ種類の物が多数あっても当

事者の意思によってその中のある物を特定物と扱うこともできるのである。特定物債権は，特定物の少なくとも占有の移転がみられるが（賃貸借・寄託），売買・贈与契約のように占有の移転と共に所有権の移転を目的とすることもある。

2 債務者の義務内容

（1） 債務者の保管義務

特定物引渡債務を負う債務者は，目的物を引き渡すまで善良な管理者の注意をもって，その目的物を管理しなければならない（400条）。善良な管理者の注意（善管注意）とは，債務者の属する職業，社会的，経済的地位におけるもっとも平均的な人（抽象的平均人）を想定し，その人が通常そのような取引をする際に払うであろうと考えられる注意をいう。これに対し，自己の物を普通に管理する時は，人によって差異もあると考えられるが，民法は，一般的には善管注意よりも低い程度の注意しか払わないものとみて，注意義務を軽減し本人を規準とした注意の程度で足りる場合を定めている（659条・827条・918条・940条）。つまり特定物引渡債務における保管義務には，やや重い注意義務が課せられているのである。

特定物の引渡債務を負う債務者が，善管注意義務を尽くさないために，物が滅失または毀損した時は，損害賠償をしなければならない（415条）。なお民法400条は「引渡ヲ為スマテ」としているが，履行期に債務者が提供した場合に債務者が受領せず受領遅滞に陥った場合にまで，それ以後も善管注意義務を負わせることはできない。したがってこの点は「履行の提供を為すまで」と解すべきである。履行の提供をしたならば，それ以降は「自己ノ為ニスルト同一ノ注意」をもって保管すれば十分であるということになる。つまり提供後は注意義務は軽減される（659条参照）。

（2） 債務者の引渡義務

債務者は，善管注意をもって保管していた物を履行期における現状で引き渡せばよい。善管注意を払ったにもかかわらずその特定物が毀損することがあれば毀損したままの状態で引き渡せばよく，それ以上の義務は課せられない（483条）。

第4節　種類債権

1　種類債権の意義

　種類債権とは，一定種類に属する物の一定量の引渡を目的とする債権で，民法は「債権ノ目的ヲ指示スルニ種類ノミヲ以テシタル場合」と規定している（401条）。通常の商品売買における買主の権利はこれにあたり，この種の契約では，買主は，引き渡される物の個性に重きを置くのではなく，たとえばAという銘柄のビール1ダースを注文する時は，A銘柄ビールが1ダースあればそれでよいのであって，引き渡されるビールのそれぞれがどれでなければならないとは考えていないのが普通である（ビール1ダースと銘柄すら指定しない場合は，ともかくビールが1ダースあればよいということになる）。このように，ここでの種類とは，各物体の一群を意味する。この一群が何であるかは，当事者の意思によって定められ，その中の一定量の給付を目的とするのが種類債権であるということになる。

　取引上同一種類に属するとみられる物を，場所や時によって制限し，その制限内にある目的物の給付を目的とする債権，たとえば，A地所在の倉庫にあるB肥料を100袋引き渡すという債権を，制限（限定）種類債権という。

2　種類債権の目的物の品質

　種類債権では，種類，数量は常に確定されている必要があるが，その品質について違いがあれば品質についても，一般には当事者の意思あるいは取引の性質上定められているのが普通である。しかし，品質について定めがない場合には，中等の品質の物を引き渡せばよいとするのが民法の考えである（401条）。つまり1等，2等，3等とあれば2等の物，松，竹，梅とあれば，竹を引き渡せばよいとするのである。ここに挙げた例のように何が中等であるかが明確ではない場合もあろうが，それは取引の慣行によって定まることとなる。

3　種類債権の特定（集中）

（1）　種類債権の特定（集中）の意義

種類債権の目的は特定していないから，現実に引渡をするためには，その種類に属する不特定物の中から選定作業を行いどれを引き渡すか決めなければならない。種類債権の目的が，不特定物の引渡から特定物の引渡に転化することを，種類債権の特定（集中）という。いつ特定が起こるかは，法律上大きな意味がある。特定が起こるとそれ以後は，種類物として他に同じ物が多数あっても，引渡の対象はその特定物となるからである。

（2） 種類債権の特定の方法

　種類債権における特定の時期は，特約や慣行があればこれに従うことになるが，それがない時に備えて民法は2つの補充規定を置いている。つまり「債務者カ物ノ給付ヲ為スニ必要ナ行為ヲ完了シタ」とき，または「債権者ノ同意ヲ得テ給付スヘキ物ヲ指定シタ」ときがこれである（401条2項）。

　後者については，債務者が債権者から指定権を与えられて特定の物を不特定物の中から分離指定した時であるからとくに問題はないが，前者については，一体どのような行為をした時に必要な行為を完了したといえるのか不明確である。これについては，目的物の種類，生産者か小売商か消費者かなどの売主と買主の地位，取引の慣行などを検討して決するしかない。しかし，通説・判例は，債務者の履行すべき場所と関連させて，一般的標準としてつぎのように解している。

　(a) 持参債務　　債権者の住所において目的物を給付すべき債務を持参債務といい，不特定物の給付を目的とする債務は，持参債務が原則であるとされている（484条後段）。そこで，この場合には，目的物が債権者の住所に到達し，または持参して，何時でも債権者が受領可能になった時が，物の給付をなすに必要な行為を完了した時となり，この時に種類債権は特定することとなる。したがって目的物を発送しただけでは特定したとはいえない（大判大正8年12月25日民録25輯2400頁）が，持参したものの債権者の都合で受領されずに持ち帰ったような場合には特定は起こると解される。

　(b) 取立債務　　債務者の住所において履行すべき債務を取立債務というが，この場合には，債務者は何時でも債務者が受領できるように準備をして，つまり目的物を分離し引渡の準備を整えてそのことを債権者に通知することによって特定する。

(c) 送付債務　　給付が，債権者，債務者の住所以外の第三地においてなされるべき債務を送付債務という。この第三地での履行が債務者の義務である場合（義務的送付債務）には，持参債務と同様に，定められた第三地において提供することにより特定することとなる。第三地に向けて送付しただけでは特定は起こらない（最判昭和47年5月25日判時671号45頁）。

これに対し，第三地における履行が債務者の義務ではなく，好意によって第三地に送付する場合には債務者が第三地に向けて発送することにより特定すると解されている。

(3) 種類債権特定の効果

種類債権が特定すると，特定物債権に転化することとなる。したがって特定以後は，特定物債権で述べたのと同様な法律効果が生じてくることになる。

(a) 善管注意義務　　債務者は種類債権の特定によりその物の引渡まで，善管注意義務をもってその物を保管しなければならない（400条）。

(b) 危険負担・瑕疵担保責任など　　特定後に物が滅失したときは，その滅失が債務者の責による物か否かによって債務者は，損害賠償義務を負うか，またはその責を免れることとなる。売買のような双務契約では，特定の時から物の引渡についての債権者が危険を負担することになり（534条2項），売主の責任でなく物が滅失したときは，売主は他の物を給付する義務を負わず，代金を請求することができることになる。また，種類物特定後に給付した物に瑕疵があった場合については，売主の担保責任の規定（561条以下）が適用になるのか，それとも不完全履行として完全な履行を求めることができるのかが検討されねばならない。

(c) 目的物の所有権の移転　　目的物の所有権は，特約がない限り，特定した時に当然に債権者に移転する（最判昭和35年6月24日民集14巻8号1528頁）。

(d) 変更権　　特定以前は，債務者が給付のために選り分けておいた物が滅失した場合には代わりの物を給付する義務があるが，特定後は，これを厳密に解すると債務者は特定した物を給付しなければならないことになる。しかし，種類債権では当事者は物の個性に重きをおいていないのだから，債権者に不利益が生じない時は，特定後であっても，取り替えることができると解されている。このことを債務者には特定後も変更権があるという。債務者が1番から

100番までの番号の株券を提供した後，債権者の都合により債務者が株券を保管していたが，都合により101番から200番の株券を給付するような場合がこれである（大判昭和12年7月7日民集16巻1120頁）。

第5節　金銭債権

1　金銭債権の意義

　金銭債権とは，一定額の金銭の支払を目的とするものである。金銭という特殊な種類に属する物の引渡を目的とする種類債権の一種であるともいえようが，ここで引渡の対象とされているのは金銭（貨幣）によって示された一定の価値の給付であるから，種類債権におけるような特定（集中）の問題は生じない。また通貨が存在する以上，債務不履行については履行遅滞が生ずるのみで，履行不能は問題とならない。

　ところで広く金銭債権という場合には，封金として寄託された金銭の引渡を求める債権も金銭債権とされる（特定金銭債権）が，これは特定物債権に属するものと解される。また，天皇在位60年記念硬貨を収集の目的で給付の対象とする場合（絶対的金種債権）は他の種類の金銭で支払うことを認めないので種類債権として理解されるべきものとなる。しかし通常，金銭の支払を求められるのは貨幣の種類よりも金銭の額が重要とされるのであり，金銭債権というときはこの「金額債権」を意味する。なお，一定種類の金銭，たとえば100円札で支払うという特約がある場合の金銭債権（相対的金種債権）は，履行期にその種の金銭が強制力を失っている時は他の貨幣で支払うべきこととされているので（402条2項），結局金額債権に帰着することとなる。そこで，ここでは，金額債権としての金銭債権を中心に考察する。

2　金銭債権の給付義務

（1）通貨による弁済

　金銭債権（金額債権）については，金銭の種類を問わないから，強制通用力のある金銭すなわち通貨ならばどのような種類でもよく，約定の金額だけを給付すればよい（402条1項）。1千円札，2千円札，5千円札，1万円札などの

日本銀行券は無制限に強制通用力が認められる（日本銀行法29条2項）が，貨幣については，通用限度があり，額面価格の20倍までに限り，法貨として通用するとされている（通貨の単位及び貨幣の発行等に関する法律7条）。したがって，債権者が認めない限りは，1万円の支払を，1円貨や10円貨や100円貨によって弁済することはできないことになる。

（2） 外国金種債権

外国の通貨の給付を目的とする債権を外国金種債権という。この場合もその国の各種の通貨で支払うことができるが，外国金種債権では，債務者は履行地の為替相場により，日本の通貨で支払う自由がある（403条）とされている点に特色が見られる。

3　金銭債権と事情変更の原則

貨幣の実質的価値は経済状況に応じて絶えず変動するが，金銭債権の履行はこの変動ある貨幣を形式的に固定した貨幣で支払が決済されることとされている。つまり金銭債権については，貨幣の実質的価値と形式的価値との食い違いが生ずることは，本来的に運命づけられているといえよう。しかし，その食い違いがはなはだしくなると，債権者と債務者の利害が深刻なものとなってくる。これは，強度なインフレーションが生じ，家一軒を売却した代金を請求するのに，その代金がもはやその代金の支払を督促する葉書代にも満たないとの状況を思い浮かべれば理解されるところであろう。ここに，金銭債権について，変動が異常で急激であり予測不可能であったときは，債務の内容である名目上の金額を増減して，当事者の衡平を図るべき措置が採られねばならないとするのが事情変更の原則である。しかし，貨幣の実質的価値の変動はその宿命であり，資本主義経済の本質に根ざすものであるから，常に個別的にこれを考慮して修正することは，資本主義の金融をはじめとする基本的組織運営・維持を困難に陥れるとの理由から，特定の個別的具体的事案において，この原則を適用すべきではないとされる。もっとも，民法および特別法は，一般原則として，事情変更の原則を規定してはいないが個々の場合にこの考え方を取りいれて，当事者の衡平を図るものとしている（609条・610条611条・628条・651条2項・663条・672条2項・678条，借地借家法11条・32条，身元保証法3条・4条など）。判例も理

論的にはこの原則を肯認するものの，適用にあたっては慎重な態度を示している（最判昭和36年6月20日民集15巻6号1602頁）。

第6節 利息債権

1 利息債権の意義

　利息の支払を目的とする債権を利息債権という。利息債権は，金銭の貸借をその典型とする消費貸借（587条）や銀行や郵便局などへの預貯金の契約である消費寄託によって生ずるのが普通である。利息は金銭の借主や銀行・郵便局に与えた金銭その他の代替物である元本の使用の対価といえる。

　金銭の貸借により利息を発生させることは，中世ヨーロッパにおいては禁じられていた。当時は金銭の貸付は生活困窮者に行われるのが通常であり，利息を取ることはこれら生活困窮者からの不当な利益を得るものと解されたのである。しかしその後の資本主義の展開に伴い，金銭の貸借は，生産資本の調達として行われることともなり，利息の授受は合理性を持ち，不当なものではないとされるようになったのである。利息に関しては，近代市民法においては契約自由の原則の適用を受けるところであるが，ややもすると，貸主が優位に立ち高利を要求することになりかねない。しかし，社会の経済生活の安定という点からすると，金銭の貸借は，依然として個人の消費生活のためにも，あるいは小規模生産の資本調達のためにも行われるのであり，無制限の高利を放置するわけにはいかない。ここに，資本主義生産を支えるための金融機構の整備と利息の制限が問題となってくるのである。利息の制限については，後述する。

　利息は，元本を使用する対価として支払われるものであり，元本の額とその存続期間に応じて一定の割合（これを利率という）で算出される。利息は元本使用の対価であるから，法定果実である（88条2項）が，同じく法定果実であっても，家賃・地代は利率によって算出されるものではなく利息ではない。

2 二種の利息債権（基本権たる利息債権・支分権たる利息債権）

　利息債権という場合に，二種のものがあることに注意しなければならない。基本権たる利息債権と支分権たる利息債権がこれである。基本権たる利息債権

とは元本が一定期に一定の利息を生じさせる性格を持ったものであることを示すものであり，支分権たる利息債権は，基本権たる利息債権にもとづいて具体的に発生した利息の支払を目的とするものである。たとえば，元本10万円を年利1割で貸借がなされた場合では，この年1割の利息が請求できるとする権利が基本権たる利息債権であり，1年が経過して生じた利息1万円を請求する権利が支分権たる利息債権ということになる。

基本権たる利息債権は，元本が弁済などにより消滅すれば消滅し，元本債権が債権譲渡などにより移転すれば，それに伴って移転する。つまり基本権たる利息債権は元本債権と運命を共にするものであり，付従性・随伴性があるのである。これに対し支分権たる利息債権は，付従性・随伴性が弱いのである。支分権たる利息債権は，その弁済期がきているときは，元本債権から独立性を持つ。つまり，すでに発生した利息は元本債権とは分離して譲渡することができるし，元本債権とは別個に時効によって消滅する（大判大正6年2月14日民録23輯158頁）。また，元本債権の譲渡は，特別な意思表示がなされないときは，すでに発生した支分権たる利息債権の譲渡まで伴うものではない（大判大正9年2月14日民録26輯128頁）。

3 利　　率

利息債権は，当事者の意思によって発生する場合と，法律の規定によって発生する場合がある。前者を約定利息といい，後者を法定利息という。いずれの利息も利率によって算出され，約定利息は約定利率に，法定利息は法定利率によることになる。法定利率は，民法では年5分（404条），商法では年6分（商514条）である。約定利率は，当事者の合意によって定められるものであるが，利息制限法の制限があることに注意しなければならない。

4 重　　利

利息を元本に組み入れて元本の一部として利息を算出することを重利という。利息に利率を掛けて更に利息を生み出すものとしているからである。しかしこのような措置を無制限に認めると債務額は短期間に膨大なものになる可能性がある。そこで民法は利息は利息を生むものではないとの立場を採るが，これは

当然には重利計算を認めないということであり，当事者が約定したときは重利を認めている。なお，民法は，重利について約定がないときでも，利息が1年以上延滞し催告しても支払われない場合には，債権者は延滞利息を一方的に元本に組み入れることができるものとしている（405条）。これを組入権の行使という（つまり利息の支払が遅滞に陥った場合の債権者の救済はこの組入権の行使によるものとしていて，それ以外に債権者は利息の遅滞による損害賠償を求めることはできないと解される——417条参照）。なお405条の利息には，本来損害賠償を意味する遅延利息を含むとするのが通説・判例の立場である（大判昭和17年2月4日民集21巻107頁）。もっとも，重利については，約定によるものも，組入権行使によるものも利息制限法の制限がある（最判昭和45年4月21日民集24巻4号298頁）。

5　利息制限法
（1）　利息制限法の意義

約定利率を，契約自由の原則の下で当事者間で自由に定められるものとすると，高利が横行し債務者が困窮して，金融が不健全なものとなる。そこで高利を制限する利息制限法が必要とされる。

わが国では，明治10年に太政官布告第66号として利息制限法が制定され，その後，昭和29年に全面改正され，後述のように平成11年に出資取締法の改正に関連して第4条の賠償額の予定についての規定が改められた。

（2）　利息制限法の適用範囲

利息制限法は，金銭を目的とする消費貸借上の利息契約についてのみ適用される（利息制限法1条1項）。したがって，米穀の貸借による利米などには適用されない。判例は手形の割引にも利息制限法の適用はないとしている。手形割引は手形の売買にあたり，授受される金銭はその売買代金であると解するからである（最判昭和48年4月12日金法686号30頁）。

（3）　制　限　利　率

(a)　利息の最高額　　利息制限法は，元本の額により3段階に分けて利息の最高を定めている。

(イ)　元本が10万円未満の場合　年2割

㈡　元本が10万円以上100万円未満の場合　年１割８分
㈢　元本が100万円以上の場合　年１割５分
　(b)　みなし利息　　礼金，割引金，手数料，調査料その他元本以外の金銭はすべて利息とみなされる。ただし，契約の締結および債務の弁済の費用は，この限りではない（利息制限法３条）。
　(c)　利息の天引　　利息の天引とは，債権者が元本からあらかじめ利息を控除して差引額のみを債務者に交付することをいう。たとえば，100万円を期間を１年，制限利息内の１割５分で貸すと称して，利息15万円を控除して85万円を交付し，期限のきたときに100万円を返済させるとするものである。
　この場合には，利息制限法は，天引額が債務者の受領額を元本として制限利率によって計算した額を超えるときは，その超過部分は元本の支払に充てたものとみなした（利息制限法２条）。したがってこの例では，受領額について利息制限法で計算される利息の最高額は15万3000円であるから超過した天引部分の3000円は元本に充てたものとされ，期限には99万7000円を弁済すればよいことになる。
　(d)　賠償額の予定の制限　　金銭消費貸借では，弁済期に弁済されなかったときには当然に損害が発生するものと解され，損害金を支払う旨の約定つまり損害賠償の予定が設定される場合がある。利息制限法は，この賠償額の予定についても制限を設け，従来は制限利息の２倍を最高限とするものとしていた。しかし，平成11年の「出資の受入れ，預り金及び金利等の取締りに関する法律」（略称・出資取締法あるいは出資法）の改正（平成11年５月20日施行）により，この法律での取締りの対象となる利息の限界を年29.2％（閏年は29.28％）と定めたので，従来の利息制限法のままであると，賠償額の予定はいずれの場合も出資取締法の限界を超えることになってしまった。そこで，利息制限法もこの賠償額の予定について，元本に対する割合が1.46倍を超える部分については無効とするものと改められた（利息制限法４条）。具体的には元本が10万円未満のときは29.2％，10万円以上100万円未満のときは26.28％，100万円以上のときは21.9％までが賠償額の予定として有効であるとされる。なお，違約金は，賠償額の予定とみなすものとしている（同条３項）。
　（４）　利息制限法違反の効果

利息制限法は，利息の最高限を超える部分いわゆる制限超過部分についての効果は無効であるとしている（利息制限法1条1項）。これは，債務者は制限利率を超えた利息を払う必要はないし，債権者はこれを裁判上請求することができないということを意味する。他方で，利息制限法は，債務者が無効とされる超過部分についても任意に支払った場合にはその返還請求はできないともいう（同法1条2項）。

そこで，先に述べたように，利息制限法が，利息の天引については，その超過部分について元本に充当するものとしているところから，任意に支払った制限超過部分についても返還請求はできないものの元本に充当できないか否かが問題となった。つまり，元本100万円を年利率5割で2年間借りたときに最初の1年に利息として50万支払った場合には，超過部分の35万円を元本に充当されたものとして2年目からは元本は65万円となると解することはできないかどうかということである。

この点について最高裁は，最初は，昭和37年大法廷判決（最大判昭和37年6月13日民集16巻7号1340頁）で，返還請求を否定している利息制限法1条2項の趣旨を重く解し，元本充当に否定的見解を示した。しかし，昭和39年にまたもや大法廷を開き，今度は，一転して元本充当を肯定するに至ったのである（最大判昭和39年11月18日民集18巻9号1868頁）。この最高裁の判断が，学説の多数も受け入れるところとなったのである。

昭和39年判決を契機として，つぎには，超過利息が順次支払われていき，それが元本に充当されていくと，ある時点で元本も完済された状態が生ずることがありうる。にもかかわらず，引き続き元本があるかのごとく超過利息が支払われた場合には，返還請求ができないかが問題とされた。これについても，判例は，元本に順次充当していた結果元本も存在しなくなった場合には元本が存在しないのにその弁済として支払われたものにほかならないから，この場合には利息制限法の適用はなく，不当利得として返還請求ができるものとした（最判昭和43年11月13日民集22巻12号2526頁）。さらにこの趣旨は徹底され，債務者が超過利息と元本を一括して同時に支払った場合も，順次支払われた場合と同様超過支払部分を不当利得として返還請求ができるものとの判断を示すに至ったのである（最判昭和44年11月25日民集23巻11号3137頁）。つまり，元本100万円

を期間1年，年利率5割で借り，1年後に150万円を一括返済した場合でも，後に超過部分の35万円の返還請求ができるというのである。これによって，利息制限法1条1項および4条2項の返還請求を否定した条文は空文化されたといってよい。そして，この一連の裁判所の判断は，裁判所による立法が行われたものと評価され，法的安定性の観点から若干疑問を呈する向きもあるが，利息制限法の実質的目的である弱者保護の観点からは，多くの学説によって支持されるところとなっている。

6 出資取締法における高利の制限および貸金業規制法

利息制限法は，その効果，サンクションとして制限利息を超える約定利息は無効つまり強制的に取立を実現できないものとしており，これまで見てきたように無効部分については，さらに返還請求もできるという展開を見せてきたのである。しかし，高利の約定・取立については，利息制限法は現実的にはその抑制力はそれほど強力ではないとされている。

他方で，昭和29年に制定された，「出資の受入，預り金及び金利等の取締に関する法律」（出資取締法）は，一定の制限を超える高利に関しては，刑罰という効果，サンクションを与えることで，これを禁止，取り締まるものとしている。これは，当初，金銭の貸借について，年利109.5％以上の利率での高利には，懲役・罰金という刑罰で臨むものとされてきた。しかし，利息制限法の定める利息の最高限とこの出資取締法の定める最高限との間には大きな隔たりがあり，そこに高利の制限に関するいわゆるグレイ・ゾーンが生ずることとなった。貸金業者は実際には，出資取締法の上限のみに関心を払い，このグレイ・ゾーンで金利を約定する態度をとってきたのであった。

昭和50年代の半ばに，悪質ないわゆるサラ金業者が横行し，借主が家出・自殺するなどの事件が続出し，社会問題となるに至った。そこで，昭和58年に出資取締法の改定が行われ，大幅にこのグレイ・ゾーンを狭めることとなった。これにより，順次その最高限は，73％，54.75％，そして40.004％と引き下げられてきたのである。そして，先に利息制限法の賠償額の予定の項でも述べたように，平成11年には，29.2％と更に押し下げられることとなったのである。

昭和58年の出資取締法の改正と同時に「貸金業の規制等に関する法律」（貸

金業規制法・サラ金規制法）が制定され，貸金業者について登録制を導入し，悪質な取立行為の規制が定められたのである。これらにより，貸金業界の浄化は相当程度進んだものと評価される。この法律は，平成11年にいっそうの浄化に向けてかなり大きな改正がなされ，今日にいたっている（平成12年4月1日施行）。ところで，この貸金業規制法の43条は，債務者が，貸金業者に対して任意に利息制限法の制限利率を超える利息を支払った場合には，有効な弁済と「みなす」としている。この点については，利息制限法で展開されてきた最高裁の一連の超過利息の元本充当・返還請求の判例理論は，貸金業者による金銭の貸借には及ばないこととされたのであり，業者の利を図ったとの批判がなされている。しかし，出資法の限界利率がかなり押し下げられたことにより，グレイ・ゾーンの幅は相当程度狭まってきているので，この点での弊害もかなり減少することが期待される。

第7節　選択債権

これまで述べてきた債権の種類は，給付の対象となっている物によるものであったが，給付の形式による分類が，本節の選択債権と次節の任意債権である。

1　選択債権の意義

選択債権とは，選択によって定まる1個の給付を目的とする債権であって，Aディスクトップ型パソコンかBノート型パソコンのいずれか，甲家屋か乙土地のいずれかを引き渡すという内容のものである。当事者が給付されるものの個性を重視している点で，一定種類に属するもののうち，どれを給付してもよいとする種類債権とは異なっている。そこで，誰がどのようにして給付するものを決定するかが重要になってくるのである。選択がなければ，債務者はどの給付を行えばよいかわからず履行できない。つまり法律行為でいえば確定できないことになる。そこで民法は，選択権者と選択方法について規定を置いた。

選択債権は，契約特に贈与契約に多くみられるが，法律の規定から生ずるものもあり，無権代理人の責任（117条），占有者の有益費償還請求権（196条）などがその例である。

2　選択債権の特定

先にも述べたように，選択債権の目的は選択的に定まっているにすぎないから，債務の履行のためには，数個ある給付から1つに特定する必要がある。これを選択債権の特定・集中という。特定・集中は，選択権の行使あるいは給付の不能によって起こる。

(1) 選択による特定

選択については，誰が選択権を持つかが問題となるが，当事者に特約がなければ，給付を行うべき債務者が選択権を持つ（406条）。これが原則である。しかし，弁済期がきても債務者が選択しないときは，債権者は相当な期間を定めて選択すべきことを催告し，それでもなお，期間内に選択がなければ，選択権は債権者に移転する（408条）。このことは，特約によって債権者が選択権を持つとされているときも同様である。特約により，第三者が選択権を持つとされているときで，その第三者が選択をすることができなかったり，選択することを欲しないときは，選択権は原則に戻り債務者にあるものとされている（409条2項）。

選択権の行使は，選択権者の相手方に対する意思表示によってなされる（407条1項）。第三者が選択権者のときは，第三者から債務者または債権者に対する意思表示によってなされる（409条1項）。いったんなされた選択は，相手方の同意がなければ任意に取り消すことはできない（取消というが撤回の意味である－407条2項）。選択の任意の撤回は相手方に不利益を与えるからである。第三者が選択した場合の撤回については，債務者・債権者双方の承諾がなければ撤回できないと解すべきであろう。

(2) 給付不能による特定

選択債権の特定は，選択されるべき給付のうちのいずれかの給付の不能によっても生ずる。まずもって，選択債権が成立したときに既に選択肢の1つとなっている給付が不能であった場合（原始的不能），債権は残存する給付について存在するとされている（410条1項）つまり，A，B，Cと選択すべき給付が設定されたが，このうちAは設定された当時既に滅失していて給付不能であったとすると，この債権は残るB，Cの選択債権となり，B原始的に給付不能であれば，Cの特定物債権となるということである。

しかし，いったん有効に成立した選択的給付のうちのいずれかが給付不能となったときは，選択権が誰にあったか，誰の責によって給付が不能になったかにより，異なった結果となる。

　たとえば，前にあげた例で，Ａディスクトップ型パソコンが選択権を持っている債権者（引渡を受ける者）あるいは第三者の責により滅失・毀損して給付不能になったという場合は，残部すなわちＢノート型パソコンが目的物として特定され，債務者はそれを給付しなければならない（410条）。これに対して選択権者でない者，上の例で債務者の責により不能になったときは特定は起こらない（410条2項）。債権者の側では，給付不能となったＡディスクトップ型パソコンを選択することもでき，ただこの場合には損害賠償の請求をすることになるというだけである。これとは反対に，選択権が債務者にある場合に，債権者の責によってＡディスクトップ型パソコンが給付不能になったのであれば，債務者としてはこの給付を選択することもできるので，これを選択して給付を特定し債務を免れることもできることになる。

（3）　選択債権特定の効果

　選択債権特定の効果は債権成立のときまで遡及する（411条）。これによって，選択権を持たない者の責によって給付不能になった給付を選択することが可能になるのである。債権成立時には，給付は可能でありいわゆる後発的不能で原始的不能ではないからである。

　選択されたものがいわゆる物であるときは，選択による特定の遡及効により，物権変動が特定に伴って起こることになる。そうすると，債権成立から選択権の行使までにその物に関し何らかの権利を第三者が得ていたような場合を考えると，その第三者の利益と選択による効果とが衝突することがありうる。そこで民法は，選択による特定の遡及効は第三者の利益を害することはできないとする（411条本文但書）が，物権変動による第三者との関係は対抗要件の有無・およびその具備の前後によって決せられるところであるから，実際上は，この但書は意味のないものと解されている。

第8節　任意債権

1　任意債権の意義

任意債権とは，代金に代えて切手を給付してもよいというように，本来の給付に代えて他の給付をしてもよいとされる債権である。契約によって生ずるが，法律の規定によって生ずることもあり，外国通貨に代えて日本の通貨で支払ってもよいと規定する403条はこれにあたる。

2　任意債権の特色

任意債権は選択債権に似ているが，本来の給付が主体であって，代わりの給付（これを代用給付という）はそれを補充する地位にあり，いずれの給付も対等に並び立っている選択債権とは異なる。主体が本来の給付なのであるから本来の給付が債務者の責によらずに給付不能となったときは，代用給付のみが残存するということはなく，これも消滅する。

第3章　債権の効力

第1節　債権の効力

1　債権の効力の意義

　債権の効力は対内的効力と対外的効力に分けられる。債権の対内的効力とは，債権の目的や内容を実現するために債務者との関係として論じられる効力のことをいう。他方，債権の対外的効力とは，債権者が自らの債権を保全するため，債務者と第三者との関係に介入することができる効力のことをいう。この他，第三者による債権侵害も債権の対外的効力の問題として議論されている（本章第4節）。

2　債権の効力の概要

（1）　債権の最小限の効力

　債権は，他人をして将来財貨または労務を給付させることを内容とし，債務者に対して給付を請求することができる権利をいう（債権の請求力）。したがって，債務者が任意に債務の履行をしてくれれば，債権者はそれを受領することができる。これを「債権の最小限の効力」という。

（2）　債権の一般的効力

　債権は一般に次のような効力をもつ。

　(a)　債務者が任意に給付をしないとき，債権者は裁判所に訴えを提起して（債権の訴求力），債権の存在を確認してもらい，かつ履行をなすべきことを命ずる判決をもらうことができる。

　(b)　判決によって履行が命ぜられても債務者が履行しないときには，債権者は裁判所の助力を得て，債権内容を強制的に実現することができる（債権の執行力）。しかし，債権の種類のいかんによっては強制執行できないものもある。

(c) 給付内容が強制的に実現できない場合には，一定の要件の下で損害賠償（414条4項）の請求ができる。これはいわゆる債務不履行による損害賠償の問題であり，債権の効力として最も重要な問題の1つである（第5章）。

(d) いずれにせよ，債権者は最終的には損害賠償として債務者の一般財産（責任財産）から債権の満足を受けることになる。債権の効力を総合的に保障しているのは，債務者の一般財産であり，その不当な減少を防止（責任財産の維持・充実）するため，債権者に債権者代位権（423条），債権者取消権（424条-426条）の制度が認められている（第7章）。これらを債権の対外的効力という。

第2節 自 然 債 務

1 自然債務の意義

自然債務とは，債務者が任意に給付をしない場合，債権者がこれを訴求しえない債務のことをいう。すなわち，給付保持力はあるが訴求力・執行力がない債務のことをいう。近代民法の中で，フランス民法は自然債務について規定している（フ民1235条1項・2項）が，ドイツ民法は自然債務について明確な規定を設けていない。旧民法はフランス民法に倣って自然債務についての規定を設けていたが，現行民法は自然債務についての規定をおいていない。かくして，かつて学説は自然債務の概念を否定するものが少なくなかったが，今日でも自然債務概念の必要性について議論がなされている（石田喜久夫・民法の争点Ⅱ6頁）。

2 自然債務に関する学説・判例
（1） 学　　説

学説は2つに分かれている。第1は，訴求可能性を欠く種々の債務を統一的債務関係として自然債務と観念することに反対するもの（否定説——川島武宜・債権法総則講義（第一）55頁以下），第2は，自然債務のような不完全な債務を含めて債務にはその効力に濃淡があり，徳義上の債務，不法原因給付（708条），消滅時効を援用した債務（508条），利息制限法の利息利率超過の利息債権等を

含めて自然債務とするもの（肯定説——我妻栄・新訂債権総論68頁以下），もっとも，自然債務という概念を認めながら，不法原因給付，利息制限法超過の利息債権をも自然債務に含めるのに批判的なものもある（星野英一・民法概論Ⅲ〔債権総論〕31頁）。今日の多数説は後説とみることができる（淡路剛久「債権の効力の概説」法学教室167号93頁）。

（2） 自然債務に関する判例

わが国の判例は，当初，債権者と債務者の間で一定金額の金銭債権のうち一定額を支払えば，残余については債務者が徳義上任意に支払うものとし，債権者は強制的請求をしない，という契約が成立した事案において「徳義上任意ニ支払ヲ受ケル債権ナルモノ存在スルコトナケレハ」，その合意は残債権の放棄であるとして，自然債務について消極的判断を示していた（大判大正10年6月13日民録27輯1150頁）。しかし，自然債務を認めたものとして一般に考えられている判決としてつぎのものがある。それは，カフェー丸玉事件である。これは，YがX（女給）の歓心を買おうとして，Xが将来独立し，自活するために資金を与える約束をしたものの，YがXとの約束を守らなかったので，XはYに対してその履行を請求した事案である。原審はXの請求を認めたが，大審院判決は，XYの関係はカフェーで比較的短期間遊興したというだけであり，一時の興に乗じてXの歓心を買おうとして多額の金銭の供与を約束したものであり，これをもってXに裁判上の請求権を付与する趣旨と判断するのは相当ではなく，Yが進んでこれを履行するときは債務の弁済に当たるが，Xにおいてこの履行を強要することはできないとして，原審の判断を破棄している（大判大正10年4月25日新聞3835号5頁）。その後，大審院判例の中には債務者が無資力のため債権者が同情して，債務者が資力を回復したら弁済することを契約した債務について，右契約は自然債務になると判文上明言しているものもある（大判昭和16年9月26日新聞4743号15頁）。

第3節　債務と責任

1　債務と責任の関係

債務とは，債務者が債権者に対して一定の給付を実現する義務のことをいう。

他方，責任とは，債務者の一般財産あるいは一定の財産が債務の引当となっていることをいう。債務者は債務の全額について全財産をもって責任を負うことを原則とするが，債務と責任の概念的区別を認めると，債務は「債務なき責任」と「責任なき債務」に分けられる。

2 債務の分離
（1） 債務なき責任

債務なき責任とは，債務を負担することなく，責任のみを負担することをいう。債務なき責任とは，債務はないのではなく，債務の負担者と責任の負担者が異なることをいう。たとえば，物上保証人，担保不動産の第三取得者などがこれに当たる。ただし，保証人は保証債務にもとづき責任を負うのであるから，債務なき責任とは異なる。

（2） 責任なき債務

責任なき債務とは，債務はあるが責任がないものをいう。たとえば，責任が特定財産に限定されるもの（物的有限責任——限定承認922条以下），営業質における質権設定者の責任（質屋20条），信託における受託者の受益者に対する責任（信託19条），責任が一定の数額に限定されるもの（数量的有限責任——合資会社の有限責任社員の責任（商157条），株主の責任（商200条），有限会社の社員の責任（有限17条）），その他，強制執行をしないという特約等がこれにあたる。

第4節　債権侵害

1 第三者による債権侵害

債権は債権者が債務者に対して給付を請求する権利であるから，その効力は原則として債務者に対してのみ生じその他の者には及ばない。しかし，現実に第三者によって債権が不当に侵害されたり，その行使を妨げられたりする場合も起こりうる。かつて，学説・判例は，物権（絶対権）に対する侵害については，不法行為が成立するが，第三者による債権（相対権）侵害に対して，不法行為は成立しないと解してきた（岡松参太郎「第三者ノ債権侵害」京法11巻11号2頁）。しかし，その後債権は特定人に対する相対的権利であるとはいえ，債権

は債務者に対して給付を請求し，これを受領することが法的に保護され，その実現に向けて法が助力（履行の請求，債務不履行による損害賠償請求権，契約の解除等）するものであること，および権利の不可侵性から，第三者も債権者が債務者に有する債権を侵害してはならないと解されるにいたっている。債権侵害について，法律的には，2つの局面が問題となる。第1は，第三者が債権を侵害した場合，債権者は不法行為による損害賠償の請求ができるかという点，第2は，第三者の債権侵害に対して，物権侵害における場合のように妨害排除の請求ができるかという点である。

2 債権侵害にもとづく損害賠償請求権

(1) 判例の動向

第三者の債権侵害につき，不法行為の成立を認めたリーディングケースは，大審院判決（大正4年3月10日刑録21輯279頁，大正4年3月20日民録21輯395頁）である。前者は，権利の不可侵論，通有性論に立って「若シ第三者カ債務者ヲ教唆シ若シクハ債務者ト共同シテ其債務ノ全部又ハ一部ノ履行ヲ不能ナラシメ以テ債権者ノ権利行使ヲ妨ケ之ニ依リテ損害ヲ生シセシメタル場合」には，不法行為を理由に損害賠償が請求できるとしている。他方，後者は「支配権タルト請求権タルトヲ問ハス，法律ハ他人ニ於テ之ヲ侵害スルヲ許サス若シ故意過失ニ因リ違法ニ之ヲ侵害シタルトキハ不法行為ノ責」があるとしている。これを契機に判例は第三者による債権侵害が不法行為になることを認めるようになる。

(2) 学説の動向

当初，学説の中には岡松説のように，第三者による債権侵害は成立しないと解するものもあったが，右判例の動向に歩調を合わせるかのように，その後，第三者による債権侵害は不法行為を構成すると解する学説が支配的になってくる。現在，権利の不可侵性を根拠に直ちに債権侵害が発生するとの考え方には批判があるものの，第三者による債権侵害の可能性とそれが不法行為になりうることについてほとんど異論なく認められている。したがって，債権侵害についての今日的課題はいかなる場合に第三者による債権侵害が認められるかにかかっている（類型化論）。

(3) 第三者による債権侵害が成立する態様

　第三者による債権侵害が不法行為を構成するには，709条の要件（故意・過失，違法に他人の権利を侵害すること等）を備えていることが必要である。たとえば，二重譲渡の場合，第三者が利益を得たとしても，そこに不正競争による違法性がない限り，第三者は自由競争の枠内で行為をしたことになり，第三者は不法行為者にはあたらないといわれている。伝統的類型化によると，第三者による債権侵害が不法行為になるのはつぎのような場合である。

　(a)　**債権の帰属自体が侵害された場合**　たとえば，債権の準占有者への弁済（478条），受取証書の持参人への弁済（480条）などがこれに当たる。このような場合，債権者は第三者に対して，不当利得の請求，内部関係のいかんによっては債務不履行の請求ができる。さらには不法行為の成立を妨げるものではない。

　(b)　**給付が侵害された場合**　たとえば，①特定物の引渡を目的とする債権につき，その対象を第三者が滅失した場合（大判大正11年8月7日刑集1巻410頁），②債務者の作為を目的とする債権（俳優の出演契約）につき，第三者が債務者を監禁して，履行不能を生ぜしめたような場合（大判大正7年10月12日民録24輯1954頁）がこれに当たる。

　(c)　**給付が侵害されても債権が消滅しない場合**　たとえば，第三者が債務者と共謀して債権の目的物を破壊したり，あるいはA（売主）からできるだけ高く売却するよう委任を受けた者（W・X・Y）らがB（買主）の代理人（Z）と通謀して，実際の売買価格より廉価で売れたことにして，差額をW・X・Y・Zで着服した場合，第三者が債権の存在を知り，履行を妨害し，債権者を害する認識（故意）がある限り，不法行為は成立すると解されている（大判大正4年3月10日刑録21輯279頁）。

　(d)　**第三者が債務者を教唆しまたは共謀して債務者の財産を減少させる場合**　たとえば，第三者が債務者と共謀して虚偽の債権証書を作成して差押をなし債権者の執行を不能ならしめたような場合がこれに当たる（大判大正4年3月20日民録21輯395頁）。

　(e)　**二重譲渡と債権侵害**　不動産の二重譲渡の場合に不法行為が成立するかについて古くから議論されてきた。判例は，二重譲渡を肯定する以上，不動

産の所有権帰属については，第2買主の善意・悪意を問わず登記の具備をもって判断しなければならないというわが国の物権変動法理に従いつつ，第2買主の不法行為責任を否定してきた（大判明治44年12月25日民録17輯909頁，最判昭和30年5月31日民集9巻6号774頁）。しかし，売主と第2買主との間に共謀関係がある場合にまで第2買主の不法行為責任が否定されるのは問題であるという指摘がなされてきた（藪重夫・北法7巻3＝4号88頁）。前掲最高裁判決（昭和30年5月31日）は不法行為の要件自体を論するようになったこともあって，最近では学説上第2買主の不法行為責任を肯定する見解が有力になっている（吉田邦彦・債権侵害論再考132頁）。

　最近，こうした伝統的類型化に対して批判があり，新しい類型化が試みられている（内田貴・民法Ⅲ債権総論・担保物権167頁以下）。

3　債権侵害にもとづく妨害排除請求権

（1）問題点の所在

　債権が第三者によって侵害された場合，その侵害行為の排除を請求しうるかがここでの問題である。わが民法は物権・債権を区別する財産法体系をとっていることから，債権侵害につき物権的保護を与えることは一見論理的に矛盾する。それにもかかわらず古くからこの問題がわが国において議論されてきた。それはつぎのような理由による。第1は，債権といってもそのなかには侵害に対して妨害排除請求権を認める必要性のあるものが存在すること。このことは，債権一般に妨害排除請求権が認められるか，金銭債権保全のために債務者の財産関係への債権者の妨害排除請求権を是認しうるか，二重譲渡の場合に，第1買主の債権を妨害排除によって保護できるか，動産賃借権の場合に妨害排除できるかという問題を言外に含んでいる。第2は，損害賠償による権利・利益の実現には限界があり，妨害排除・現状回復・差止等がより効果的に機能する場合があるからである。

（2）判　　例

　(a)　戦前の判例　戦前の判例は債権は物権と異なり，ものを直接排他的的に支配する権利ではないとして，賃貸借契約成立後，第三者が目的物を不法占拠している場合に，賃借人は第三者に対して妨害排除の請求は許されないと解

していた（大判大正10年2月17日民録27輯321頁，大判昭和5年7月26日新聞3167号10頁）が，債権侵害につき妨害排除請求権を認めるか否かを論じた注目すべき判例として大審院判決（大正10年10月15日民録27輯1788頁）がある。この判決は，専用漁業権の賃借権者が権利なく右海面で漁業をした者に対して，賃借権の確認および漁業の差止を申請した事件である。これに対して，右判決は「権利者カ自己ノ為メニ権利ヲ行使スルニ際シ之ヲ妨クルモノアルトキハ其妨害ヲ排除スルコトヲ得ルハ権利ノ性質上固ヨリ当然ニシテ其権利カ物権ナルト債権ナルトニヨリテ其適用ヲ異ニスヘキ理由ナシ」（権利の不可侵性）として，賃借権侵害につき妨害排除請求権を認めている。この他，権利の絶対性を根拠に妨害排除請求を認めたものもある（大判大正11年5月4日民集1巻235頁，大判大正12年4月14日民集2巻237頁）。このように，大審院の一連の判例はおよそ法が権利として認めたものの実現が妨げられているような場合には，それを排除することを認めてきた。

　(b)　戦後の判例　　戦後，最高裁判決の中には第三者による債権侵害は不法行為となりうる場合のあることを確認しつつ，それは損害賠償の請求を認める限度においてであり，債権に物権類似の排他性を認め，第三者に対して妨害排除請求等の請求をなしえないとするものがあった（最判昭和28年12月14日民集7巻12号1401頁，同昭和29年7月20日民集8巻7号1408頁）が，判例は物権と同様に扱われる賃借権について，登記その他の対抗要件を備えた債権には妨害排除請求権を認めている（最判昭和28年12月18日民集7巻12号1515頁，最判昭和29年6月17日民集8巻6号1121頁，最判昭和30年4月5日民集9巻4号431頁等）が現れることになる。このように，判例は債権でも不動産賃借権に限定して対抗力を備えたものへの侵害に対して妨害排除請求権を認めているが，今後は対抗力を具備していない債権ならびに対抗力を具備できない債権侵害に対しても妨害排除請求ができるか否かが問われることになろう。

　(3)　学　　説

　これに対して，学説は多様な展開をみている。主要なものはつぎのとおりである。学説は，大きく2つに分けられる。第1は，妨害排除請求権は物権特有のものであり，債権侵害については認められないとするもの，第2は，債権侵害についても妨害排除請求権は認められるとするものである。後者は，権利の

性質から「不可侵性」・「通有性」（末弘嚴太郎・民法Ⅲ債権総論11頁）によるもの（批判——物権・債権峻別論，物権・債権の性質をあいまいにする），②「支配性」・「排他性」によるもの（同——排他性からは物権的請求権は発生しない），③「公示性」（対抗力の具備）によるもの（同——対抗力概念と物権的請求権とは論理的に結びつかない），④相関的利益考慮説によるもの（同——物権・債権の関係を曖昧にする），⑤占有または排他性を具備している賃借権について妨害排除請求権が認められる（同——別の法理による解決が可能等）とするもの等に分かれている。このように，わが国では不動産賃借権を中心に債権侵害に対する妨害排除請求権の認容の問題が論じられてきているが，それらの法的構成については，いずれも論理整合性の点で，なお検討すべき課題が残されているといわれている（好美清光「債権に基づく妨害排除についての考察」一橋大学研究年報法学研究2・165頁以下）。

第4章　債権の強制履行

第1節　債権の強制的実現の意義

　債務者が任意に債務を履行しない場合，債権者が債権内容を直接的に実現することを現実的履行の強制または債務の強制的履行という。かつては自力執行または他人の力を借りて債権を実現するしかなかったが，近代国家では，債権の強制的実現のための制度が整えられ，上記の解決方法は原則として禁止されることになった。しかし，債権の内容は多様であることから給付内容のいかんによっては，強制的実現ができなかったり，その方法が異なることがある。また，債権内容の実現は債務者の行為を媒介とすることから，債務者の意思・人格の尊重の理念に反することにもなり，一定の給付内容については，現実的履行の強制が適切でない場合もある。仮に，前者のように現実的履行の強制が可能であるとしても，どのような，現実的履行の強制方法によるかは問題となる。どのような方法によるかは債権本来の内容を実現するという要請と人の身体・自由を直接的に拘束しないという要請を考慮して決定されることになる。わが国では債権の強制的実現方法として，「直接強制」，「代替執行」，「判決代用」，「間接強制」がある。

第2節　直接強制

　直接強制とは，国家の力によって，債務者の意思を無視して，直截に債権の内容を実現することをいう（414条1項）。この方法は，債権の保護として最も効果的であるだけでなく，債務者の人格尊重の理想にも反しない点で最も優れた方法である。この直接強制はいわゆる「与える債務」（たとえば，金銭の支払を求める場合，特定物の引渡債務等）についてのみ行われる。直接強制が認め

られる債権については，その他の強制手段は認めるべきではない（大決昭和5年10月23日民集9巻982頁）。直接強制の方法については民事執行法に定めがある（民執43条～122条・168条～170条）。しかし，「債務ノ性質カ之ヲ許ササルトキ」（414条1項但書）は許されない。民法414条は債権法上の請求権に限らず，物権法上の請求権や親族相続上の請求権にも適用される。ちなみに，「幼児の引渡請求」について，学説・判例は間接強制を認めている（大判大正元年12月19日民録18輯1087頁）が，直接強制しうるかについては争いがある。すなわち，親権者からの意思能力のない幼児の引渡請求権について，物の引渡を目的とする債権の執行と同様，直接強制をなしうるとする見解（兼子一・強制執行法278頁，広島高松江支判昭和28年7月3日高民集6巻6号356頁），幼児とはいえ，人格を尊重されなければならないので，乳児の不法な略取誘拐のような場合を除いて，間接強制によるべきであるとする見解（大阪高判昭和30年12月24日高民集8巻9号292頁）がある。もっとも，幼時の引渡については，実際上は人身保護法の手続によることの方が多い。

第3節　代替執行

　代替執行とは，債権者が債務の内容である行為をさせ，その費用を債務者から強制的に取り立てる方法をいう。代替執行は，直接強制を許さない「なす債務」（作為債務・不作為債務）のうち，第三者が代わってその債務の目的を達することができる場合（代替的作為）について許される（414条2項本文）。たとえば，家を建てたり，道路を舗装したり，新聞に謝罪広告を出す（最大判昭和31年7月4日民集10巻7号785頁）ような機械的行為がこれに当たる。代替執行の方法については民事執行法に定めがある（民執171条1項・3項）。この執行方法は「なす債務」についてはもっとも端的で実効性のあるものであり，また債務者の人格に対する影響力が小さいものである。

第4節　判決代用

　わが民法は，法律行為を目的とする債務の特殊な強制執行については裁判を

もって債務者の意思に代えることができるとしている（414条2項但書）。すなわち，意思表示ないし準法律行為（法律行為の成立に必要な承諾，債権譲渡通知，不動産登記移転登記，法人登記の申請等）をなすべき債務については必ずしも債務者自身が現実に意思表示その他の行為をしなくても，それがなされたと同じ結果をもたらす判決があるときには，これによって債務者の意思表示ないし準法律行為がなされたと同じに扱おうとするものである。これに対応して，民事執行法は，意思表示をなすべきことを債務者に命ずる判決が確定したときには，債務者は意思表示をしたものとみなすと規定している（民執173条）。

第5節　間接強制

(1)　間接強制

間接強制とは，債務者に対して一定期間内に債務を履行しないとき，「もし，期日に履行しなければ1日につき10,000円支払え」というような一種の罰金を課して，債務者の履行を間接的に強制することをいう。間接強制は，いわゆる「為す債務」（たとえば，働く・作るという債務者の行為そのものを内容とする債務）のうち，代替執行を許さないときに限って許される。間接強制については，民法に規定はないが，民事執行法はこれについて定めを置いている（民執172条1項）。間接強制は心理的強制を伴うので債務者の自由意思を尊重すべき債務については避けるべきである。

(2)　不作為債務の特殊な強制履行

不作為債務の態様は，債務者の積極的行為を禁止するもの（競業避止義務，建物を建てない等），認容義務を内容とするもの（通行を妨害しない等），1回的なもの，反復的なもの，継続的なもの，不作為義務違反が有形的に存在するものとそうでないものなど多様である。不作為債務についてどのような強制執行の方法が望ましいかは具体的事案によって異なる。たとえば，不作為義務違反が有形的に存在する場合には，債権者は代替執行によって違反状態を除去することになるが（414条3項，民執171条1項），それがない場合には，損害賠償によらざるを得ない。他方，単純な不作為義務違反の継続であれば，債権者は間接強制の方法でその違反行為を止めさせることができる（民執172条）。そう

ではない場合（たとえば，現在違反状態はないが将来違反の発生が予見できるような場合）に，何らかの執行が許されるかについて争いがある。多数説は事前の違反の予防は不作為債務の執行としては認められないとしているが，作為義務違反の虞れがあり，予防の必要性がある場合には，間接強制をなしうるとする見解が有力になりつつある。

(3) なす債務であっても間接強制が許されない場合

(a) なす債務であっても，債務者のやる気だけでは実現されないものにあっては間接強制はできない場合　たとえば，債務の実現に当たって債務者に特種な技能・技術を必要とするもの（大決昭和5年11月5日新聞3203号7頁）。

(b) 債務者の意思を強制して履行させても本来の債務の内容が実現されない場合　たとえば，芸術家の創造的活動を内容とする債務などがこれに当たる。

(c) 債務者の自由意思を抑圧して，その履行をさせことが，倫理思想に反するような場合　たとえば，妻の同居義務について，間接強制は認められないとしている（大決昭和5年9月30日民集9巻926頁）。

第5章　債務不履行

第1節　債務不履行の意義

1　債務不履行とは何か

　債務者は，債務の内容である特定の給付を実現すべき義務を負っているのであるから，債務者はその債務の本旨にしたがった履行をする必要がある。債務不履行とは，正当な理由がないのに，債務の本旨にしたがった給付をしないことをいう。債権債務の関係では，債務者が任意に債務の本旨にしたがった履行をすることが期待されるが，債務者が任意に履行しないときは，債権者は，前章（第4章，債権の強制履行）で述べたように，現実履行の請求をすることができる。しかし，債務の性質上この請求を許さないもの（414条1項但書。たとえば，画家が絵を描く債務，あるいは1月1日は操業しないという不作為債務など間接強制を許さないもの），または給付の実現を請求することが不能となったもの（債務者が土地の引渡債務を有するのに引き渡さずに第三者に売却して移転登記した場合など）には，債権者は給付にかわる損害賠償を請求するとか契約を解除するといった手段によって自己の経済的損失を回復するほかない。

　債務不履行には，いくつかの場合がある。たとえば，Aは自己の自動車を100万円でBに売り渡し，5月1日にBに引き渡すという売買契約を締結した場合に，AはBに対して自動車の引渡債務を負う。しかし，①Aは5月1日を過ぎてもBに自動車を引き渡さなかった。②さらにその後，Aは6月1日に，その自動車を第三者Cに130万円で売却して引き渡してしまったとしよう。このように，Aが自動車を引き渡す債務を履行しない場合には，いくつかの法律上の効果が発生する。

　①の場合は，Aの履行遅滞となり自動車がまだAの手元にある間は，Bはどうしても自動車が欲しければ債権の強制履行の問題として，Aに対して自動車

の引渡を請求し、または裁判所に訴えを提起することもできる。また、BはAからの購入を諦めて契約を解除して（541条以下）、売買契約を清算することもできる。しかし、②の場合のように、AがBの契約に反して自動車をCに売却した場合には、Cはすでに引渡を受けたのでBは所有権をCに対抗できないので、6月1日以降はAの履行不能となる。そこでBは、Aの債務不履行として給付に代わる損害の賠償を請求することもできる（415条）。

　債権の性質によっては、履行を強制できないもの（画家の絵を描く債務など「なす債務」における債務者の自由意思の尊重が問題になる場合）、履行が不能となったもの（自動車をCに売却して引き渡してしまった）、あるいは履行時期が遅滞したためにその給付が意味をなさなくなったもの（たとえば、結婚式に着るためのウェディングドレスの製作が間に合わなかった）などがあり、これらの場合には、給付に代えて損害賠償を請求する以外に方法がないであろう（本来的債権の損害賠償債権への転化という）。

　このように債務不履行の効果として、債権者には、第二次的に損害賠償の請求が認められることになる。そして、この賠償は、金銭に見積もってされるから、債権者にとって有力な救済手段となる（417条）。債務不履行責任というときは、通常は損害賠償請求を指しているから、損害賠償の請求が債権の効力として実際上もっとも重要な問題となる（損害賠償については63頁以下参照）。

2　債務不履行の態様

　債務不履行とは、「債務ノ本旨ニ従ヒタル履行ヲ為ササルトキ」をいうことであるが（415条前段）、債務不履行の態様として、つぎの3つを考えることができる。

① 履行が可能なのに、債務者が履行期までに履行しない場合（履行遅滞。5月1日に自動車を引き渡さないこと）。
② 履行が不能なために、債務者が履行ができない場合（履行不能。自動車を第三者に売却して引き渡してしまった）。
③ 債務者の履行はあったが、その給付が不完全で債務の本旨にしたがった履行とならない場合（不完全履行。自動車は引き渡したが、自動車に欠陥があり修理が必要である）。

最後の不完全履行は，わが民法上明文規定で認められているわけではないが，以上の3つの類型は，415条にいう「債務ノ本旨ニ従ヒタル履行ヲ為ササルトキ」に包含されるとして，不完全履行についても実体法上の根拠を415条に求められるとして，学説も一般にこれを承認している。しかし，履行遅滞，履行不能以外に，何が債務の本旨にしたがわない履行に該当するかは，契約の解釈の問題に帰着する。物の引渡において不完全な物を給付したとか（酒屋が気の抜けたビールを届けた），債務者が給付行為をするときに不注意で債権者に損害を与えた（家屋の修繕に来ていた業者が部屋の家具を傷つけた）などの場合である。このような場合は，履行遅滞でも履行不能でもない。結局は，不完全履行の内容をどのように理解するかの問題であるが，不完全履行を含めたこれら3つの類型を債務不履行としている。

前述したように，債務不履行の効果で最も重要なものの1つに，損害賠償がある（415条）。債務者は，債務不履行がある場合に債権者に対して損害賠償しなければならない。このように債務不履行は，不法行為（709条）とともに損害賠償の発生原因でもある。

第2節　履行遅滞

1　履行遅滞とは何か

履行遅滞とは，履行が可能であるにもかかわらず，履行期を過ぎても債務を履行しないことをいう。前述の例では，自動車の売主Aは，自動車を5月1日に買主Bに引き渡すという売買契約を締結したが，Aは履行が可能であるのに5月1日を過ぎても自動車をBに引き渡さない場合がこれに該当する。履行遅滞の成否については，履行期が重要なポイントとなる。たとえば，金銭の消費貸借契約で，1,000万円を借りた債務者は何月何日までに借金を返さなければならないというように，通常，契約上の債務の場合には，履行期限が定められてる。そこで履行期が何時であるかは，当事者にとって重大な利害問題となる。

2　履行遅滞の要件

履行遅滞とは，履行期が過ぎても債務を履行しないことである。履行遅滞の

要件は，つぎのとおりである。
 (1) 債務が履行期に履行可能なこと
　履行期に履行が可能であるにもかかわらず，履行しないために履行期が徒過した場合に履行遅滞を生ずる。しかし，契約後，債務の履行が履行期に不可能であればはじめから履行不能の問題となるが（ただし契約前に債務の履行が不可能な場合には契約は成立せず無効である），履行期が徒過した（履行遅滞）後に不能となれば，その時から履行不能を生ずるとされている。
 (2) 履行期を徒過したこと
　履行遅滞を生ずるためには，履行期（履行すべき時）が到来することが必要である。しかし，履行期が到来しただけでは必ずしも遅滞になるわけではない。債務によっては，「履行期」に差異がある。それでは履行期はどのようにして決まるかについて，普通は契約で決まるが，412条は解釈規定をおいて「遅滞ノ責ニ任ス」べき時について，以下の3つの原則を定めている。
　(a) 確定期限のある債務の場合　　債務の履行期について確定期限があるときは，その期限が到来したときが履行期である（412条1項）。たとえば，5月1日に自動車を引き渡すという約束はその日の徒過によって遅滞となり，5月中に引き渡すという約束の場合は5月末日の徒過によって遅滞となり，請求の時から1カ月以内に引き渡すという約束なら請求から1カ月を徒過することによって遅滞になる。このように確定期限を徒過すれば履行遅滞が当然に生じ，債権者の履行の催告を要しない。
　例外として，取立債務などの債務の履行について，債権者の協力が必要な場合は，その確定期限に債権者が必要な協力またはその提供をしないときは債務者は債務を履行できないから，遅滞とはならない。たとえば，不動産の登記手続において売主に対して「5月10日までに移転登記をせよ」という催告がなされても，登記権利者（債権者＝買主）が登記所に出頭するのでもなく，登記義務者（債務者＝売主）と出頭の日時を協議するでもない場合には，債務者がこの期限を徒過しても遅滞は生じない（大判昭和5年4月19日新聞3184頁16頁）。
　(b) 不確定期限のある債務の場合　　不確定期限とは，到来することは確実だがいつ到来するか不確実な事実の到来を履行期とする債務である。不確定期限のある債務は，期限が到来し，かつ債務者がこれを知ったときから遅滞を生

ずる（412条2項）。たとえば，「Aの生存中には支払う」とか「Aが死亡したら贈与する」という場合には，債務者がその末期の到来（Aの死亡）を知った時から履行遅滞になる。したがって，「Aの生存中には払う」という場合にも，債務者がAの死亡を知った時から遅滞の責を追う。また「Aの死後1年以内に贈与する」という場合には，Aの死亡を知ってから1年後に贈与することではなく，債務者がAの死後1年経ったことを知りながらこれを徒過することによって遅滞となる。

なお，「出世したら支払う」という出世払債務について，判例はこれを不確定期限であるとして，現在存在する債務の履行の猶予にすぎないから，事実の不到来（出世しないこと）が確定しても債務が消滅しないとして，出世払債務は条件ではないとしている（大判明治43年10月31日民録16輯739頁）。すなわち，出世払が不確定な事実の到来を履行期としており，債務の消滅をこれにかかわらせなかった場合は，不確定期限を定めたものであり条件ではないとする（大判大正9年4月22日民録26輯557頁）。したがって，出世払債務は，債務者が事実の発生不能を知った時から履行遅滞となるとされる（大判大正4年12月1日民録21輯1935頁）。

債務者が期限の到来したことを知らなくても，期限の到来後に債権者が催告したときは，催告の時から遅滞を生ずると解されている。

(c) **期限の定めのない債務の場合** (イ) 期限の定めのない債務は，債権者はいつでも請求しうるのが原則であるから，「履行ノ請求ヲ受ケタル時」すなわち請求のあった時から遅滞を生ずる（412条3項）。

判例は，建築現場でAが作業中転落死したのは雇主（会社）の不法行為と労災防止のための安全保証義務違反の債務不履行によるものだとして，Aの親X_1，X_2がAの逸失利益を相続したとして事故発生の翌日からの遅延損害金を付して損害賠償の支払を請求した事案において，安全保証義務不履行の請求を認めた上で，安全保証義務違反を理由とする損害賠償債務が履行遅滞となるのは，412条3項により債務者が債権者から催告を受けた時であるとした（最判昭和55年12月18日民集34巻7号888頁）。

(ロ) 履行の請求（催告）とは，債権者が債務者に対してその債務の履行を欲する意思を通知することであるから，債務の同一性が明らかであれば，債務の

金額が多少間違っていても催告の効力をもつとされる。履行の請求の方法は，債務者に対する催告の意思が相手方に到達する方法であればよいから，訴状の送達（大判大正2年6月19日民録19輯463頁）も催告としての効力を有し，訴の不適法や訴の取り下げがあっても催告としての効力は影響を受けない。なお，催告による遅滞は，催告の到達した翌日から生ずることになる（請求を受けた日に履行すれば遅滞による損害賠償責任はない —— 大判大正10年5月27日民録27輯963頁）。

　なお，412条3項の例外として，消費貸借で当事者が返還の時期を定めなかった時には，貸主は相当の期間を定めて催告することになっているから（591条1項），相当の期間を徒過した後に遅滞となる。もし，相当の期間を定めないで催告すれば，催告後相当の期間を経過した後に遅滞を生ずることになる。

　法律の規定によって生ずる債務は，原則として，期限の定めのない債務として成立する。たとえば，善意の不当利得者の返還義務（703条），脱退組合員の持分を払い戻す債務（681条），強制競売の競落人から配当を受けた債権者に対する代金の返還請求（568条）などである。しかし，不法行為による損害賠償債務（709条）も期限の定めのない債務だが，判例は損害の発生と同時に遅滞になり何らの催告の必要はないとしている（最判昭和37年9月4日民集16巻9号1834頁）。これは被害者保護という公平の観念によるものとされ，判例の一貫した理論である。

　契約上の債務については，履行期が明示的に定められていなくても，契約の解釈によって定められることが多い。なお，消費貸借では，一定期間目的物を使用することが，契約の目的であるという消費貸借の特殊性から，期限の定めがない場合でも，催告後相当期間が経過してはじめて履行期が到来するとの特則が定められている（591条1項）。また，使用貸借については，期限の定めのない貸借が行われる場合があるが，この場合には契約の目的にしたがって，使用収益を終えたときに目的物の返還履行期が到来する（597条2項）。

　(3) 履行遅滞が債務者の責に帰すべき事由にもとづくこと

　(a) 履行遅滞には債務者の故意・過失が必要かという問題である。民法は履行不能については「債務者ノ責ニ帰スヘキ事由」によることを要件としているが（415条後段），その他の債務不履行についてはこの点に言及していない（541

条・543条参照)。金銭債務については，民法は特則（419条2項——「債務者ハ不可効力ヲ以テ抗弁ト為スコトヲ得ス」）があり，不可効力をもって抗弁できないとする。そこで，419条の反対解釈として，金銭債務以外の履行遅滞については，不可効力によって遅滞した場合にだけ履行遅滞の責任を免れ，不可効力にもとづかない以上，債務者の故意・過失その他債務者の責に帰すべき事由がなくてもなおその責任を負うべきか，問題となる。わが民法は，過失責任を原則とすること，履行遅滞と履行不能を区別すべき実質上の根拠がないことを理由として，近時の学説・判例は，債務者に帰責事由（債務者の責に帰すべき事由）のあることが要件としている。したがって，履行遅滞が債務者の責に帰すべき事由にもとづかないことを証明すれば責任を免れるものとした（大判大正10年5月27日民録27輯963頁）。

(b) 「責ニ帰スヘキ事由」とは，債務者の故意・過失または信義則上これと同視すべき事由である。その範囲は故意・過失より広い。

故意とは，債務不履行を生ずべきことを知っていながら，何も行為をしないか債務の目的物を破壊するなどの行為をすることである。過失とは，債務者の職業，社会的・経済的地位から見てその債務者に一般に要求される程度の注意（これを「善良な管理者の注意」という）に反した場合をいい，その注意を欠いたために債務不履行になることを認識しないことである。

(c) 信義則上，債務者の故意・過失と同視される事由として，履行補助者の故意・過失の問題がある。

履行補助者とは，債務者との密接な信頼関係から，債務者が債務の履行のために使用する者（補助する者）である。債務者が自ら履行する際に自己の手足として使用する者（狭義の履行補助者）と，債務者に代わって債務の全部または一部を履行する者（履行代行者・履行代用者）とがある。たとえば，賃貸人Aから，工場の建物を賃借して製造業を営んでいる賃借人B（建物の賃貸借に関する債務者）は，従業員Cをその工場に住み込み（Bの建物賃借の履行補助者）で製造に従事させている場合，あるいは賃貸人Aから夫Bが借りたアパートに同居する妻C（同じくBのアパート賃借の履行補助者）などである。これらの履行補助者Cが，故意・過失によって賃借した建物を焼失させた場合，借主Bは，貸主Aに対して債務不履行責任（返還義務の履行不能）を負うかとい

う問題である。

わが民法には，履行補助者の故意・過失について，債務者が自ら責任を負うべき一般的あるいは個別的規定はなく，商法の各所に個別的規定があるだけである（商560条・577条・90条・766条・592条・617条など）。しかし，判例はこれを認める。すなわち，A・Bが共有する船舶をCに賃貸し，CはAらの承諾を得てDに転貸したが，Dの使用する船員の過失により暴風のために船舶が座礁難破したために，C・DからAらへの返還が不能になったので，AらはC・Dに損害賠償を請求した事案で，債務者（使用者）Dは，その履行につき被用者の不注意について生じた結果に対して，債務の履行に関する一切の責任を回避することはできないとして，賃貸人A・Bの承諾の下で船舶を転貸したが，転借人Dの使用する船員の過失により船舶が座礁・難破したときは，転借人Dは債務不履行責任を負うとした（大判昭和4年3月30日民集8巻363頁）。また，家屋賃借人Bが住込みで雇い入れた工員Cの過失による失火について，賃借人の使用・収益する権能は目的物の保管義務と不可分の関係にあるとして，賃借人Bは同居家族・同居人・来客など（利用補助者）の故意・過失についても，賃貸人Aに対して債務不履行責任を負うとする（最判昭和35年6月21日民集14巻8号1487頁）。したがって，家屋の賃借人である夫は，妻の失火につき賃貸人に対しても債務不履行責任を負う（最判昭和30年4月19日民集9巻5号556頁），としている。

今日では，学説も一般にこれを支持し，履行補助者に故意・過失がある場合には，債務者は選任上・監督上の過失の有無にかかわらず債務不履行につき自分自身の落度と同様に責任を負うべきことは，近代企業の当然の原則であると解されている。なお，債務者が履行補助者の故意・過失について責任を負うのは，債務の履行についての故意・過失から生ずる損害（たとえば，履行補助者が船を座礁・難破させたとか，室内の内装工事で履行補助者である職人の材料の取付けの方法が悪くて室内の家具を損傷させたなど）であって，単に履行に際しての故意・過失がある行為（履行補助者が船を盗んだとか，内装工事の際に履行補助者が室内の物を盗んだなど）には，債務者としての責任は及ばない。

債務者の法定代理人は履行補助者と同視すべきだとするのが，わが国の通説である。また，債務者が責任を負う履行補助者の過失の程度は，債務者自身のそれと同様である。したがって，無償の受寄者（635条），相続財産の管理義務

者（918条・926条・940条）のように債務者が例外的に注意義務を軽減される場合には，履行補助者の注意義務も軽減されるから，これを基準にして債務者の責任も決まることになる。

なお，債務者は履行補助者の故意または過失について責任を負わない旨の特約をすることは，信義則に違反しないとされるから有効である。

(d) 債務者の責任能力　債務者の責に帰すべき事由があるというためには，債務者に責任能力を必要とする。過失責任の当然の内容である（712条——未成年者の責任能力・713条——心神喪失者の責任能力参照）。

(e) 挙証責任　債務者の責に帰すべき事由に関する挙証責任は，債務者にあるから，債務者は，履行遅滞が自己の責に帰すべからざる事由にもとづくこと（自分に落度がないこと）を証明しない限り，責任を免れないことになる。

(4) 履行しないことが違法であること

債務者に留置権（295条）や同時履行の抗弁権（533条）があるときは，履行が遅れてもそれを正当化する事由があるので，履行遅滞の責任は生じない。

3　履行遅滞の効果

履行遅滞は，本来の債務は消滅しないから，債権者は本来の給付の履行を請求することができる。しかし，事情によって債権者は履行に代えて損害賠償を請求することもできる。履行遅滞の効果として，債権者が損害賠償を請求できることが最も重要である。遅滞を生じている間に給付が不能になるときは，それが不可抗力による場合でも，原則として債務者の責任を生ずるとされる。また，その債権が契約から生じたものである場合には，債権者に契約解除権も生ずる（541条）。さらに，債権のために特別担保が設定されているときは担保権を実行でき，また違約金の特約があればその効力を生ずることになる。

(1) 現実的履行の強制

履行遅滞の場合，債権者は，依然として本来的給付（現実的給付）として，履行の強制を請求できる（414条1項本文）。この場合には，損害賠償の請求ではないから，債務者には「責に帰すべき事由」があることを要しない。

(2) 履行遅滞の効果

履行遅滞の効果としてもっとも重要なものは，損害賠償の請求である（415

条)。この場合，2つの種類がある。

　(a) 遅延賠償　　遅延賠償とは，履行が遅延することによって生じた損害の賠償であり，債権者は履行遅滞の効果として，まず遅滞によって生じた損害の賠償として遅延賠償を請求しうる。履行遅滞の効果として，遅延賠償を請求しうることは疑いない。本来的な給付の強制とあわせて請求できるのだから，債権の内容の拡張ということになる。

　(b) 塡補賠償　　塡補賠償とは，本来的な給付に代えてする損害賠償であり，これは履行不能の損害賠償の基本形態である。本来の債権の内容の変更ということになる。そこで，履行遅滞で塡補賠償が認められるかについて問題がある。すなわち，履行遅滞と同時にもしくは遅延後に履行不能になったとき，または遅滞後の履行が債権者にとって利益がないという特別な事情のある場合には，債権者は契約を解除しないで塡補賠償を請求することができる。ところが，このような遅延後の履行が債権者にとって利益がないという特別な場合ではなく，普通の場合に，債権者は一定の期間を定めて催告して，その期間内に履行のないときは解除せずに塡補賠償を請求できるかが問題となる。

　まず，履行遅滞後に履行不能になった場合に，塡補賠償を請求できることに問題はない。また，履行不能ではないが，定期行為のように，遅滞後に履行されても，債権者にほとんど利益がない場合にも塡補賠償が認められる。たとえば，結婚式用のウェディングドレスが式当日に間に合わず後日になって届けられたような場合である。さらに履行遅滞後，催告をした上で契約を解除して損害賠償を請求することもできる。

　問題になるのは，債権者にとって遅滞後の履行が不利益ではない場合にも，契約を解除しないで塡補賠償を請求できるかである。かつて判例は，遅滞後の履行が，債権者にとってほとんど利益がない場合以外は，履行遅滞を原因として契約を解除しなければ塡補賠償はできないとした（大判大正4年6月12日民集21輯931頁）。

　しかし，近時の判例・学説はこれを認める。すなわち，①履行遅滞の場合であっても，遅滞後の履行が債権者にとってほとんど利益がない場合や，期限後に履行不能になった場合には，解除によって自分の権利を消滅させることなしに，給付に変わる塡補賠償を認める必要があること，②わが民法では，解除の

効果として，債務不履行を理由とする塡補賠償の請求権はなくならないから（545条3項），遅滞後に塡補賠償を請求するには，相当の期間を定めた催告後に解除すればよく（541条），解除しないで塡補賠償を請求する場合と結果においてほとんど差異がない（この場合，債権者の反対給付（たとえば，売買契約における代金の支払義務）は消滅しないが相殺によって清算しうる），ということにある。判例は，木材の売買で買主が代金を提供してその引渡を求めたが，売主が応じなかった。そこで，現在木材の引渡を受けても所期の目的を達することができないために契約を解除することなしに履行に代わる塡補賠償を請求した事案で，履行を拒絶して塡補賠償を請求する意思表示と解除の意思表示とを並行的制度と解して，一定期間を定めた催告を要し，その後解除を必要としないで損害賠償を請求しうるとした（大判昭和8年6月13日民集12巻1437頁）。

このように，債権者は，解除して塡補賠償を請求することも（この場合は債権者は，自己の債務を免れる），解除せずに一定の催告をして塡補賠償を請求することも（この場合は，債権者は自己の債務を免れない），できると解せられる。

この理論の一般的適用として問題となるのは，債権者が，履行遅滞中の債務者に対して，一定の物の引渡を求めるのと並んで，引渡できないときには，一定の金銭の塡補賠償の支払を命ずる判決を求めることができるかである。

当初，判例は特殊な場合を除いては，解除をしないかぎり塡補賠償を請求できないとして否定していた（大判大正15年10月6日民集5巻719頁）。しかし，その後大審院は，これを改めて（大連判昭和15年3月13日民集19巻530頁），最高裁もこれを踏襲した。すなわち，判例は，X組合は，Y会社に対して，昭和19年8月19日，線材の伸延加工を委託してX所有の線材312トンを引き渡したが，Yはそのうち7.99トンについて加工してXに引き渡したが，Y工場の罹災や終戦によって右委託契約は合意解除された。しかし，Yは線材130トンを返還しただけであったために，XはYに残余の線材172トンの返還とその引渡の強制執行の不能に備えて，執行不能の部分につき1トン5万4000円の割合による金銭の支払を訴求した。判決は，「物の給付を請求しうる債権者が本来の給付の請求にあわせてその執行不能の場合における履行に代る損害賠償を予備的に請求したときは，事実裁判所は，右請求の範囲内において，最終口頭弁論期日当

時における本来の給付の価額に相当する損害賠償を命ずべきものでることは，大審院判例の示すところであって（大判昭和15年3月13日民事連合部判決，民集19巻530頁参照），当裁判所は，右判断は相当でありこれを維持すべきものと考える」として，強制執行不能のときはその価額相当の損害賠償をなすべき判決をすることができるとした（最判昭和30年1月21日民集9巻1号22頁）。

（3）契約の解除

履行遅滞の場合，債権者は，債務者に対して相当の期間を定めてその履行を催告し，その期間内に履行がない場合に契約を解除することができる（541条――契約解除については債権法各論を参照せよ）。

第3節 履行不能

1 履行不能とは何か

（1）履行不能の判断基準

履行不能とは，債務者の責に帰すべき事由によって，債務の履行が不能になることをいう。履行不能かどうかを判断する基準は，物理的不能に限られず，社会の取引観念にしたがって定められる。たとえば，①建物の売買契約後，建物が焼失して引渡が不能になった場合などである。また，②不能は，物理的に不能な場合だけでなく，社会通念上不可能と判断される場合もある。たとえば，数十メートルの湖底に沈んだ宝石を売買する場合や不動産の売主が二重譲渡して，第2の買主に移転登記してしまった場合に，債務者の履行が不可能となる。さらに，③法律に規定によって不能となる場合もある。たとえば，売買契約後に目的物の譲渡が禁止されるようになった場合である（後出の大判明治39年10月29日民録12輯1358頁――たばこの私人間での売買が禁止された場合。55頁参照）。

なお，単に履行が困難であるとか，履行するためには費用がかかり過ぎるというだけでは履行不能とはならないのは当然である。たとえば，建物の売買契約において既に完成した建物が焼失した場合には履行不能となるが，請負契約おいて建築中の建物の焼失であれば，建て直すことが可能であるから請負人の債務は履行が可能であるといえよう。

（2） 原始的不能と後発的不能

履行不能が成立するのは，契約成立の時（債権発生時）には履行が可能であったが，その後不能になった場合（後発的不能）をいい，契約成立の時点ですでに不能であれば（原始的不能），債権は成立しないから契約は無効であり履行不能の問題とはならない。たとえば，建物の売買契約で，契約日の前日に，目的建物が焼失していれば，契約そのものが効力を生じないことになる。

（3） 一部不能と全部不能

履行不能には，債務の一部について不能な場合と全部について不能となった場合とがある。一部不能の場合に契約全体が履行不能となるか問題となる。たとえば，買主が中古自動車を2台選んで指定した売買契約において，1台が引渡前に焼失してしまった場合に，契約全体が履行不能になるか一部不能として残った他の1台の履行は影響を受けないのか，契約の解釈の問題となる。この場合，買主にとって2台まとまってはじめて契約の目的が達成される事情がある場合には，一部不能でも契約全体が不能となることもある。

（4） 金銭債務と履行不能

金銭債務には履行不能がない。たとえば，債務の支払のために用意していた現金が，支払期限の前日に盗難に遭ったり火災で焼失したとしても，他の貨幣（紙幣）で支払は可能であるから，履行は可能である。ただ，他の紙幣の準備が支払期限に間に合わなければ単に履行遅滞になるだけである。

2　履行不能の要件

履行不能の要件としてあげられるものは，つぎの3つである。①履行が不能なこと，②債務者の責に帰すべき事由によって不能となったこと，③履行不能が違法なものであること，である。

（1） 履行が不能なこと

債務不履行として履行不能が問題となるのは，債権成立時（たとえば，法律行為にもとづく債権なら契約成立のとき）に履行が可能であったが，その後履行が不能となった場合である（後発的不能）。もし，債権成立前に，すでに履行が不能であれば，契約は成立しない（原始的不能）。たとえば，A所有の建物について買主Bと売買契約したが，契約後引渡前に建物が焼失した場合には，

AのBに対する引渡債務は履行不能になるが，契約する前に建物がすでに焼失していた場合には，契約は無効である。不能か否かを判断する基準時は，履行期である。しかし，履行期前に給付することの不能なことが確実となったときは，履行期の到来をまたずに不能となるし，履行遅滞後に不能となったときは，その時から履行不能として扱われる。

不能かどうかは，前述のように，物理的不能に限らず（建物が焼失したなど），社会通念から決定されるべきである。また，取引の目的物が法律の規制によって取引の対象となることができないような場合には，もちろん不能となる。判例は，葉煙草1,000貫の売渡予約を締結し，手付を交付したが，売主が履行を怠っている間に煙草専売法が施行されて取引が禁止された事案で，「債務者カ履行期限後履行怠レル間ニ於テ其ノ責メニ帰ス可カラサル事由ニ因リテ履行不能ト為リタリトモ債務者ハ其履行ニ関シテ責任ヲ免ルルヲ得ス。是レ債務者ノ履行ノ遅滞ヨリ生スル当然ノ責任ナリ」とする（大判明治39年10月29日民録12輯1358頁）。また，不動産の二重譲渡の場合にも，売主の第1の買主への債務（不動産の引渡債務）が物理的には可能であっても，第2の買主が移転登記を受けて対抗要件を備えた場合には，法律的に不能となるから，原則として第三者に移転登記がなされた時に履行不能となると解している。

判例は，Xは自己所有の土地・建物をYに売却する契約を締結し，代金の支払を受けて売渡証書を交付したが所有権移転登記手続は後日双方で協議することとした。しかし，その後Yは契約解除の意向をもたらしたが，解除されないままXは本件土地・建物を第三者Aに売却して所有権移転登記を完了し，Yに対しては本件土地・建物がYの所有でないことの確認を求めたた。しかし，Yは，XがAに所有権移転登記したことにより，その責に帰すべき事由により履行不能になったとして損害賠償を訴求した。本事案について最高裁は，原審が合意解除の事実を否認して，XのY対する移転登記義務が不履行になった当時の時価相場が履行不能による損害賠償額であるした判断を認めて「……判示のような事実関係のもとにおいて，本件売買契約に基いてXの負担する債務は，判示移転登記の完了した時において，結局履行不能に確定した」旨の判断は正当であるとした（最判昭和35年4月21日民集14巻6号930頁）。

ただし，第1の買主が所有権移転仮登記を有するときは，第2の買主が本登

記をなしても，第1の買主は本登記請求権を有するから第1の買主への履行は不能とならない。また，売主から買主への所有権移転登記の未了の間に，第三者のために売買予約を原因とする所有権移転請求権保全の仮登記がなされた場合には，仮登記が抹消されることもあるから，本登記がなされない以上は売主の買主に対する売買契約上の義務が履行不能になったとはいえない（最判昭和46年12月16日民集25巻9号1516頁），とされる。

判例は，履行遅滞後に債務者の責に帰すべからず事由によって生じた履行不能については，債務者は債務不履行責任を免れることができないとしている（前出，大判明治39年10月29日民録12輯1358頁）。

なお，履行期との関連は，履行不能の場合にはあまり問題とならない。前述のように契約後，履行期前に履行することが不能となった場合には，履行期の到来を待たずに履行不能となる。また，履行期を過ぎた履行遅滞後に不能となれば，その時から履行不能とみればよいことになる。

（2） 債務者の責に帰すべき事由にもとづくこと（帰責事由）

履行遅滞と違って民法が明文規定をもって定めている（415条後段）。履行不能であるためには，債務者の責に帰すべき事由の存在することが必要である。その責に帰すべき事由については，その意義，内容，証明責任などについて履行遅滞の場合と同様である（47頁(3)参照）。

故意・過失について，いわゆる履行補助者の過失についても債務者が責任を負うことは履行遅滞と同様である。また，履行遅滞の状態にある間に，債務者の責に帰すべからざる事由によって不能となったときも，信義則上，その不能につき債務者が責任を負うとされることは，すでに述べたとおりである。ただし，履行遅滞がなくてもなお履行不能を生ずるはずであったことが確実なときは，債務者は責任を負わない。

反対に，債務者の責に帰すべからざる事由によって不能となったときは，「危険負担」（534条）の問題となることはいうまでもない（『講説民法債権法各論』参照）。

債権者としては履行が不能であることを立証すれば足りることになる。これに対して，債務者は，履行不能が不可抗力や第三者の行為によるなど，債務者の責に帰すべき事由にもとづかないことの立証責任は債務者が負う。判例は，債務者は，履行不能が債務者の責に帰すべからざる事由によって生じたことを

証明するのでなければ，債務不履行の責任を免れることはできないとしている（最判昭和34年9月17日民集13巻11号1412頁）。債務者の責に帰すべからざる事由とは，たとえば，建物の引渡債務を負う場合に，建物が地震による倒壊や落雷によって焼失したとか，他人の放火によって焼失したなどの場合である。

（3） 不能が違法なこと（違法性）

履行不能が違法なものであることを必要とするのは，履行遅滞の場合と同じである（50頁参照）。

3 履行不能の効果

履行不能の効果として最も重要なのは，債務の履行が債務者の責に帰すべき事由によって不能になった場合，債権者は本来の給付に代わる損害賠償を請求することができることである。このほか，債務が契約から生じたものである場合には，債権者は契約を解除することができる（542条・543条）。これは履行遅滞の場合と同様である。また，契約を解除しても解除しなくても債権者は填補賠償を請求できる。

(a) 履行不能による損害賠償　　履行不能によって本来の給付は，填補賠償債務に転化する。履行不能による損害賠償の内容は，本来の給付に代わる填補賠償が中心となる点で履行遅滞とは異なる。したがって，履行不能による損害賠償は，目的物にかかわる損害の賠償すなわち填補賠償にかぎられ，その内容は，具体的には履行がなされたならば得たであろうという利益の賠償である。

問題となるのは，つぎの点である。

(b) 給付の一部が不能の場合　　給付の一部が不能の場合である。この場合は，残部のみで債権の目的を達しうるか否かによって異なる。債務の内容が不可分である場合には，全部について填補賠償を求めることができる。債務の一部が不能になった場合には，たとえ一部を履行されても契約の目的を達することができない場合には，残部の受領を拒否して全部について填補賠償を求めることができる。

一部が不能になっても，残部だけでも目的を達しうる場合には（特定の中古自動車2台の売買契約で1台が焼失した場合），不能になった部分についてのみ填補賠償を請求しうるにとどまる。

(c) 解約解除との関係　　前述のように，履行の一部または全部が不能である場合に，債権者に解除権が発生する（543条）。不能によって契約が解除された場合には，損害賠償も請求できる（545条3項）。履行遅滞を理由として塡補賠償を請求するする場合と同じである。すなわち，契約を解除して損害賠償を請求する場合にも，塡補賠償を請求できることになる。

損害賠償の方法は，損害を金銭に評価してその額を支払うことになる（417条）。ただし特約があればそれにしたがう（金銭ではなく一定の物を引き渡すなどの特約）。

債権者が契約を解除すれば，自分の債務を免れるが，解除をしなければ自分の債務を免れることはできない。たとえば，AはBの中古自動車を100万円で購入する売買契約を締結したが，引渡前に売主Bの衝突事故により自動車の引き渡が不能になった場合，買主Aは売買契約を解除すれば，自動車の代金100万円の支払債務を免れるが，解除しなければ支払債務は免れない（この場合には，Bにも引渡債務があるが履行不能であれば塡補賠償に代わる）。

第4節　不完全履行

1　不完全履行とは何か

不完全履行とは，履行期間内に債務の履行が一応なされたが，不完全な点がある履行を広くいう。債務の履行が一応なされたとういう点に特徴があり，履行がまだなされていない履行遅滞や履行が不可能になった履行不能と異なる。こうした場合には，履行遅滞でも履行不能でもないために，不完全履行を債務不履行の一形態と考えるかどうかについて争いがある。この場合も「債務ノ本旨ニ従ヒタル履行」がなされたとはいえないとして，不完全履行の一形態として債権者は救済されるべきと考えられ，通説はこれを肯定している。

不完全履行としては多様なものがあるが，つぎの3つの場合が考えられる。

①　給付内容自体に不完全な点があること。たとえば，Aは自己所有の自動車についてBと売買契約を締結して自動車を履行期に引き渡したが，自動車のエンジンに欠陥がある場合とか，Aは家畜をBに売ったが病気にかかったものを引き渡したなどの場合である。

② 給付内容自体に不完全な点があり、債権者に損害を与えたこと。たとえば、土地の売買において土地の鑑定評価が不完全であったために、鑑定評価にもとづいて土地を購入した依頼者に高価な支払をさせて損害を与えた場合である。

③ 給付内容以外の履行方法に不完全な点があり、債権者の他の財産に損害を与えたこと。たとえば、自動車の引渡において、Aは乱暴に引き渡したためにBの車庫を壊して損害を与えたという場合。

これらの給付は完全な履行とはいえない。このうち、①については、瑕疵担保責任（570条）との関連が問題となる。すなわち、特定物の引渡債務の場合には、目的物に瑕疵があった場合には、瑕疵担保責任の問題でもある。不完全履行で問題となるのは、主に不特定物の引渡債務である。たとえば、自動車の売買契約が新車の引渡債務である場合に、エンジンに欠陥がある場合は他の新車によって完全な自動車が給付されるまで債務の本旨にしたがって給付はなかったものとして、不完全履行ということになる。

②、③については、不法行為による損害賠償という考え方もあるが、本来の給付そのもの不履行とは別に債権者の利益を害してはならないという本来の債務に伴う保護義務あるいは付随的注意義務の違反であるとして、これを不完全履行の中心的課題とする考え方も有力である。

2 不完全履行の要件

不完全履行の要件は、①不完全な履行があること、②債務者の責に帰すべき事由にもとづくこと、③不完全な履行がなされたことが違法であること、の3つである。①の要件が中心をなす。

（1） 不完全な履行があったこと

履行期になんらかの履行がなされたが、その履行が不完全である場合である。履行期に履行がなされない場合の履行遅滞や履行が不可能である履行不能とは異なる。

(a) 不完全な給付にはいろいろな場合がある。前述のように、①給付された目的物あるいは給付された内容に瑕疵のある場合、②履行方法が不完全な場合、③給付する際に必要な注意を怠った場合、というように分類することができる。このほかにもさまざまな場合があり、むしろ履行遅滞、履行不能のいずれにも

属しないものをすべて不完全履行と考えてよい。

　①の場合には，瑕疵担保責任との関連が生じること，また，②，③の場合には，不法行為との競合が問題となることは前述のとおりである。

　医師が治療の際に不注意で患者に誤った医療行為をした場合の医療過誤について，かつて判例は不法行為を適用することが多かった（最判昭和36年2月16日民集15巻2号114頁，最判昭和44年2月6日民集23巻2号195頁）。しかし，近時は債務不履行の適用も多くなされている。すなわち，正当な診療，治療することが債務の内容であるとすれば③の場合の不完全履行といえよう（福島地会津若松支判昭和46年7月7日判時636号34頁 —— 同じ注意義務違反の認定により履行の不完全と帰責事由とを共通に判断した事例，東京地判昭和50年1月20日判時764号19頁 —— 新生児核黄だんのケースで交換輸血などのための転院措置をとらなかった点をとらえて判断した事例，など）。

　(b)　給付の目的物に瑕疵があるために履行が不完全であるとは，不特定物を目的とする債務についてだけいえることであり，特定物を目的とする債務については，不完全履行の問題ではなく，瑕疵担保（570条）の問題となるだけであるとする見解がある。しかし，瑕疵担保責任は，債務不履行の特殊なものであり，不特定物を目的とする債務にも適用があるとする見解もあり議論のあるところである。

　判例は，有線放送会社Xは，街頭宣伝のために有線放送用スピーカーをY会社から買い受けたが，音質不良で数回修理を依頼したが修理されなかったために，Xはやむなく別の機械を第三者から購入して使用するに至ったために，XはYに対して債務不履行を理由に契約を解除した。判決は，不特定物の不完全履行を認めて「不特定物を給付の目的物とする債権において給付せられたものに隠れた瑕疵があった場合には，債権者が一旦これを受領したからといって，それ以後債権者が右の瑕疵を発見し，既になされた給付が債務の本旨に従わぬ不完全なものであると主張して改めて債務の本旨に従う完全な給付を請求することができなくなるわけのものではない。……債務者に対しいわゆる瑕疵担保責任を問うなどの事情が存すれば格別，然らざるかぎり，債権者は受領後もなお，取替ないし追完の方法による完全な給付の請求をなす権利を有し，従ってまた，その不完全な給付が債務者の責に帰すべき事由に基づくときは，債務不

履行の一場面として，損害賠償請求権および契約解除権をも有するものと解すべきである」として，本件においては不完全履行による契約の解除権を取得したものと認めた。

(c) 不完全な履行は，損害を拡大することが少なくない。これらの場合をとくに積極的債権侵害（積極的契約侵害）ということがあるが，不完全履行そのものと解されることもある。たとえば，AはBにエンジンに欠陥がある自動車を引き渡したためにBが事故を起こして大怪我をしたとか，家畜の売主が病気にかかったものを引き渡したために他の健康な家畜に病気が移ったとか，土地の売買において土地の鑑定評価が不完全であったために，依頼者の買主に高価な支払をさせて損害を与えたなどの場合である。したがって，このような瑕疵のある物の給付や物の給付にあたって債権者に損害を与えた場合のような積極的債権侵害の法的性質は，債務不履行なのか不法行為なのかということが問題になる。これは，わが国の不完全履行の概念が必ずしも明確でないこととも関係があろう。

(2) 債務者の責に帰すべき事由によること

債務者の帰責事由が，債務者の故意・過失および信義則上それと同視すべき事由をいうことはいうまでもない。これは履行遅滞や履行不能のところで説明したところと同じである（47頁，56頁参照）。しかし，手段債務においては，どの点において不完全であったかが問題となり，帰責事由の対象が本来の債務の不履行ではなく，たとえば，自動車の引渡において債務者の運転により債権者の車庫を壊したなど，保護義務あるいは付随的注意義務の不履行について不完全であるとする帰責事由に注意しなければならない。

(3) 不完全な履行のなされたことが違法であること

不完全履行が債務不履行として債務者の責任を生ずるためには，履行遅滞や履行不能の場合と同じように，不完全な履行が違法であることが必要であることはいうまでもない。履行遅滞や履行不能のところで説明したことと同じである（50頁(4)，57頁(3)参照）。

(4) 履行期との関係

不完全履行においては，とくに履行期との関連は問題にする必要がないといわれるが，以下の点が問題となる。

(a) 履行期の到来するまでに不完全な給付をすることも不完全履行となる。ただし，債務者がその瑕疵を履行期までに追完して完全な給付をすれば履行遅滞の責任は負わない。不完全な給付をそのままにして履行期を徒過すれば履行遅滞の責任も負うことになる。

(b) 履行期に不完全な給付をすれば，それ自体としては遅滞はないが，追完するために履行期を徒過すれば履行遅滞の責任も負う。

(c) 履行期を徒過した後に，不完全な給付をすれば，履行遅滞と不完全履行との競合を生ずる。

3 不完全履行の効果

不完全履行の効果として，債権者は，①履行が完全でないのだから完全な履行を請求することができるのが原則である。②履行の不完全なことから生ずる損害の賠償を請求することができる。③債権が契約から生じたものであれば，契約解除権を生ずる。

（1） 追完の可能なとき

履行が不完全であっても，なお，完全な履行を請求できる場合には，債権者はあらためてその完全な履行と，不完全履行から生じた損害の賠償を請求できる。たとえば，売主がエンジンに欠陥のある自動車を給付した場合は，買主は新たに完全な自動車の引渡を求めることができるし，エンジンの修理など欠陥の除去（修補請求）を請求することもできる。また，欠陥車の給付によって損害が生じた場合には賠償の請求もできる。

これについては，瑕疵担保責任（570条・566条）との関係で，学説上種々の対立がある。しかし，瑕疵担保の規定によるべきだとすると，債権者は受領後損害賠償の請求か解除をすることができるだけであり（570条），瑕疵のないものの給付は請求できないことになるので，満足すべきものとはいえないであろう。

（2） 追完の不可能なとき

不完全履行があった後に，債務者があらためて完全な給付をしても債権の目的を達することができないときは，債権者は本来の給付を請求しても無意味であるから，給付にかわる損害賠償を請求することができる。たとえば，土地の売買において土地の鑑定評価が不完全であったために，依頼者である土地の買

主に高価な支払いをさせて損害を与えてしまった場合に，債務者があらためて正しい鑑定報告をしても無意味である。損害賠償は，瑕疵ある物が残存している場合にはそれを返還して給付の全部にかわる賠償を請求しうるか，または瑕疵に相当する賠償を求めることができるかは，一部不能の場合と同様である（57頁参照）。ただし，瑕疵ある給付では債権の目的を達することができない場合には，全部について賠償を請求できる。

第5節　損害賠償——債務不履行の効果

1　意　　義

　債務不履行が債務者の責に帰すべき事由によって生じた場合には，債権者は債務者に対して損害の賠償を請求することができる（415条）。債務不履行によって，損害賠償請求権が生ずるためには，債務の本旨にしたがった履行がないという客観的状態のほかに，債務者の責に帰すべき事由があること（主観的要件）と債務不履行が違法なこと（客観的要件）が必要であることは，すでに述べたとおりである（42頁以下参照）。

　債務不履行による損害賠償は債権の効力として考えられ，債務の不履行によって債権は損害賠償請求権となる。債務不履行による損害賠償請求権は，本来の債権の拡張（遅延賠償の場合）または内容の変更（塡補賠償の場合）であって，本来の債権と同一性を有する。したがって，①本来の債権の担保は，この損害賠償請求権にも及ぶ（346条——質権，447条——保証。374条——抵当権は第三者保護の理由から制限を加えた），②時効期間は本来の債権の性質によって定まる，③本来の債権が時効で消滅した場合，その後にその債権の債務不履行によって損害賠償を請求することはできないことになる。

　しかし，損害が生じれば，それが財産上のものか精神上のものか，または積極的損害（既存財産の減少）であるか消極的損害（得るはずであった利益の喪失）であるかを問わず賠償請求ができる。

　損害といういう言葉の意味は多様であるが，法的にはつぎのように考えられている。損害は，もし加害原因がなかったならば得たであろうという利益状態と，加害がなされた現在の利益状態との差であるという差額説が通説的見解で

ある。これに対して、ある者がその法益の侵害のために被った損失であるとし、財産損害は個々の財産の構成部分の滅失、その者が被った具体的損失であるとする損失説が主張されている。

賠償の方法は、損害を金銭に評価してその額を支払う金銭賠償主義をとっている（417条）。ただし、金銭以外に、たとえば一定の物を渡すとか謝罪するという特約があればそれにしたがう。

2 損害賠償の範囲

債務不履行があっても損害が生じないときは、損害賠償を請求しえない。損害賠償は、実際に生じた損害の賠償であるから、債務不履行の事実があっても債権者に損害が発生しない場合、および債権者が損害の発生を証明できない場合には、損害賠償の請求をすることはできない（大判大正5年10月20日民録22輯1939頁）。

損害賠償は、賠償すべき損害の範囲が問題となるが、その範囲については、いわゆる相当因果関係の理論が支配的であったが、これに対して、近時、有力な批判がある。

(a) 相当因果関係理論　損害賠償は、債務不履行から生じた損害の塡補を目的とするから、損害賠償責任が生じるためには、債務不履行と損害との間に因果関係があることが必要である。債務不履行から生じた損害について、その原因がなかったならば結果として損害もなかったであろうという場合に生じる因果関係は、自然的・客観的関係であることからこれをたどっていくと無限に広がる。したがって、債務不履行によって損害が発生した場合、どの範囲の損害まで賠償されるべきか、またどの範囲までの損害を負担させるかという範囲の限定が問題となる。

416条は、損害賠償の範囲として「債務ノ不履行ニ因リテ通常生スヘキ損害」（1項）および「特別ノ事情ニ因リテ生シタル損害」で、当事者がその事情を「予見シ又ハ予見スルコトヲ得ヘカリシ」（2項）場合について、債権者はその賠償を請求できるとしている。これは、損害賠償の範囲は債務不履行と相当因果関係にたつ損害であることを示し、通常生ずると予想される程度の損害について因果関係があるとするものである。416条1項は、相当因果関係の原則を規

定し，2項は，その基礎とすべき特別の事情の範囲を示すと解されている。

　損害賠償は，一方の受けた損害を他方に塡補させるということによって当事者間の公平をはかるためのものであるから，通常の場合に生ずべき損害を塡補させることがその制度に合っているといえる。したがって，相当因果関係にある損害というのは，その債務不履行によって現実に発生した損害のうち，この場合に特有なものを除いて，その債務不履行から一般的に生ずるであろうと認められる損害ということである。しかし，実際に債務不履行と相当因果関係にある損害とは何かは多様であり，具体的に判断することは難しいので類型化して判断することになる。

　客観的に存在するすべての事情を加えると自然的因果関係のほとんどすべてが損害に含まれることになるし，そうでなく債務者の事実上知っている事情だけとすれば不注意な者が利益を受けることになる。したがって，折衷的な立場から一般の通常人が知り，または知ることができる事情を原則として，債務者がとくに知りまたは知ることができる特殊な事情も考慮するのが妥当である。

　(b)　通常の損害の場合，何が損害かの判断はさほど困難ではない。金銭債務においては，遅延した期間に応じて生じる遅延利息が損害である。動産の引渡を目的とする債務では，債権者が日常使用する物であれば遅滞の期間中に使用できなかったことが通常の損害であり，営業用の物であれば営業に支障を来たし収益を上げられなかったこと，また他から高い対価で必要な物を調達しなければならなかったことが損害となる。債権者が動産を転売することを予定していれば，予定していた時点での転売の利益と現実に転売した時点での利益の差があれば損害とみられる。さらに，建物の引渡を目的とする債務であって，債権者自身が居住する場合には，遅滞の間居住できなかったことが損害であり，他に賃貸したり営業を営むことを目的とする場合は，賃貸料や，営業によってえられうる収益が損害である。土地の引渡の場合も同様に考えられる。

　債務者の予見または予見しうべき時期について，判例は，買主Ｘと売主Ｙ（マッチ製造業者）との間で，大正3年7月28日までに5回にわたって，引渡日を8月末日とするマッチの大量の売買契約をしたが，最終の契約締結日に第1次世界大戦が勃発し，マッチの価格も高騰してしまった。ＹはＸにマッチの値上げを求めたがＸは応じなかったために，Ｙは残部を引き渡さなかったので，

Xは履行を催告した後，契約を解除し，損害賠償の請求をした。Xは特別事情の予見時期も契約締結当時を標準とすべきである，と主張したのに対して，判決は「法律ガ特別事情ヲ予見シタル債務者ニ之ニ因リ生ジタル損害ヲ賠償スルノ責ヲ負ハシムル所以ノモノハ，特別事情ヲ予見シタルニ於テハ之ニ因ル損害ノ生ズルハ予知シ得ベキ所ナレバ，之ヲ予知シナガラ債務ヲ履行セズ若クハ其履行ヲ不能ナラシメタル債務者ニ其損害ヲ賠償セシムルモ過酷ナラズト為スニ在レバ，特別事情ノ予見ハ債務ノ履行期迄ニ履行期後ノ事情ヲ前知スルノ義ニシテ，予見ノ時期ハ債務ノ履行期迄ナリト解スル」(大判大正7年8月27日民録24輯1658頁)として，Xの上告を棄却した。

3 損害賠償額の算定

(a) 履行遅滞を理由として契約を解除したり，あるいは履行を催告して目的物に代わる損害賠償を請求する場合に，履行の催告から，契約解除，訴の提起を経て判決を得るまでのあいだに目的物の価格が高騰したり下落したりしたときは，どの時点における目的物の価格を基準とするかが問題となる。履行不能の場合にも同様に問題となる。

損害額算定の時期については，民法に明文の規定がない。この問題に関する判例の態度は推移している。初期の判例は，無条件に高騰価格の賠償を認めたが（大判明治41年2月18日民録14輯290頁），その後大正15年の大審院連合部判決において，相手方の過失によって沈没した船舶の所有者が不法行為にもとづいて損害賠償を請求した事件において（富喜丸事件），原告がもっとも高騰した時点の船舶の価格，すでに締結されていた傭船契約による得べかりし傭船料，将来にわたって得べかりし傭船料を損害賠償として請求したが，判決は，民法416条の類推適用を認めた上で，原則として目的物の滅失した当時（不法行為時），すなわち責任原因の発生時の時価を基準として賠償額が算定されるべきであるとし，滅失したとき以後の傭船料（その後の損害は別に計上すべきではなく，債権者の方の特別の技能，施設によって特別の収益を得た場合）があれば，その立証と債権者の予見可能性を要件として請求できるだけであるとした（大判大正15年5月22日民集5巻6号386頁）。この判例は，不法行為に関するものであるが，債務不履行による損害賠償の範囲，算定の基準時について統一的見

解を示したものとされている。

　その後，最高裁は，履行不能後の価格高騰を特別事情と解し，損害賠償の請求には債務者の履行不能時での予見または予見可能性の必要について大審院時代の判例を踏襲して，債権者がその高騰価格で転売したであろうという点についての立証を不要としたが，逆に口頭弁論終結時以前に転売したであろうと予想されないかぎり，当然に口頭弁論終結時の価格で賠償することができるとした（最判昭和37年11月16日民集16巻11号2281頁）。さらに，最高裁は，買主が，自己使用のために家屋を買い受けた場合で，履行不能後も価格高騰の続いたケースで，売主の所有権移転義務の履行不能後も高騰を続けているという特別事情があり，かつ売主がそのような特別事情の存することを知っていたかまたは知りえた場合には，買主は高騰した現在の価格での損害賠償請求ができるとしている（最判昭和47年4月20日民集26巻3号520頁）。

　以上のように，損害賠償の範囲は，相当因果関係によって定まり，損害賠償額算定の基準も相当因果関係の問題としてとらえるという見解が支配的であった。

　しかし，これに対して近時，債務不履行による損害賠償の算定につきその基準時を単純に一元化するのは正当でなく，具体的事案に即して決定されるべきであるが，その原則は，損害賠償法の理念（416条1項と2項との区別は予見可能性の立証を要求するかどうか，という立証の程度の差異に求むべきであるとする）に立脚して，履行期を考慮に入れて諸般の事情（当事者の職業，目的物の種類，契約目的など）を総合的に判断して賠償されるべき損害の範囲の判定とその額の算定に努むべきだとする考え方が有力に主張されている。

　(b)　債務不履行による損害賠償請求権は，遅延賠償も塡補賠償も期限の定めのない債権として成立し，催告によって遅滞を生ずる（412条3項）。催告の翌日から遅延利息債務が発生する。

4　損害賠償の範囲に関する例外

　相当因果関係にしたがって損害賠償の範囲を定めるべき原則に対して，つぎの3つの例外がある。

　(a)　過失相殺　　(イ)　意義　　過失相殺とは債務不履行に関して，債権者にも過失がある場合には，裁判所が損害賠償の責任の有無およびその金額を定め

るについて，それを斟酌して責任を適当に軽減するという制度である（418条）。過失相殺は，不法行為にもとづく損害賠償においても認められる（722条2項）。これは損害賠償制度における公平の原則および信義則から認められるものである。ここにいう過失とは，債権関係を支配する信義則に反するものと認められる過失があることを意味する。

　㈠　要件　　過失相殺が成立するには，債務不履行にもとづく損害賠償請求権の成立に必要な一般的要件のほかに，債務の不履行について債権者に過失があることが必要である。たとえば，X会社は，Y会社に大正7年5月27日，銑鉄を一定価格（1トン237円）で売り渡し，毎月Yの請求する数量を代金引換に引き渡すことを内容とする売買の約束をして，その一部を引き渡し代金を領収した。しかし，その当時，鉄の価格が高騰した時代であったが，X会社はその履行を遅延してY会社の事業に支障をきたしていたために，Y会社は別により高い値段（1トン285円）で同種の品物を買い受けざるをえないようなこともあった。しかし，その後鉄の価格が下落（解約当時は1トン75円）してからX会社は，Y会社に銑鉄の引取と契約上の価格による残代金の支払を請求しY会社がこれに応じなかったために契約を解除して損害賠償を請求した。判決は，418条は，債権者の過失による行為が，債務の不履行による損害の発生に協力した場合のみならず，債務の不履行のみに協力した場合にも適用があるとして，たとえ売主の遅滞中に買主が代金を提供して履行遅滞に陥らせる措置を講じなかったとしても，代金債務の不履行につき売主（債権者）にも過失があるとした（大判大正12年10月20日民集2巻596頁）。

　また，債務者だけの責に帰すべき事由によって債務不履行が生じたが，その後，損害の発生または拡大について債権者の過失が加わった場合も含まれる。たとえば，不動産売買で，売主Yが，本件土地の賃借人を立ち退かせ更地にした上で，不動産を買主Xに引き渡すと約したが，売主Yがそれをしないので，買主Xは区画整理がはかどらないので売主Yに通知しないで，Xにおいて立退料を払って出ていってもらった場合，その額が過大であれば買主（債権者）にも過失があるとした（大判昭和16年9月9日民集20巻1137頁）。

　㈡　効果　　債務不履行の場合には，裁判所は債務者の賠償額を軽減しうるだけでなく，事情によっては賠償責任を否定しうるとされる。否定すべきかど

うか，またいかなる範囲に軽減すべきかは，諸般の事情を考慮して公平の原則に照らして決定されることになる。これに対して，不法行為の場合には賠償責任を否定することはできないとされる。債務不履行においては債権者の過失を認定した以上は必ずこれを斟酌しなければならないが（418条），不法行為においてはこのような制限はないとされる。

　なお，過失相殺は，債務者の主張がなくても，裁判所が職権ですることができるが，債権者に過失があった事実は，債務者において立証責任を負う（最判昭和43年12月24日民集22巻13号3454頁）。

　(b) 損害賠償額の予定　　(イ) 意義　債務不履行の場合に，債務者が賠償すべき額をあらかじめ当事者間の契約で定めておくことを，損害賠償額の予定という（420条1項前段）。通常，債権者が，債務不履行による損害賠償を請求するには，必ず損害の発生およびその損害額を証明しなければならないが，実際にその損害を証明することは困難である。また，債務者がみずからその責に帰すべからざる事由によることを証明すれば，債務者は損害賠償責任を免れることにもなり，債権者にとっては被った損害を賠償させることはできない。そこで，このような困難を排除するために，債務不履行があれば，過失の有無，損害の大小を問わずに債務者に予定の賠償額を支払わせることにして，履行を確保しようとするところに賠償額の予定をする理由がある。

　損害賠償額の予定とは，あらかじめ損害が発生することを予想して，債務不履行の場合に債務者の支払うべき賠償額をあらかじめ契約によって定めておくことである。賠償額の予定は，一定の金銭を予定する場合が普通であるが，当事者が金銭以外のもの（穀物などのような他の代替物の一定量，または原状回復などの場合）によって賠償額を予定したときにも420条は準用される（421条）。

　(ロ) 効果　債権者は，債務不履行の事実さえ証明すれば，損害の発生や損害額を立証することなしに，予定賠償額を請求できる。したがって，特約のないかぎり，債務者の方は，損害が発生しなかったとか実損額が予定賠償額より少ないなどの主張はできず，債権者も実損額が予定賠償額より大きいとは主張できない，と解されている。

　裁判所は，予定賠償額を増減できない（420条1項後段）。ただし，暴利行為など90条に反する限度で無効になると解されている。立法上も，予定された賠

償額が，不当に高ければ債務者の利益を害することになるので，契約自由の原則の及ぶ範囲で利息制限法の制限を受ける（利息4条）。また，労働基準法（16条）・船員法（33条）は，賠償額の予定の締結自体を禁止している。

　賠償額の予定がなされていることは，履行の請求や解除を妨げるものではない（420条2項）。なぜなら賠償額の予定には，履行請求権や解除権の放棄を含んでいないからである。たとえば，AはBに自己所有の建物を売却したが，引渡が遅れれば1日につき何円ずつ遅延賠償金支払うと約束している場合に，債権者Bは遅延した分の予定賠償額の支払と建物の引渡を請求できるし，契約の解除もできる。

　もっとも，賠償額の予定というのは，履行の遅延や不能に対する賠償額，双務契約で債権者側の反対給付（たとえば，買主の代金支払）を履行せずに契約関係の清算のために賠償額を予定する場合があり，それぞれの場合に応じて本来の履行請求や解除と損害賠償請求の要否を決定する必要があろう。

　(ハ)　違約金　違約金は，債務不履行の場合に債務者が債権者に支払うべきことを約束した金銭であるという点では損害賠償額の予定と同じであるが，その目的・趣旨は必ずしも損害賠償額の予定に限られず，一種の制裁金である（420条3項・421条）。

　債務者が違約金の支払を約束する目的は，純然たる制裁，あるいは信用の保証，損害賠償の予定などさまざまであるが，民法は，契約の解釈についての紛争を避けるためと通常の場合の当事者の意思にも合致するために，違約金を損害賠償の予定であると推定している（420条3項）。しかし，当事者の約旨が違約罰であるときは，債権者は反証をあげて420条3項の推定をくつがえしうる余地はある。

　なお，金銭を目的とする消費貸借上の債務に付された違約金（たとえば，債務の弁済が遅滞した場合の違約金）については，利息制限法はこれを賠償額の予定とみなしている（利息4条3項）。したがって，この場合には，たとえ賠償額の予定以外の性質を有する内容の契約をしても，利息制限法所定の最高制限率を超えることはできないことになる。

　(c)　金銭債務の不履行に関する特則　金銭債務の履行遅滞による損害賠償請求権について，民法はその要件および効果について特則を設けている（419

条)。すなわち，金銭債務の不履行は，常に履行遅滞となるのであって履行不能は認めない（債務者の弁済が何らかの事情で不可能であったとしても履行遅滞となるのみである）。金銭債務の履行遅滞による損害賠償額は，法定利率によるのが原則である（419条1項）。

　(イ)　要件についての特則　　要件に関しては2つの特則がある。

　(i)　金銭の債務不履行については，債権者はその損害を証明しなくても債務者に対して損害賠償の請求ができる（419条2項前段）。一般に損害賠償を請求するためには，請求者が損害のあったことおよびその額を証明することが必要であるから（709条），これはその例外である。すなわち，金銭債務の不履行については，損害の証明が困難なことや，利息分だけの損害は常に生じ，それ以上の損害は生じないとみなすのが公平であるという理由である。

　(ii)　金銭債務については，債務者は不可抗力の抗弁を主張することはできない（419条2項後段）。したがって債務者は，自己の責に帰すべからざる事由による履行不能であることにもとづいて債務を免れることはできない。履行遅滞についても同様である。不可抗力とは，取引上要求される注意を払っても防ぎようがない外部的な事情（たとえば地震，津波，大火など）をいう。不可抗力という観念は，債務者や加害者に無過失損害賠償責任を認めると，その責任があまりに過重となるために，不可抗力については責任がないとしてその責任を制限するために用いられる。しかし，民法は，金銭債権についてこの制限をしりぞけて，そのような免責事由を認めないことにした。その意味で金銭債務不履行による責任は絶対的責任ということができるが，そこまで厳格にすべきか立法上これを疑問視する見解もある。

　モラトリアムすなわち支払猶予令（大災害，金融恐慌などの緊急時に債務者のために，法令によって一定期間の支払を猶予する）が出された場合，その適用を受ける債務は，その期間中支払わなくても履行遅滞の責任を負うことはない。支払猶予の利益を受ける範囲については議論がある。

　(ロ)　効果についての特則　　(i)　金銭債務の遅滞による損害賠償額は，実際に生じた損害額のいかんにかかわりなく，法定利率（民事上の債務については年5分（404条），商事上の債務については年6分（商514条））によって計算するのを原則とする。ただし，これより高い約定利率が定められているときは，そ

の利率による（419条1項）。たとえば，無利息の債務，または法定利率を下回る利率の利息が定められている債務については，確定期限の徒過したとき，または催告を受けたときから，法定利率による年5分（民事）または年6分（商事）の遅延賠償を支払うことになる。また，法定利率を超える利率（たとえば年1割）の利息が定められている債務については，その割合（年1割）による遅延賠償を支払うことになる。

これは遅延賠償の性質を有するものであるが，遅延利息と呼ばれることが多いが，その実質は利息ではない。

(ii) 金銭債務については，たとえば利息を年1割とし，弁済期を徒過したときは1割5分の利率で賠償をなすべきとして，約定利息より高い利率の特約をすることが多い。遅延賠償の予定である。この特約は，原則として有効であり，また実損害を賠償するという特約も有効である。しかし，これらの特約は，債務者の窮乏に乗じて不当の利益を受けるために用いられることもまれではないから，この弊害の防止のために利息制限法は種々の制限を設けている（利息4条）。もっとも，利息制限法は，金銭消費貸借にかぎり適用されるから（利息1条），それ以外の金銭債務については420条1項が適用され，裁判所はその額を増減できない。

しかし，不当な場合には90条の適用を受ける（大判昭和19年3月14日民集23巻147頁）。判例は，遅延賠償金については特約がないが，利息の約定があり，しかもその約定が利息制限法1条1項の制限利率を超えているような金銭消費貸借について，その遅延損害金は利息と同様に制限利率にまで縮減されるべきものとしている（最大判昭和43年7月17日民集22巻7号1505頁——反対意見あり）。

5 損害賠償の方法

賠償の方法は，損害を金銭に評価して損害額を支払うことである（417条）。これは金銭がもっとも便利でありすべての需要を充たすことが容易にできるからだとされる。金銭賠償に代えて，他の方法で賠償することを約したときはそれにしたがう。たとえば，一定の物を引き渡すとか謝罪するというような場合である。本条は任意規定である。不法行為による損害賠償でも金銭賠償主義がとられている（722条1項）。

第6章 受領遅滞

第1節 受領遅滞の意義および性質

（1） 受領遅滞とは，債務者が債務の本旨にしたがった履行の提供を行っても，債権者が必要な協力行為をしないため，または協力ができないために，債務者の履行が完了せず，弁済が遅滞した状態をいう。債務者が債務の内容を実現するためには，多かれ少なかれ債権者の協力（受領）を必要とする。しかし，債権者が債務の受領に協力しないことから，債務者が依然として債務に拘束され，履行の遅延によって生ずる負担・不利益を債務者に負わすのは不公平である。

たとえば，AはBとリンゴ10キロの売買契約を締結して，Aが履行期に履行場所でリンゴを引き渡そうとしたが，Bは多忙を理由にすぐに引き取ることはできないとして受領を拒否した。このような場合に，Aには依然としてリンゴの引渡債務が存続し，またリンゴの保管費用も必要となり，その費用や不利益のすべてをAに課するのは不公平であろう。そこで，民法は，信義則にしたがって，債権者・債務者間の利害を調整して公平な処理をするために，受領遅滞という制度を設けた（413条）。

この場合には，民法413条の効果として，債務は存続するが，債務者保護の見地から，債権者の不受理の間は債務者は履行遅滞とならず，その他の責任も軽減され，債権者がその不利益と責任を負わされることになる。

（2） 受領遅滞の法的性質が，債務不履行の一種か，それとも信義則にもとづく法定責任かについては古くから見解の分かれるところである。そのどちらかをとるかによって，受領遅滞の要件において，債権者の故意・過失などの帰責事由を要するとするか，効果において債務者の損害賠償請求権・契約解除権を認めるか等の差異が生ずる。わが民法では，一面では，債務者は弁済の準備

をなしたことを通知すればよいとし（493条），これで債務不履行の責任を免れるとし（492条），他面では，債権者は履行の提供のあった時より遅滞の責に任ずるとしている（413条）。しかし，この規定の内容は明らかでないために，受領遅滞の性質をどのように解釈するかが問題となる。

　(a)　法定責任説　　従来の通説の考え方であり，債権を行使することは債権者の権利であって義務ではないから，特約・慣習がないかぎり，債権者に受領義務はなく，受領義務の法的性質は，債務者の履行遅延から生ずる不利益を債権者に負担させることを，公平の観念から信義則上法がとくに定めたとする。

　(b)　債務不履行説　　これに対して，債権・債務は，両当事者の信頼関係にもとづくものであってその内容の実現も両当事者の協力がなくては完成できないものであり，債権者の協力義務も１つの債務であるとして，債権者の受領義務を認める見解が有力に主張されている。

　判例も，当初から債権者に引取義務はないことを理由に，受領遅滞の場合，債権者からの契約解除を認めなかった（大判大正４年５月29日民録21巻858頁）。もっとも，買主が引取義務を特約した場合には，その不履行を原因として契約の解除を認めている（大判大正11年11月１日新聞2701号７頁）。最高裁は，従前通り法定責任説によるこことを明らかにした（最判昭和40年12月３日民集19巻９号2090頁）。しかし，その後，信義則上の引取義務を認めるものも出現し（最判昭和46年12月16日民集25巻９号1472頁），動揺している。

第２節　受領遅滞の要件

　受領遅滞の要件は，①債務の本旨にしたがった弁済の提供があること，②債権者の受領拒絶または受領不能があること，③受領拒絶または受領不能が債権者の責に帰すべき事由にもとづくこと，の３つである。

　（１）　債務の本旨にしたがった履行の提供があること

　債務者による債務の本旨にしたがった履行の提供がない場合には，債権者はその受領を拒絶できることになり，受領遅滞にはならない。債権者が不受領の場合に債務者が債務不履行の責を負わされないためには，債務者のなすべき給付行為を「弁済の提供」という。

特定物の引渡に関しては，わが民法は売買契約などの契約締結の時に所有権が相手方（買主）に移転するために，債務者（売主）は引き渡すまでは他人（買主）の物を預かっている状態になる。そのために，特定物に関する特則として，特定物の引渡義務を負う者は，引渡の時まで善良なる管理者の注意をもって保管する義務を負う（400条）。また，契約締結後引き渡までの間にも物の上に変化が生じても，債務者は引渡の時の現状で物を引き渡せばよいとしている（483条）。

 （2） 債権者の受領拒絶または受領不能があること

 受領拒絶とは，たとえば，売買契約の買主が目的物の引き取を拒絶した場合や履行期に債権者が弁済の場所に現れない場合などで，受領拒絶の理由は問わない。しかし，債権者が履行の提供の不完全を理由に拒絶した場合には，それが真実であれば受領遅滞の効果は発生しないが，履行の提供が完全であれば受領遅滞となる。受領拒絶となるものとしては，使用者が工場を閉鎖して労働者の就業を拒絶した場合，家屋の所有者がAに修繕を注文したがBに修繕させた場合，などがあげられる。

 受領不能とは，たとえば，家屋所有者の失火によって家屋が焼失したために家屋修繕の請負者の就労を受け入れられなくなった場合である。しかし，この場合は，債務の履行が不能なために受領も不能となる場合でもある。

 受領不能か履行不能かの区別が困難な場合が多い。この点について，近時の通説は，給付を不能にさせた原因が債権者と債務者のどちらかの支配に属するかを標準にして，債務者の側に属する時には履行不能（たとえば，労働者の病気による就労不能などの場合），債権者の側に属する時には受領不能（たとえば，使用者の出火によって工場が焼失したために労働者の就労不能などの場合）となるものとしている。

 （3） 受領拒絶または受領不能が債権者の責に帰すべき事由にもとづくこと

 債権者が受領しないことまたは受領できないことが，債権者の責に帰すべき事由にもとづくことを要するかどうか争いがある。受領遅滞を法定責任とみる説では，債権者の受領義務は問題とされないから，故意・過失その他の帰責事由は必要ではない。しかし，債務不履行の一種とみる説では，債務不履行一般の原則により債権者の受領義務違反となり，受領拒絶または受領不能が債権者

の責に帰すべき事由（帰責事由）にもとづくことが要件となる。

第3節　受領遅滞の効果

　民法は，受領遅滞の効果について，単に債権者が遅滞の責に任ずべきものと規定するだけで，その内容は不明確である（413条）。そこで，受領遅滞の要件として，債務者の弁済の提供がなされるので（413条），弁済提供の効果として債務者は，弁済提供の時から債務不履行によって生ずる一切の責任を免れることができる（492条）。その他の効果として，学説・判例は，つぎのように解説している。

　（1）　受領遅滞後の履行の不能は，不可抗力にもとづく場合もなお債権者の責に帰すべき履行不能となる。双務契約において，種類債務は債務者が履行に必要な行為を完了したときに特定があると解されるから（401条2項），不特定物をを目的とする双務契約においては，その特定を生じたときから危険は債権者に移転する（534条2項）。特定物を目的とする双務契約においては，原則として危険は債権者が負担する（534条1項）。

　（2）　債務者の注意義務の軽減

　債務者は，目的物の保管については，自己のためにするのと同一の注意義務を尽くせばよく（福岡高判昭和29年8月2日下民集5巻8号1238頁），故意または重過失についてだけ責任を負う。法定責任説は，債権者に過失がなくても，債権者遅滞の効果として債務者の注意義務は軽減されるとする。

　なお，債務者の給付が完了する前に受領遅滞を生じたときは，債務者が弁済の提供をするまでは，善良なる管理者の注意義務を軽減されない。

　（3）　債務者の増加費用請求権

　弁済提供までの保管の費用や弁済の費用は債務者が負担するのが当然であるが，債権者の受領遅滞中に債務者が負担した保管費用（たとえば，倉庫料，手入れの費用，固定資産税，自動車税など）や再度の弁済の費用，供託費用などは，債権者が負担すべきである（485条但書の類推）。

　（4）　約定または法定利息が発生しない

　法定責任説は，弁済提供の効果と受領遅滞の効果とを同視して，債務者は受

領遅滞のときから約定利息の支払を免れるとしている（大判大正5年4月26日民録22巻805頁）。弁済の提供があっても債権者に帰責事由のないかぎり，受領遅滞とはならないとみる債務不履行説は，提供の効果と受領遅滞の効果とは区別すべきものとして利息の支払を免れないとする。

（5） 損害賠償請求権

損害賠償請求権について，法定責任説では，債権者に受領義務を認めず受領遅滞を債務不履行と認めない立場から，債務者に損害倍請求権を認めない。

これに対して，受領遅滞を一種の債務不履行と見る債務不履行説では，債権者の帰責事由を要件として，債務者は債権者の受領遅滞によって生じた損害について，債務者が増加費用の請求をできないときは損害賠償の賠償を請求することができるとする（415条，その賠償の範囲は416条の規定による。最判昭和46年12月16日民集25巻9号1472頁はこれを認める）。損害賠償請求権については，今日ではあまり異論はないようである。

（6） 契約の解除

債務者は，受領遅滞において債権者が受領可能なときに相当の期間を定めて受領を催告し，あるいは受領が不能のときは直ちに契約を解除できるか問題となる。たとえば，土地売買契約をした買主Aは，約束の日時に代金全額を売主Bに持参したが，Bは所有権移転登記に必要な書類を交付しないばかりか，代金の受領を拒んだ。AはBの代金の受領拒否を理由に売買契約を解除できるか，である。

受領遅滞は信義則にもとづくとする法定責任説に立てば解除できないと解する（最判昭和40年12月3日民集19巻9号2090頁は，請負契約において受領遅滞を理由とする請負人の解除権を否定した）。その理由は，債務不履行と受領遅滞とは性質が異なること，受領遅滞の場合には債務者は，供託，自助売却（債務者が給付義務を免れるために自ら弁済の目的物を競売すること——497条。）などの措置をとることができることをその理由としている。

これに対して，受領遅滞を債務不履行責任と見る債務不履行説では，債権者の受領義務を肯定して，債権者の責に帰すべき事由によって受領拒否，受領不能の場合には，受領遅滞の効果として損害賠償請求権と同様に契約解除権を認める。その理由は，債権者が債務者の受領を拒絶したり受領不能の場合には，

あくまでもその受領を督促するか，せいぜい損害賠償請求によって自己の利益を守ることしかできないのは不合理だからだとする。債務者としては適当な時期に契約を解除して自己の引渡債務を免れ，それを他に転売して，さらに生じた損害の賠償を請求する方がより効果的であるとする。

第4節 受領遅滞の終了

（1） 債務の免除・弁済・履行不能などによって債権が消滅したときは，受領遅滞もまた消滅する。

（2） 債務者が受領遅滞を免除したときは受領遅滞は消滅する。遅滞の免除は，債務者の一方的な意思表示によってなしうると解されている。また，受領遅滞の状態にある債権者が，遅滞中の一切の効果を承認して，あらためて受領すべき意思表示をなし，さらに債務者の履行に必要な協力の準備をして受領の催告をしたときから遅滞は除去される。

第7章 責任財産の保全

第1節 序　説

　債権者は，債務者が債務を履行しない場合，最終的には，債務者の財産に強制執行して債権の内容を実現するしかない。とくに，質権や抵当権のような担保権を有しない債権者（これを一般債権者という）にとっては，強制執行の対象となる債務者の財産（これを責任財産という）が重要な意味を持つ。そのため，債権者としては，債務者の責任財産は，可能なかぎり，そのまま維持・確保し，その減少を防止することを期待する（債権者による責任財産保全の要請）。他方，債務者としては，債務の履行はその自由意思に委ねられており，また，強制執行や破産宣告等によって拘束されるまでは，その所有する責任財産を自由に管理・処分することができる（債務者による自由意思尊重の要請または財産管理自由の要請）。しかし，債務者の資産状態が悪化した場合にあっても，債務者によるこのような自由を無制限に認めてしまうと，責任財産の逸出・消滅等によって，債権者の地位はきわめて低下する。
　そこで，債権者と債務者による上述の要請を調整することにおいて，債権者が，債務者の責任財産を維持・確保するという一定の目的の範囲で，債務者による責任財産の管理に干渉を加える2つの制度を認めた。
　1つは，債権者が債務者に代わって債務者の第三者に対する財産権の行使を認めるものであり（債権者代位権），2つは，責任財産を減少させる債務者の法律行為を債権者が取り消して責任財産の回復を認めるもの（債権者取消権または詐害行為取消権）である。
　従来，このような両制度は，債権の効力が債務者以外の第三者に及ぶことから「債権の対外的効力」として説明されていたが，最近では，これらが強制執行の準備ないし前提としての機能を果たしていると考えられることから，「責

任財産の保全」制度として説明されている。

第2節　債権者代位権

1　債権者代位権の意義

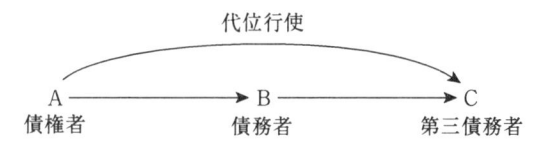

　債権者代位権とは，債務者の責任財産を維持するために，債権者が，債務者に属する権利を債務者に代わって行う権利である（423条）。
　たとえば，Aに対して100万円の金銭債務を負っているBが，他にめぼしい財産を有しないにもかかわらず，第三債務者Cに対する金銭債権を放置し，その債権が消滅時効の寸前にあるような場合，AがBに代わって，BのCに対する金銭債権を行使して取立てをなしたり，あるいはBのCに対する債権の時効中断の手続をなすことができる（図1参照）。

図1　債権者代位権の意義

```
              代位行使
        ┌──────────────────┐
        │                  ↓
    A ──────→ B ──────→ C
   債権者      債務者     第三債務者
```

　債権者代位権と同様な目的は，強制執行制度が整備されているわが国においては，民事執行法上の転付命令（民執159条・160条）や差押債権者の取立権（民執155条）によっても達成され得る。しかし，債権者代位権においては，その要件・手続が相対的に簡単であり（たとえば，代位権行使のためには，強制執行とは異なり，債務名義は必要とされない），また，適用範囲が広いために（たとえば，請求権だけではなく，取消権や解除権のような執行の目的とならない権利も代位行使することができる），実務的にも有用である。

2　債権者代位権の要件

　債権者が債権者代位権を行使するためには，以下に掲げる(1)～(3)の要件が充足されねばならない。
(1)　債権保全の必要性
　債権者が「自己ノ債権ヲ保全スル為メ」であることが必要である（423条1項

本文)。ここでの債権保全の必要性とは，本来，債務者の総財産が全債権者の債権を弁済するのに十分でない場合，つまり債務者の無資力を意味する（大判明治39年11月21日民録12輯1537頁，最判昭和40年10月12日民集19巻7号1777頁）。債務者の資力が十分である場合には，債務者が自己の権利を放置していたとしても，債権者の満足を阻害する危険がないばかりではなく，代位権の行使を認めると，債務者の権利行使の自由に対する不当な干渉になるからである。学説もその多くは，判例の態度に賛成する。

しかし，詳しくは後述するように（7参照），近時の判例によれば，債権者代位権の行使が，責任財産の保全という制度本来の目的ではなく，債権者のある特定の債権（たとえば，賃借権や登記請求権）を保全するためにも認められており，そのような場合にあっては，金銭債権を保全する場合とは異なり，債務者の無資力は要件とされていない。

なお，判例によれば，債権者の債権が金銭債権であっても，その内容が具体的に確定する前は，これを被保全債権として，代位権を行使することはできない（夫婦が離婚した場合における財産分与請求権（768条）の具体的内容が確定する前の事案について，最判昭和55年7月11日民集34巻4号628頁）。

（2） 債務者による権利の不行使

債務者が自ら権利を行使しないことが必要である。債務者が自ら権利を行使している場合にあっては，たとえ，その方法や結果が債権者にとっては不利益な結果であったとしても（たとえば，債務者が100万円の債権の代物弁済として時価10万円の時計を受け取ったような場合，債務者による訴訟が不適切であったために敗訴したような場合），債権者は代位権を行使することはできない（最判昭和28年12月14日民集7巻12号1386頁）。債務者が自ら権利を行使した後にも代位権の行使を許せば，債権者は債務者に不当に干渉することになるからである。もっとも，債務者の権利行使が不十分または不適切であれば，債権者は債務者による訴訟に補助参加できる場合もあろうし，また，債務者による権利行使が債権者を害する目的をもってなされた場合には，後述するように（第3節参照），債権者は債権者取消権の行使によって，その権利の保全を求めることができることになる。

（3） 債権の弁済期の到来

債務者に対する債権者の債権が弁済期（履行期）にあることが必要である。債権者代位権は，強制執行の準備手続としての目的も有しているからである。ここでの債権者の債権は弁済期に達していれば十分であり，債務不履行の状態にあることは必要でない。

しかし，弁済期の到来を要件とすることについては，債権を保全する緊急性より，2つの例外が認められており（423条2項），弁済期の到来前であっても代位権の行使が可能とされる。すなわち，1つに，弁済期前に債務者の権利を行使しないと債権保全が不可能または困難となる場合に，裁判所の許可を受けてなす「裁判上の代位」（非訟72条～79条参照）であり，2つに，たとえば，時効の中断（147条以下）や未登記不動産の保存登記（不登46条ノ2）のような，債務者の財産の現状を維持する保存行為である。

3 債権者代位権の目的となる権利

（1） 目的となる権利

債権者の共同担保を保全するために適する債務者の権利は，その種類を問わず，債権者代位権の目的となる。請求権としては，金銭債権はもとより，物権的請求権・登記請求権も目的となる。形成権としては，取消権・解除権（大判大正8年2月8日民録25輯75頁）・買戻権（大判明治36年7月6日民録9輯884頁）・相殺権（大判昭和8年5月30日民集12巻1381頁）・第三者のためにする契約の受益権（大判昭和16年9月30日民集20巻1233頁）も目的となる。その他，消滅時効の援用権（最判昭和43年9月26日民集22巻9号2002頁）・訴訟上の行為（大判大正15年3月18日民集5巻185頁，大判昭和7年10月22日民集11巻1629頁）・債権者代位権（債務者が有する債権者代位権を代位行使する場合）（最判昭和39年4月17日民集18巻4号529頁）も目的となる。

（2） 目的とならない権利

(a) 債務者の一身専属権　　債務者の一身専属権とは，その権利を行使するかどうかが権利者の個人的自由意思に委ねられている権利（行使における一身専属権）であり，このような権利は，債権者の共同担保の保全に適さない債務者の権利であるために，代位権の目的とならない（423条1項但書）。

たとえば，名誉毀損等の人格権の侵害による慰謝料請求権（710条，もっとも，被害者が権利を行使して具体的な金額が確定すれば目的となりうる。最判昭和58年10月6日民集37巻8号1041頁），認知請求権（787条），離婚請求権（770条），夫婦間の契約取消権（754条），離婚による財産分与請求権（768条）がある。

(b) 差押を許さない権利　民法には規定がないが，差押を許さない債権，たとえば，給料債権（民執152条1項2号，労基83条2項），恩給受給権（恩給11条3項），国民年金受給権（国年24条）も，債権者の共同担保となりえない債権であるために，代位権の目的とならない。

4　債権者代位権の行使方法

債権者代位権は裁判外でも行使することができる。また，債権者代位権の行使は，債権者が自己の名において債務者の権利を行使し，その行使の結果，相手方より物の引渡を求める場合には，債務者に引き渡すよう請求することができるのはもちろんであるが，直接自分に引き渡すよう請求することができる（金銭の支払について大判昭和10年3月12日民集14巻482頁，不動産の不法占拠者に対する引渡について大判昭和7年6月21日民集11巻1198頁，最判昭和29年9月24日民集8巻9号1658頁）。このように解さないと，債務者が受領を拒んだ場合には債権者代位権の目的を達成することができないし，また，債権を行使する権限には，当然に給付を受領する権限も含まれていると考えられるからである。

しかし，代位権行使の相手方は，債務者自身が権利を行使する場合より不利な地位におかれるべきではないために，債務者に主張しうるすべての抗弁をもって代位債権者に対抗することができる。たとえば，債務者による買戻権の消滅（大判明治43年7月7日民録16輯546頁），相殺（大判昭和11年3月23日民集15巻551頁），同時履行・合意解除による消滅（最判昭和33年6月14日民集12巻9号1449頁）等の抗弁を主張することができる。

5　債権者代位権行使の範囲

債権者代位権の行使は，債権の保全に必要な範囲に限定される。そのため，債権者が債務者に対する金銭債権にもとづいて，債務者の第三債務者に対する金銭債権を代位行使する場合，債権者は，自己の債権額の範囲内においてのみ

代位権の行使が許される（最判昭和44年6月24日民集23巻7号1079頁，通説）。

たとえば，債権者Aの債務者Bに対する金銭債権が100万円で，Bの第三債務者Cに対する金銭債権が150万円の場合，AがBに代位して，BのCに対する債権を行使できるのは，AのBに対する債権額100万円が限度となる。

これに対して，少数説は，債権者代位権の目的が債権者の共同担保を保全することにあるために，代位権の範囲を代位債権者の債権額に限定すべきでないと主張する。

もっとも，代位される権利が不可分のものである場合（たとえば，不動産の引渡請求権の場合），代位債権者は，債権額以上の債務者の権利の行使（当該不動産全部の引渡）を求めることができる。

6　債権者代位権行使の効果

（1）　債務者の処分権の喪失

債権者が代位権の行使に着手して，これを債務者に通知すると，債務者は，それ以後，その権利を処分することができなくなる。裁判上の代位には明文の規定がある（非訟76条2項）。裁判外の代位についても，通説と判例は，同様に解し，債権者代位権行使の着手があり，これを債務者に通知するか，または債務者がこれを了知すれば，債務者は代位の目的たる債権を行使することができないとする（大判昭和14年5月16日民集18巻557頁）。このように解しなければ，債権者代位権の目的が達成できないからであるが，学説のなかには，裁判外の代位について，このような効果を認めることに反対するものもある。

もっとも，このように債務者自身は権利を行使することはできないが，債権の差押とは異なり，相手方が任意にその債務を債務者に履行することは許される。

（2）　効果の帰属

代位債権者は，債務者の権利を行使するために，その効果は直接に債務者に帰属し，代位債権者を含む総債権者の共同担保（責任財産）となる。したがって，代位債権者が第三債務者から直接に代位の目的物の引渡を受けた場合であっても，それを自己の弁済に充てるためには，あらためて，債務者の任意弁済を受けるか，強制執行の手続をとることが必要である。また，債権者代位権

は，代位債権者に優先弁済権を与えるものではないので，他の債権者の請求があれば，平等の割合で弁済を受けるにとどまる。

　もっとも，代位債権者が第三債務者より直接に金銭を受領した場合には，債務者に対する債権と債務者への金銭引渡債務とを相殺することによって，事実上，優先弁済を受ける結果となる。そのため，学説のなかには，金銭を供託させるべしとする主張が見られる。

（3）　費用償還請求権

　代位債権者が債権者代位権の行使のために支出した費用について，通説は，その費用を債務者に請求できるものと解している。代位債権者と債務者との関係が，一種の法定委任関係にあると考えられるからである。さらに，代位権の行使は，共同担保を保全する目的でなされるために，費用を支出した代位債権者は，その償還請求権について先取特権を有するものと考えられている（306条・307条）。

（4）　代位訴訟の判決の効力

　債権者が代位権の行使として代位訴訟を提起した場合，その判決の既判力（判決の拘束力）が，訴訟参加（民訴47条）もせず，また訴訟告知（民訴53条）も受けない債務者に及ぶかどうかという問題である。たとえば，判決の既判力が債務者にも及ぶとすれば，代位債権者が代位訴訟で敗訴した場合，債務者はあらためて第三債務者に対して権利を行使することができない。しかし，判決の既判力が債務者には及ばないとすれば，右の場合，債務者は，あらためて第三債務者に対して権利を行使することができる。

　この問題について，今日の判例（大判昭和15年3月15日民集19巻586頁）・通説は，①代位訴訟をする債権者も他人のために訴訟を管理する権限を有すること（民訴115条1項），②既判力が及ばないと法律関係が確定しないという不利益が大きいこと，③裁判外の代位の効果が債務者に及ぶことと均衡を失すること等を理由として，判決の既判力は債務者にも及ぶと解している。しかし，この問題については訴訟法理論の相違から有力な反対説がある。

7　債権者代位権の転用

　本来，債権者代位権は，債権者のために債務者の責任財産を保全することを

目的とする制度であるが，今日の判例は，債権者が債務者の特定の権利を行使することによって自己の特定債権を保全することができる場合には，債務者の無資力を要件とすることなく，債権者代位権の行使を認めている。これが債権者代位権の転用（または債権者代位権の拡大適用）と呼ばれるものであり，以下のように，判例はこれを認めている。

学説も，通説は，①債権者代位権の規定において債務者の無資力が要件として示されていないこと，②転用を認めることは実際的に便宜であること，③転用を認めても第三者が不当な損失を被らないこと等を理由として判例の態度を支持する。これに対して，一部の学説は，①債務者の無資力を要件としないのは，債務者の財産への不当な干渉になること，②判例が認めた登記請求権や妨害排除請求権の代位行使については，それぞれの問題領域において解決すべきであること等を理由として，判例・通説の態度を批判する。

（1） 登記請求権

たとえば，土地がAからB，BからCに順次売買されたにもかかわらず，当該土地の登記が未だにA名義になっている場合，CはBに対する登記請求権を保全するために，BのAに対する登記請求権を代位行使することができる（大判明治43年7月6日民録16輯537頁，前掲・最判昭和39年4月17日）。ここでは，Bにおける無資力は要件とされない。また，特殊な例（本来的には金銭債権保全の場合）として，たとえば，売主の土地をAとBが共同相続したが，一方の共同相続人であるBが当該土地の買主Cへの移転登記手続を拒絶している場合において，Cが同時履行の抗弁権を主張して代金の支払を拒んでいるときは，他の共同相続人であるAは，自己が相続したCに対する売買代金債権を保全するために，Cの無資力を要件とすることなく，Cの所有権移転登記請求権を代位行使することができる（最判昭和50年3月6日民集29巻3号203頁）。

（2） 妨害排除請求権

たとえば，AがBより土地を賃借したが，当該土地がCによって不法に占拠されている場合，Aは，自己のBに対する賃借権を保全するために，BがCに対して有する所有権にもとづく妨害排除請求権を代位行使することができる（大判昭和4年12月16日民集8巻944頁，前掲・最判昭和29年9月24日）。ここでも，Bにおける無資力は要件とされない。

第3節　債権者取消権

1　債権者取消権の意義

　債権者取消権とは，債務者が自己の債権者を害することを知ってなした財産減少行為（詐害行為）を債権者において取り消すことのできる権利である（424条1項）。

　たとえば，Aに対して100万円の金銭債務を負っているBが，その唯一の財産である土地を知人のC（受益者）に贈与したことによって，Bが無資力になってしまった場合，Aは，Bによる当該土地の贈与を取り消し，Bの責任財産の保全を図ることができる（図2参照）。

図2　債権者取消権の意義

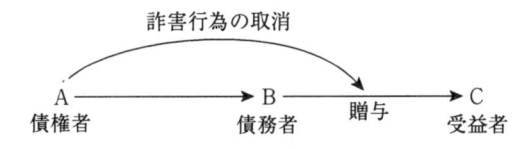

```
          詐害行為の取消
       ┌──────────────────┐
       │                  ↓
   A ──────→ B ──贈与──→ C
  債権者    債務者        受益者
```

　上述した（第2節参照）債権者代位権は，債務者の有する権利を代位行使するものであって，代位債権者や第三債務者（代位権行使の相手方）にとっても，本来あるべき状態をつくりだすものにすぎない。これに対して，債権者取消権は，債務者によってすでになされた財産処分行為を取り消し，本来あるべからざる状態をつくりだすために，債務者や第三者に与える影響が大きい。そのため，その成立要件等についても厳格さが要求されている。

2　債権者取消権の法的性質

　債権者取消権の法的性質については，古くから学説の見解が分かれており（現在でも，多くの議論がある），その対立点は，具体的には，訴えの形式，訴えの相手方および取消の効果等についての差異をもたらしている。以下，主な学説を紹介する。

　(a)　**形成権説**　債権者取消権をして詐害行為を取り消し，その効力を絶対的に無効とする形成権であるとする。この説によれば，取消を求める訴えは形

成訴訟，また，訴えの相手方は債務者および受益者（および転得者がいる場合は転得者）を被告とする必要的共同訴訟であり，取消の効果は絶対的無効である。

(b) 請求権説　債権者取消権は，純然たる債権的請求権であって，債務者の詐害行為の結果，逸出した財産の返還を請求する権利であるとする。この説によれば，訴えは給付訴訟，また，訴えの相手方は返還請求の相手方たる受益者（または転得者がいる場合は転得者）のみであり，取消の効果は相対的であるとする。

(c) 折衷説（判例・通説。もっとも，学説のなかには，行為の取消に重点を置くものと，財産の取戻に重点を置くものがある。）　債権者取消権は，債務者の詐害行為を取り消し，逸出した財産の返還を請求する権利であるとする。この説によれば，訴えは形成訴訟と給付訴訟が合わさったもの（取消のみを求めるときは形成訴訟となる），また，訴えの相手方は受益者（または転得者がいる場合は転得者）のみであり，取消の効果は相対的であるとする（大連判明治44年3月24日民録17輯117頁）。

(d) 責任説　債権者取消権は強制執行の準備手段であるとして，「責任的無効」という効果を伴う形成権の一種であるとする。この説によれば，取消の訴えは取消訴訟とともに，あるいはそれとは別個になされる責任訴訟（強制執行認容訴訟）であり，また，訴えの相手方は受益者（または転得者がいる場合には転得者）のみであり，取消の効果は責任的無効（たとえば，土地の贈与行為を取り消した場合，財産の逸出が同時に責任の消失になるという効果のみを無効とし，つまり，取消の相手方が自己の財産をもって他人の債務について責任を負うという一種の物上保証人的地位に置かれる）である。

なお，責任説と結論的には類似する学説として，債権者取消権を取消権という訴権ととらえる訴権説がある。この説によれば，取消債権者は，取消訴訟での取消判決を得ることによって，受益者のもとにある逸出財産に対して強制執行することができる（この場合，責任説とは異なり，責任訴訟での責任判決は必要とされない）。

3 債権者取消権の要件

債権者取消権が認められるためには，1つに，債務者が債権者を害する法律行為をしたこと（詐害行為）［客観的要件］，2つに，債務者および受益者（詐害行為によって利益を受けた者）または転得者（受益者からさらに利益を受けた者）が詐害の事実を知っていること（詐害の意思）［主観的要件］が必要である。

(1) 詐害行為の存在（客観的要件）

(a) 詐害行為の意義　詐害行為とは債務者が債権者を害する行為である。債権者を害するとは，債務者の総財産が減少して無資力となり，債権者が十分な弁済を受けられなくなることである。ここで債務者の無資力を要求するのは，財産の減少があっても，他に十分な資力（責任財産）が存在する場合には，債権者に取消権を認める必要がないからである。以下，この客観的要件をめぐる基本的な問題を取り上げて解説する。

(b) 取消の目的となる行為の範囲　(イ) 債務者のなした行為が法律行為であれば，その種類に制限を受けることはないので（424条1項本文），契約（双方行為）はもとより，債務の免除のような単独行為や会社の設立行為のような合同行為であってもよい。純粋な訴訟行為は取り消すことはできないが，訴訟上の相殺，和解，請求の放棄・認諾のような裁判上の法律行為は取消の目的になると解されている。

(ロ) 取消の目的となる債務者の法律行為は，債務者の人格的自由に対する不当な侵害を防止するために，財産権を目的とするものに限定される（424条2項）。そのため，たとえば，婚姻，養子縁組，離婚は取消の目的とならない。相続の承認・放棄，離婚による財産分与等，身分関係の設定・廃止そのものと直接関係のない行為についても，判例（相続放棄について，最判昭和49年9月20日民集28巻6号1202頁，離婚による財産分与について，最判昭和58年12月19日民集37巻10号1532頁）および通説は取消を認めない。もっとも，離婚による財産分与が不相当に過大であり，財産分与に仮託した財産処分行為であると認められるような場合は，不相応に過大な部分について，その限度において詐害行為の対象になるとした（不相応に過大な財産分与が詐害行為になる可能性については前掲・最判昭和58年12月19日，詐害行為の対象となる部分については最判平

成12年3月9日判時1708号101頁)。同様に，離婚に伴う慰謝料についても，損害賠償債務の額を超えた金額の慰謝料を支払う旨の合意は，その合意のうち慰謝料債務の額を超えた部分については，慰謝料支払の名を借りた金銭の贈与契約ないし対価を欠いた新たな債務負担行為というべきであるから詐害行為の対象になるとした(前掲・最判平成12年3月9日)。また，共同相続人間で成立した遺産分割協議についても，「遺産分割協議は，相続の開始によって共同相続人の共有となった相続財産について，その全部又は一部を，各相続人の単独所有とし，または新たな共有関係に移行させることによって，相続財産の帰属を確定させるものであり，その性質上，財産権を目的とする法律行為であるということができる」として，相続の放棄とは異なり，詐害行為取消権の対象になるとした（最判平成11年6月11日判時1682号54頁)。

(c) 被保全債権の範囲　(イ) 債権者取消権は，ある特定の金銭債権の保全を目的とするために，取消権を生ぜしめる債権は，原則として，詐害行為の前に成立していることが必要である（債権成立後に，債権成立前になされた贈与契約にもとづいて移転登記がなされた事例において，最判昭和55年1月24日民集34巻1号110頁)。しかし，詐害行為の時には未だ発生していない債権であっても発生の蓋然性の高い債権については，債務者が債権発生の蓋然性を見越して，詐害行為に及ぶことがあり得るために，後に発生した債権を被保全債権として取消権を行使することが認められる場合がある（たとえば，調停で金額や支払方法等が決定された将来の婚姻費用分担請求権について，最判昭和46年9月21日民集25巻6号823頁)。なお，債権が詐害行為の時に発生していれば，その弁済期が未到来であってもよい（大判大正9年12月27日民録26輯2096頁)。

(ロ) 債権者の有する債権が特定物引渡請求権であっても，債務者が目的物処分行為によって無資力となった場合には，その処分行為を取り消すことができる（最大判昭和36年7月19日民集15巻7号1875頁，通説)。

たとえば，土地の所有者Aが当該土地を最初にBに譲渡し，さらにCに二重譲渡して，第二買主であるCが移転登記を経由した場合，当該土地のCへの譲渡によってAが無資力になれば，BはA・C間の譲渡行為を詐害行為として取り消すことができる。BのAに対する特定物債権も，Aの債務不履行によって損害賠償債権という金銭債権に変じ，Aの一般財産から金銭で満足を受けるこ

とができなくなるからである。もっとも、この場合、Bの特定債権自体を保全するために取消権の行使が認められたのではなく、当該土地がAの責任財産として回復されたにすぎないために、Bは、当該土地について、直接自己への引渡または移転登記を求めることは許されず、取り戻された財産（土地）に対する強制執行によって価値的満足を受けるにとどまる（最判昭和53年10月5日民集32巻7号1332頁，通説）。

(ハ) 質権や抵当権のような物的担保を伴う債権については優先弁済権が保障されているために、目的物の評価額が債権額に不足する限度においてのみ取消権の行使が認められるにすぎない。もっとも、物上保証人や保証人のある債権の場合には、債権全額について取消権の行使が認められる（大判昭和20年8月30日民集24巻61頁［傍論］）。

(d) 債務者の無資力の判定時期　債務者の無資力は、詐害行為の時および取消権行使の時（厳密には、事実審の口頭弁論終結時）のいずれにおいても必要とされる。そのため、処分行為時には無資力であったが、その後に資力を回復した場合（大判昭和12年2月18日民集16巻120頁）や処分行為時には資力があったが、その後に無資力になった場合（大判大正10年3月24日民録27輯657頁）には、取消権の行使は認められない。

(e) 詐害行為の諸類型（詐害行為が問題となる場合）　(イ) 詐害行為の典型例　債務者による贈与のような無償行為、債務の免除（大判大正9年6月3日民録26輯808頁）、他人の債務の引受等が詐害行為になることは問題がない。

(ロ) 不動産の売却　債務者がその所有する不動産を不当な廉価で売却することが詐害行為になることは明らかであるが、債務者が不動産を相当な価格で売却した場合が問題となる。

このような場合、判例は、原則として、不動産を売却して消費、隠匿または散逸等し易い金銭にかえることは、共同担保の効力を削減することになるために、その代価が相当なものであっても、詐害行為になるとする。しかし、例外として、債務者が他の債権者に対する弁済や公租公課の支払等の有用の資に充てるために相当な価格で売却し、その代金を有用な資に充てたときは、詐害行為にならないとする（最判昭和41年5月27日民集20巻5号1004頁その他）。

これに対して、従来の通説は判例の態度に反対し、その理由として、①相当

価格による不動産の売却は債務者の総財産に増減をもたらすものでないために，共同担保を減少させることにならないこと，②売買の相手方（受益者または転得者）があずかり知らない債務者の意図や代金の使途いかんによって詐害行為を決するのは取引の安全を害すること，③これを詐害行為とすれば，債務者が不動産を売却し，代金を有利に運用等して経済的に更生することを妨げる結果となること等を掲げていた。しかし，最近では，債務者が財産を隠匿する目的で相当価格での売却を仮装することが見られるために，判例の態度を支持する学説が増えている。

(ハ) 弁済・代物弁済　判例は，債務者による債務の弁済・代物弁済は，原則として，詐害行為にはならないとするが，例外として，債務者が一債権者と共謀して故意に他の債権者を害する意思をもって弁済・代物弁済したときは詐害行為になるとする（弁済について最判昭和33年9月26日民集12巻13号3022頁その他，代物弁済について最判昭和48年11月30日民集27巻10号1491頁その他）。

これに対し，弁済について，通説は，弁済によって総財産の減少が生ずるものでないために，常に詐害行為にはならないとする。しかし，最近では，債務の弁済が債務者の義務であり，また，債権者による弁済の請求が債権者の権利であることを認めながら，債権者間の平等を図るために，弁済が債務者と一債権者との通謀により，他の債権者を害する意思でなされたときは詐害行為になるとして，判例の態度を支持する学説が増えている。

代物弁済についても，弁済と同様に，常に詐害行為にならないとするのが通説であるといえるが，代物弁済は，それが本来の債務の履行行為ではないために，詐害行為になるとする説もある。

(ニ) 担保権の設定　債務者が一部債権者のために既存の債務に抵当権その他の担保権を設定する行為は，一部の債権者を他の債権者に優先させる結果となるために，詐害行為になるとするのが判例である（たとえば，抵当権の設定について，大判明治40年9月22日民録13輯877頁）。また，債務者が新規債務のために担保権を設定する行為については，それが事業の運営資金・生計費・子女の教育費の調達等，有用の資を得るためである場合には，詐害行為にならないとするのが判例である（最判昭和42年11月19日民集21巻9号2323頁，最判昭和44年12月19日民集23巻12号2518頁その他）。

このような判例に対して，学説としては，従来より判例の態度を支持するものが多いが，担保権の設定によっても債務者の資力に増減が生じないこと，取消権は債権者の平等までも保障するものでないこと等を理由として，これに反対する有力説がある。

(2) 詐害の意思（主観的要件）

詐害の意思とは，債務者の行為が債権者を害すること，つまり，債務者の財産が総債権者に対する弁済資力に不足をきたすことを知っていること（悪意）である（424条1項）。

(a) 債務者の悪意　債務者が，その行為の当時，債権者を害することを知っていたことのみを必要とし（認識説。最判昭和35年4月26日民集14巻6号1046頁，通説），債権者を積極的に詐害する意思（意思説）は必要とされない。

他方で，判例は，一般論としては認識説に立脚しながらも，詐害の意思の具体的な判断に際しては，詐害行為の客観的態様と当事者の主観的態様等を総合的・相関的に考察している（相関関係説）（たとえば，詐害の認識があっても，詐害の意思がないとして，詐害行為が否定される場合がある。代物弁済の事案において最判昭和45年11月19日判時616号65頁）。

なお，詐害の意思は，債権者において立証しなければならないと考えられているが，無資力の債務者が不動産を売却したときは，債務者における詐害の意思が推定される（大判大正7年9月26日民録24輯1730頁）。

(b) 受益者または転得者の悪意　詐害の意思（通説・判例（大判明治36年11月27日民録9輯1320頁）は詐害の事実の認識で足りるとする）は，さらに受益者または転得者についても，それぞれの行為時において要求される（424条1項但書）。過失の有無は問われないが，立証責任は受益者または転得者が負担するために，受益者または転得者は，自らの善意を立証しなければ，取消権の行使を阻止できない（最判昭和37年3月6日民集16巻3号436頁その他）。

4　債権者取消権の行使方法と範囲

(1) 取消権行使の方法

取消権は，必ず裁判所に請求する形で行使される（424条1項本文）。

取消権を行使するに際して，誰を被告とするかについては，債権者取消権の

法的性質によって異なるが、判例・通説（折衷説）によれば、利得返還請求の相手方、すなわち、受益者または転得者が被告となり、債務者を被告に加える必要はない（前掲・大連判明治44年3月24日）。

債権者は、取消権の行使によって詐害行為の取消のみを請求することもできれば、取消とともに、財産の取戻も請求できる（前掲・大連判明治44年3月24日）。

ここで問題となるのは、受益者・転得者における善意・悪意である。以下、債権者Aの債務者Bが、唯一の責任財産である土地をC（受益者）に贈与し、さらに、これをCがD（転得者）に売却した例（図3参照）において、Aは、具体的に、誰に対して何を請求できるのかについて説明する。

図3　債権者取消権の行使

```
A ─────→ B ─────→ C ─────→ D
債権者    債務者  贈与 受益者 売買 転得者
```

(イ)　C・D両者が悪意の場合　　いずれに対しても取消権が発生するために（前掲・大連判明治44年3月24日）、1つに、AはDを被告として、詐害行為（B・C間の行為）の取消と土地の返還（Dは無権利者のCから土地を購入したことになる）を請求することができる。そして、後述するように、この場合、AはDに対して、土地を直接自己に引き渡すことも請求できるが、取消権の行使はAに優先的地位を与えるものではないために（425条）、直接自己への所有権移転登記を請求することはできない。2つに、Cのみを被告として、詐害行為の取消と土地の返還に代わる価格（価格賠償）の請求をなすことができる。

(ロ)　Cが悪意でDが善意の場合　　Cを被告として、価額賠償を請求することができる。

(ハ)　Cが善意でDが悪意の場合　　結論は、絶対的構成説（途中で善意者が介在することで悪意が遮断・治癒されるとする考え方）または相対的構成説（取消の有無は、被告が善意または悪意で相対的になるという考え方）で異なる。両説とも一長一短があり、学説の大きな対立点の1つである。

まず、絶対的構成説によれば、Cという善意者が介在した以上、Cたる善意者において法律関係が確定し、もはやDを被告として取消権の行使はできない。

つぎに、相対的構成説によれば、Dという転得者が出現し、さらにDが悪意

者である以上は，Dを被告とする取消権の行使が認められる。

この場合における判例の態度は明確ではないが，Dが善意，そして，E（転々得者）が悪意の事例において，Eが悪意であるときは，その前者Dが善意であっても，債権者Aの追求を免れることができないとした判例（最判昭和49年12月12日金法743号31頁，なお，本件においては受益者Cの善意・悪意については明らかにされていない）がある。

(2) 取消権行使の範囲

債権者取消権の行使は，責任財産の保全のために必要かつ十分な範囲に限定されるために，原則として，詐害行為当時の取消債権者の債権額が限度とされる。たとえば，債務者が1,000万円の金銭を贈与したために，400万円の債権を有する債権者が債務者の贈与を詐害行為として取り消す場合は，取消債権者は，債務者の贈与のうち400万円について取り消すことができる。他に多くの債権者が存在する場合であっても，自己の債権額を超えて取消権を行使することはできないが（大判大正9年12月24日民録26輯2024頁），他の債権者の配当加入の申出のあることが明らかな場合には，その債権額をも加算して取消権を行使することができる（大判大正5年12月6日民録22輯2370頁）。

詐害行為の目的物が不可分であるときには，債権者は，その債権額を超えて，債務者の行為全体について取消権を行使することができる（最判昭和30年10月11日民集9巻11号1626頁その他）。

たとえば，債務者による一棟の建物の贈与が詐害行為となる場合においては，その債権者の債権額が建物の価額に満たないときであっても，債権者は債務者における当該建物の贈与の全体を取り消すことができる。

もっとも，判例は，抵当権の設定された一棟の家屋の代物弁済が詐害行為となる場合にあっては，取消権の行使は，家屋の価額から抵当債権額を控除した残額の部分に限定され，価格賠償の請求が許されるにすぎないとする（前掲・最大判昭和36年7月19日。抵当権設定登記がすでに抹消されていた事案である）。なお，その後，抵当権の設定された土地の譲渡担保が詐害行為となる場合にあっては，譲渡担保の全部を取り消し，当該土地の原状回復が認められるとする判決がある（最判昭和54年1月25日民集33巻1号12頁）。

5 債権者取消権行使の効果

(1) 取消の相対効

判例は、債権者取消権の行使による取消の効果は相対的なものであって、取消債権者とその相手方(受益者または転得者)との間でのみ取消の効果が発生し、それ以外の者に対しては影響を及ぼさないとする(大判明治44年10月19日民録17輯593頁、大判大正6年10月3日民録23輯1383頁その他)。取消権の行使は、債権者を保護するための必要最小限度で認められれば十分であり、また、それが取引の安全確保のためにも要請されるからである。通説も判例の態度を支持する。

(2) 総債権者の利益

取消権行使の効果は、総債権者の利益のために生ずる(425条)。すなわち、受益者または転得者から取り戻された財産またはこれに代わる損害賠償金は債務者の責任財産として回復され、総債権者の共同担保となる。そのため、取消債権者は、回復された財産に対して改めて強制執行することによって債権の実現を図ることになる。取消債権者は、たとえ財産が自己に引き渡されたとしても、優先弁済権を有しないことになる。

なお、債権者による取消権行使の費用については、その償還請求権について先取特権を有するものと解されている(306条・307条)。

(3) 現物返還と価格賠償

債権者取消権の相手方である受益者または転得者は、取消権が行使された結果、目的物を現物で債務者に返還するのを原則とする(大判昭和9年11月30日民集13巻2191頁、前掲・最判昭和54年1月25日その他)。例外的に、現物で返還することが不可能または著しく困難な場合、たとえば、受益者が目的物を善意の第三者に譲渡してしまったような場合は、目的物の価格相当の金銭で返還する(大判大正12年7月10日民集2巻537頁)。

価格賠償は、現物返還に代わるものであるために、価額の算定は、判決確定時に最も近い時点である取消訴訟の事実審の口頭弁論終結時を基準とするのが原則である(最判昭和50年12月1日民集29巻11号1847頁)。また、価格賠償の額について、判例は、共同抵当の目的とされた数個の不動産の全部または一部の売買契約が詐害行為に該当する場合において、右抵当権が詐害行為の後に弁済に

よって消滅したときは，売買の目的とされた不動産の価格からその不動産が負担すべき右抵当権の被担保債権額を控除した残額の限度で右売買契約を取り消し，価格賠償を命ずるが，その額は，詐害行為の目的不動産の価格から，共同抵当の目的とされた各不動産の価格に応じて抵当権の被担保債権額を按分して詐害行為の目的不動産について得られた額を控除した部分であるとする（最判平成4年2月27日民集46巻2号112頁）。

(4) 逸出財産の回復方法

取消債権者が受益者または転得者に対して，現物返還または価格賠償を請求する場合，本来的には，債務者への回復を請求し得るにとどまることは，債権者取消権が取消債権者に対して優先弁済権を与える制度ではないからである。

しかし，取消債権者は，取り戻す物を債務者ではなく，直接自己に引き渡すよう請求できる（大判大正8年4月12日民録25輯808頁，大判大正10年6月18日民録27輯1168頁その他）。これを認めないと債務者がその受領を拒否することがあり得るからである。

(a) 不動産の回復　債権者取消権行使の結果，不動産が回復される場合，登記については，抹消登記または移転登記によって，債務者名義での登記の回復を図り得るにとどまる（大判明治39年9月29日民録12輯1154頁その他）。いずれにせよ，取消債権者が直接自己への移転登記手続を請求することはできない（前掲・最判昭和53年10月5日）。

(b) 動産または金銭　たとえ取消債権者が動産または金銭の引渡を受けたとしても，これを債務者に引き渡さなければならないはずである。しかし，取消債権者が金銭の引渡を受けた場合，判例によれば，取消債権者は，引渡を受けた金銭の債務者への返還債務と自己の債権とが相殺適状にあるときには，これを相殺することによって，結果的には，事実上優先弁済を受けることができる（最判昭和37年10月9日民集16巻10号2070頁）。他の債権者は，取消債権者に引き渡された金銭が責任財産に回復されたものとして，平等の割合による分配を請求することはできず（前掲・最判昭和37年10月9日），また，取消の相手方が，金銭の支払に際し，自己の債権をもって，予め自己の按分額を差し引くことも許されない（最判昭和46年11月19日民集25巻8号1321頁）。

このような結果は，債権者取消権が総債権者の責任財産を保全するために存

在し，換言すれば，取消権を行使する債権者に対して優先弁済権を与えるものでないとする債権者取消権の制度趣旨に反することになる。現行法において債権者が回復された責任財産より満足を受ける具体的な方法についての規定が欠けているといっても，また，本来，このような問題は債権者取消権制度が関知すべきところではないといっても，問題の残るところである（425条参照）。学説のなかには，立法論ながら，取消債権者による金銭の自己への引渡請求を否定し，金銭の供託請求を認めるべきであるとするものがある。

（5） 受益者・転得者の利益保護

債権者取消権が行使された結果，受益者または転得者が財産を返還したり，またはこれに代わる損害賠償を支払った場合，受益者または転得者が損害を被ることになる。そのため，受益者または転得者の利益をどのように保護すべきかが問題とされる。

通説によれば，このような場合，債務者は受益者または転得者の損失において利得することになるために，受益者または転得者は，その損失の限度において，債務者に対して不当利得の返還を請求できると解する。

たとえば，債権者Aの債務者Bが，その所有する時価2,000万円の土地をCに1,000万円で売却し，さらにCが当該土地をDに1,500万円で転売した後に，AによってB・C間の売買が詐害行為によって取り消されて，Dより当該土地が取り戻されたとする。

この場合，転得者Dは，債務者Bに対して，Bが受益者Cへの売却によって利得した1,000万円をBの不当利得として，その返還を請求できることになる。DがCに実際に支払った売買代金は1,500万円であるために，Dにおいて500万円が回収不能となる。

債権者取消権の効果は，取消債権者とその相手方である受益者または転得者との間で詐害行為を無効とするにとどまり，債務者と受益者，受益者と転得者との間の法律関係は有効に存続するとする相対的無効の考え方（通説・判例）を採用し，かつ，それを強調すれば，C・D間の売買は依然として有効であるために，DがCに対して追奪担保責任を追求し，Cより500万円の返還を受けることはできないことになる。

しかし，このような考え方に対しては，そもそも債権者取消権の効果が相対

的無効であり，債務者と受益者との間の行為が有効であるのにかかわらず，債務者に不当利得の問題が生ずるのは疑問であるとして，受益者または転得者の利益保護は，契約関係の一応の有効性を前提としたうえで契約当事者の利害の調整を図る制度である追奪担保責任（566条・567条の類推適用）によるのが筋であるとの批判説がある。

6 債権者取消権の消滅時効

　債権者取消権は，第三者に与える影響が大きいために，取引の安全を考慮して，債権者が取消の原因を覚知した時から2年間行使しないときは時効によって消滅し，また，行為の時から20年間で消滅する（426条）。20年という期間は消滅時効ではなく，除斥期間であるとするのが通説であるために，中断・停止はないことになる。

　ここで，取消の原因を覚知するとは，判例によれば（最判昭和47年4月13日判時669号63頁），単に取消債権者が詐害の客観的事実を知っただけでは足りず，債務者に詐害の意思のあることをも知ったことを要するとする。もっとも，この判例は，特段の事情がないかぎり，詐害の客観的事実を知った場合は，詐害意思をも知ったものと推定されるとする。そして，転得者に対する取消権の消滅時効の起算点も，取消債権者において債務者の詐害行為を知った時であり，転得者が悪意で取得したことを取消債権者が知った時ではない（大判大正4年12月10日民録21輯2039頁）。あくまでも，取消の対象となるのは，債務者のなした行為であるからである。

　債権者が詐害行為を知ってから2年経過したことは，時効を援用しようとする相手方（受益者または転得者）が立証すべきであると解される。また，債権者取消権の相手方が取消権の基礎とされている債権の消滅時効を援用することができるかどうかについて（145条参照），近時の判例（最判平成10年6月22日民集52巻4号1195頁）は，大審院判例（大判昭和3年11月8日民集7巻980頁）を変更し，受益者も権利の消滅により直接利益を受ける者に該当するために，取消債権者の債権について消滅時効を援用することができるとした。

第8章　多数当事者の債権関係

第1節　序　　説

1　多数当事者の債権関係の意義

　債権者あるいは債務者が多数いる場合の法律関係を多数当事者の債権関係という。たとえば，ＡＢＣ３人が共有する自動車をＤに売った場合に，その代金債権は誰にどれだけ帰属するのか，逆に，ＡＢＣ３人が共同してＤから自動車を買い受けた場合，その代金債務は誰がどれだけ負担し，自動車の引渡請求権は誰に帰属するのかが問題となる。このような多数当事者の債権関係につき，民法は，分割させるべきかどうかの観点から分割債権・分割債務（427条），不可分債権・不可分債務（428条以下）を定め，さらに，債務者が連帯して債務を負う連帯債務（432条以下），主たる債務者が債務を履行しないときに保証人がその履行の責任を負う保証債務（446条以下）を定めている。このほかに解釈上，連帯債権や不真正連帯債務が認められている。多数当事者の債権関係は，分割債務を除けば，債権者は数人の債務者に対する請求が可能であるから，人によって債権を強化するという人的担保としての機能を果たすことになる。

2　債権債務の合有的帰属・総有的帰属

　上の例で，自動車の代金債権または代金債務が帰属するＡＢＣの３人の関係が特殊であると，それに応じて債権債務の帰属の仕方も特殊なものになる。物権法において，共有のほかに合有・総有といった特殊な共同所有の関係があるが，それと同様に多数当事者の債権関係においても，債権債務の共有的帰属のほかに合有的帰属・総有的帰属といった特殊な形態がある。民法は，共有の規定のなかで，数人が所有権以外の財産権を有する場合には，共有の規定を準用すると定めており（264条本文参照），債権者が多数いる場合は，まさに準共有の

1つの場合に該当するのであるが，法令に別段の定めがあればそれによるとされ（同条但書参照），そこでは多数当事者の債権に関する規定が適用される結果，共有の規定が準用される余地はほとんどない。

　債権債務の合有的帰属というのは，数人に属する債権債務が一定の目的のために拘束を受けているという形態である。たとえば，ＡＢＣが出資をして組合契約を結び共同事業を始め，この組合が第三者Ｄに対して100万円の代金債権を有するにいたった場合，ＤがたまたまＡに対して100万円の貸金債権を有していたときは，Ｄは相殺によって組合に対する債務を消滅させることができるかどうか問題となるが，民法は，組合の債務者は，その債務と組合員に対する債権とを相殺することができないと定める（677条）。判例も，民法上の組合に属する債権は，組合財産として共同に属し，持分の割合に応じて組合員に分割されるものではないとする（大判昭和13年2月12日民集17巻132頁）。このように，組合財産に属する債権は，組合の目的のために拘束され分割的処理は許されない。

　債権債務の総有的帰属というのは，数人に属する債権債務が，個々の構成員に具体的に帰属しないで，全員に帰属するという形態である。たとえば，山林原野などにおける入会（いりあい）に見られる。判例は，権利能力のない社団に属する財産は総有だとしている（最判昭和32年11月14日民集11巻12号1943頁，債務につき，最判昭和48年10月9日民集27巻9号1129頁）。

3　多数当事者の債権関係の効力

　多数当事者の債権関係では，その効力に関しておよそ3つの問題がある。

　第1に，対外的効力の問題として，債権者と債務者との間（多数の債権者と債務者との間，あるいは債権者と多数の債務者との間）において，債権者はどのように請求することができるのか，また債務者はどのような履行義務を負うのかが問題となる。

　第2に，多数当事者のなかの1人について生じた事由が他の債務者にも影響を及ぼすかどうかという問題がある。たとえば，ＡがＢＣに債権をもつとき，ＡがＢを免除すると，その免除の効果はＣにも及ぶのかどうか（Ｃも免除されるのか）が問題となる。

第3に，内部関係の問題として，多数債権者（または多数債務者）相互間において，履行後の処理の問題がある。たとえば，多数債務者のなかの1人が弁済した場合，その者は他の債務者への求償が認められるか，また，多数債権者のなかの1人が弁済を受けた場合，その者は他の債権者へ利益の分与をすべきかといった問題である。

第2節　分割債権関係

1　意義──分割債権・債務の原則

　民法427条は，数人の債権者または債務者がある場合において，別段の意思表示がないときは各債権者または各債務者は平等の割合をもって権利を有し義務を負うとし，分割債権債務の原則を定める。個人主義的にかつ簡明な処理をするためである。たとえば，ＡＢがＣに対して100万円の債権をもっているときは，427条により，別段の意思表示がなかったときは，分割債権の原則が適用されるので，ＡＢともにＣに対して50万円の債権をもつ。逆に，Ｃに対してＡとＢが100万円の債務を負う場合には，ＡＢともにＣに対して50万円の債務を負担することになる。

2　分割債権・債務の成立

　民法427条に従えば，1つの可分給付について多数の債務者または債権者があり，別段の意思表示もなく法律の定めもなければ，その場合には分割債権・債務となりうる。特別な意思表示（特約）によって分割としないこともできるし，分割の割合を自由に決めることもできる。また，法律の規定によって分割の割合が決まることもある（たとえば，899条等）。なお，債権者が数人の債務者に対して履行を訴求する場合，連帯債務という事実を何ら主張しないときには（分割債権債務が原則だから），これを分割債務の主張と解すべきだとされている(最判昭和32年6月7日民集11巻6号948頁)。しかし，学説の多くは，この原則に対して批判的であり，できるだけ制限的に解釈・運用しようとしている。

（1）　分割債権・債務の例

　分割債権の例として，ＡＢＣが相続した預金債権（金銭債権が共同相続され

た場合），ABCの共有物（自動車とか一軒家）に対して第三者が不法行為をした場合の損害賠償請求権やABCが共同で金銭を貸し付けた場合の貸付債権などがあげられる。

　分割債務の例として，数人が金銭債務を相続したような場合(大決昭和5年12月4日民集9巻1118頁）が典型であるが，学説では，この場合を合有関係とみるべきとの主張がある（なお，上述の民法上の組合が金銭債務を負担する場合を判例・学説は合有とみている）。また，数人が共同で購入した物の代金債務も分割債務とみられるが(大連判大正3年3月10日民録20輯147頁，最判昭和45年10月13日判時614号46頁)，これでは債権者に不利になるので，不可分債務ないし連帯債務とみるべきだとの学説の批判がある。原則として，分割債務とし，黙示の意思表示や特別の事情があるときにこれを「修正」すべきであろう（最高裁も黙示の特約を認め連帯債務を認定したものがある ── 最判昭和39年9月22日判時385号50頁）。その他，判例は，賃借権を共同相続した場合の賃料債務につき，反対の事情が認められないかぎり，性質上これを不可分債務と認めなければならないとしている。賃貸人との関係においては，各賃借人は目的物の全部に対する使用収益をしうる地位にあるからだとされる（大判大正11年11月24日民集1巻670頁）。

　（2）　分割債務・債権の効力

　(a)　対外的効力 ── 独立性　　ABCがDに対して300万円の分割債権を有するときは，ABCは独立したものとして扱われ，それぞれDに対して原則として100万円ずつの分割債権（合計300万円）を有する。逆に，ABCがDに合計300万円の債務を負っているときは，DはABCにそれぞれ100万円ずつ請求することができるが，各自に全額の300万円を請求することはできない。ただし，分割債務・債権が双務契約から生じたものであるときには，たとえば，300万円の自動車の売買によって，ABCがそれぞれ100万円ずつの分割債務を負っているとき，ABC全員が履行しないかぎりは，Dは同時履行の抗弁権を行使できる。また1個の契約から，分割債務・債権が生じたときの契約の解除は，ABC総債権者から（全員に対してのみ）または総債務者に対して（全員からのみ）しなければならない（544条）。

　(b)　1人について生じた事由（影響関係 ── 相対性）　　分割債権・債務に

おいて，1人について生じた事由は，他の債権者・債務者に影響を及ぼすことはない。更改・免除・混同・時効などのほか，履行遅滞や履行不能も，すべて個人主義的・相対的に処理される。前例で，AがDから債務を免除されても，BCの債務は影響を受けない。

(c) 内部関係　　分割債権・債務関係では，債権者相互間・債務者相互間における内部関係の割合は，法律の規定や契約によって決まる。特別の意思表示がない場合には，各債権者または債務者の権利・義務の割合は平等である（427条）。内部関係が平等でない場合，自己に属する割合を超えて弁済を受領した債権者は，その超過部分を他の債権者に分与しなければならない。また，自己の負担すべき債務を超えて弁済した債務者は，その分を他の債務者に対して求償することができる。

第3節　不可分債権関係

1　不可分債権・債務の意義および成立

数人が不可分の給付を目的とする債権を有したり，債務を負ったりする場合を，不可分債権・債務といい，その当事者の関係を不可分債権関係という。給付の目的が不可分というのは，その性質による場合と当事者の意思表示による場合とがある（428条）。ABが共同してCから自動車1台を買取った場合のCに対するABの引渡請求権（不可分債権）や逆にABが共有していた自動車をCに売った場合のABの引渡債務（不可分債務）は，債権の目的が性質上不可分の場合である。

性質上の不可分債務としては，ほかに前述の共同賃借人の賃料支払債務（前掲大判大正11年11月24日），共同賃借人の賃貸借終了後における目的物返還義務（大判大正7年3月19日民録24輯445頁），共同相続人の所有権移転登記協力義務（最判昭和36年12月15日民集15巻11号2865頁），性質上の不可分債権として，数人が共同で供託した有価証券の返還請求権（大決大正4年2月15日民録21輯106頁），共有者の共有物引渡請求権（大判大正10年3月18日民録27輯547頁），数人の貸主が借主に対して有する家屋明渡請求権（最判昭和42年8月25日民集21巻7号1740頁）などがある。意思表示による不可分債務の典型例は，ABのCに対する200

万円の可分債務を意思表示によって不可分にした場合である

　なお，不可分債務が可分債務に変じたときは，各債権者は，自己の部分についてのみ履行を請求を請求することができ，また，各債務者は，その負担部分についてのみ履行の責に任ずる（431条）。つまり，不可分給付が可分給付になったときは，不可分債権・債務は分割債権・債務となる。

2　不可分債権の効力
(1)　対外的効力

　各債権者は，総債権者のために履行を請求し，また債務者は，総債務者のため，各債権者に対して履行をすることができる（428条）。たとえば，ＡＢがＣに対して一軒家の引渡請求権を有しているとか，意思表示によって200万円の不可分債権を有しているとき，Ａは単独で全部の請求ができるし，ＣはＡにだけ全部の履行をすることができる（その場合，債権者からの請求は債権者全員のために効力を生じる－後述の絶対効）。訴えの提起や強制執行も各債権者は1人ですることができる。判例は，$X_1 X_2$ ほか2名の4人が共有している家屋をＹに貸していたが（使用貸借），そのうちの X_1 と X_2 が使用貸借が終了したとしてＹに対して家屋の明渡請求をした事案につき，家屋の引渡は不可分であるから，$X_1 X_2$ らが貸主全員のために家屋全部の明渡を請求することは許されるとした（最判昭和42年8月25日民集21巻7号1740頁。この給付請求訴訟は，民事訴訟法40条にいう必要的共同訴訟には当たらないというものである）。

(2)　1人について生じた事由

　(a)　相対効の原則　　429条2項は，不可分債権者の1人の行為または1人について生じた事項，たとえば，更改（513条），免除（519条），代物弁済（482条），相殺（505条），消滅時効の完成（166条），混同などは，他の債権者に対してその効力を生じないと定め，極めて個人主義的な処理をしている（この点，後述の連帯債務と異なる）。したがって，これらの場合，他の債権者は債務の全部の履行を請求することができる。

　(b)　更改・免除の場合の償還　　不可分債権者の1人とその債務者との間に，更改または免除があった場合でも，他の債権者は，債務の全部の履行を請求することができる（429条1項本文）。ただし，その1人の債権者がその権利を失

わなければ，これに分与すべき利益を債務者に償還することを要する（同項但書）。免除の例でいうと，ＡＢがＣに対して300万円の不可分債権を有し（内部的に平等の権利を有するものとする），ＡがＣを免除した場合でも，他の債権者Ｂは，免除の影響を受けないから，Ｃに対して債権全部300万円の履行を請求することができる。ただし，Ａが免除しなかったならば，Ｂが受け取った300万円のうちの半額はＢはＡに分与すべきものであったはずだから，その額を債務者Ｃに償還しなければならず，結局，ＢはＣに150万円を請求しうるにすぎない。いったんＡがＢから分与を受けておいて，つぎに不当利得によりＣにこれを返還するという煩わしさを避け，弁済を受ける債権者Ｂから債務者Ｃに直接利益を返還させるという簡便な決済方法を認めている。また，更改につき，ＡＢがＣに対して自動車の引渡債権を有する場合，Ａが債務者Ｃと更改契約をして自動車を給付する債務を消滅させ，新たな債務を発生させたときでも，他の債権者ＢはＣに対して自動車の引渡を求めることができるが，その価額の半分をＣに償還しなければならない。

民法は，更改と免除についてのみ，このような簡易な決済方法を定めているが，代物弁済・相殺・消滅時効の完成・混同の場合についても同じような問題が生ずるので，その場合には，429条1項但書を類推適用することができると解される。

(c) 絶対効を生ずる場合　請求と履行については，絶対効が認められ，1人について生じた事由が他の者にもその効力を及ぼすことをいう。債権者の1人のなした請求による時効の中断（147条1号）や催告によって履行遅滞に陥ること（412条3項）などは，他の債権者にもその効力を生じ，1人の債権者に対してなした債務者の弁済・弁済の提供・供託などの履行は，他の債権者に対してもその効力を生ずる。

(3) 内部関係

不可分債権者の1人が，履行を受けたときは，他の債権者に内部関係の割合に応じて分与しなければならない——このことは，429条1項但書が前提としているところである。内部関係の割合が不明の場合には，平等と推定すべきと解される。

3　不可分債務の効力

対外的効力については，連帯債務の規定が準用され（430条による432条の準用），債権者は各債務者に同時にまた順次に全部の履行を請求できる。1人について生じた事由については，430条により429条が準用され，更改・免除などは相対効の原則が適用される（不可分債権と同様に考えてよい）。これに対して，弁済・供託・弁済の提供・受領遅滞などは絶対効を生じる。なお，代物弁済と相殺（全額相殺）は，総債務を消滅させる絶対的効力事由になると解される。内部関係については，連帯債務の規定が準用される（430条による442条～444条の規定の準用）。

第4節　連帯債務

1　連帯債務の意義と性質

（1）　連帯債務とは

連帯債務とは，数人の債務者が同一内容の給付について各自が独立に全部の給付義務を負担し，その中の1人が履行すると他の債務者は義務を免れる関係にある債務をいう。たとえば，ＡＢＣが共同事業を始めるためにＤから900万円を借金するにあたって，債権者Ｄの信頼を強めるために3人が連帯債務を負うことを約束すると，ＡＢＣはＤに対しそれぞれ独立して900万円全額の弁済義務を負い，その中の1人Ａが900万円を弁済すれば，債務は消滅しＢＣは債務を免れる。Ｄは（Ｃが無資力だとしても），他に資力のあるＡＢがいる限り安心である。このように連帯債務は，人によって債権を強めるという機能を果たすが，ただ，後述のように絶対的効力（絶対効）が広く認められているために，必ずしもそのような債権担保機能に適しているとはいえない。

（2）　連帯債務における各債務の独立性

連帯債務は，債務者の数に応じて独立した多数の債務であることから，つぎのことがいえる。①連帯債務者の1人の債務につき，錯誤による無効（95条）または取消（4条2項・9条・12条4項・16条4項・96条など）があっても，その効力は他の連帯債務者に影響しない（433条）。②連帯債務における各債務者の債務は，それぞれ期限や条件など態様が異なってもよい。ＡＢの債務が利息付

でCの債務が無利息でもよいし，それぞれ債務額が異なってもよい。判例は，連帯債務の相続の問題に関して，連帯債務者の１人が死亡し共同相続が行われたとき，各共同相続人は，「被相続人の債務の分割されたものを承継し，各自その承継した範囲において，本来の債務者とともに連帯債務者となると解するのが相当である」（最判昭和34年６月19日民集13巻６号757頁）とし，債権者と共同相続人との間の利害関係の調整を図っている。③連帯債務者の１人についてのみ保証債務を成立させたり，物的担保を設定したりすることができる。

（３）　連帯債務者間の負担部分

連帯債務者の間では各自負担部分があり，連帯債務者の１人が弁済するなどして債務を消滅させた場合，他の連帯債務者に対してその負担部分に応じて求償することができる（後述）。この負担部分は，原則として平等であるが，連帯債務者間の特約によってそれと異なる割合を決めてもよい（１人だけ負担部分ゼロのこともある）。後述のよにう負担部分が平等でないことを連帯債務者が主張できるのは，債権者がそれを知りうるときであると解される。なお，一度決まった負担部分を連帯債務間の合意によって変更できるが（大判昭和７年４月15日民集11巻656頁），その変更を債権者に主張するには，変更したことを債権者に通知するか債権者の承諾が必要である（債権譲渡に関する467条の類推適用）とする学説が有力である。

２　連帯債務の成立

（１）　契約（合意）による成立（約定連帯債務）

ＡＢＣがＤから借金する場合，ＡＢＣが連帯して債務を弁済するという契約（合意）によって連帯債務を生じさせることができるが，黙示の意思表示によって連帯債務が生ずることもある。たとえば，Ａ会社の社員ＢとＣ重役がＤから融資を受けようとしたところ，Ａ社名義では融資を受けることができなかったので，ＢＣの２人が責任をもって支払うことをＤに確約した場合には，連帯債務を負うという黙示の意思表示があったとされている（最判昭和39年９月22日判時385号50頁）。ただ，明示または黙示の意思表示がなければ連帯債務を推定することはできない（大判大正４年９月21日民録21輯1486頁）。

連帯債務を負うという契約は，Ｄに対してＡＢＣが一緒に結んだ１つの契約

でもよいし、また、3人がDと別々に結んだ3つの契約でもよい。なお、Dに対して最初Aだけが債務を負っていたところ、その後BCもAと並んで債務を引き受ける場合がある。これを併存的（重畳的）債務引受というが、このような場合、判例は、特段の事情がないかぎり、原債務者（A）と債務引受人（BC）との間に連帯債務の関係が生ずるとしている（最判昭和41年12月20日民集20巻10号2139頁）。

（2） 法律の規定による成立（法定連帯債務）

法律の規定によって連帯債務が生ずる場合がある。法人の不法行為における法人の賠償義務と理事その他代表者の賠償義務（44条1項——これは、後述するが不真正連帯債務といわれる）や日常家事に関する夫婦の連帯責任（761条）、その他商法のいくつかの規定も連帯債務を定める（商23条・80条・203条・266条・511条・537条・579条など）。

3 連帯債務の効力

（1） 対外的効力

数人が連帯債務を負担するときは、債権者は、その1人に対して、または同時もしくは順次に総債権者に対して、全部または一部の履行を請求することができる（432条）。すなわち、債権者は、①債務者の1人に対して全部の請求、②債務者の1人に対して一部の請求、③総債務者に対して同時に全部の請求、④総債務者に対して同時に一部の請求、⑤総債務者に対して順次に全部の請求、⑥総債務者に対して順次に一部の請求のうちどれでも行使できる。

訴えによって請求する場合、債権者は、連帯債務者の1人Aに対して請求の訴訟をした後に、BCに対して順次に別個の請求の訴えを提起することができ、それが二重起訴の禁止（民訴142条——重複する訴えの禁止）に触れることはない。

このように、債権者はかなり有利な立場にある。連帯債務者のなかの誰かが破産して支払不能に陥った場合に、この432条が威力を発揮することになる。

連帯債務者の全員またはそのうちの数人が破産の宣告を受けたときは、債権者は、その債権の全額につき各財団の配当に加入することができる（441条）。たとえば、連帯債務者ABC全員が破産宣告を受けた場合、3,000万円の債権を有するDは、ABCそれぞれの破産財団に対して債権全額の3,000万円を

もって配当に加入することができ，その結果，それぞれ2割の配当があるときは，合計1,800万円の弁済を受けることができる。ただし，まずAから一部弁済または破産手続による配当として500万円の弁済を受けた後に，BCが破産宣告を受けた場合には，Dはこの破産宣告時における債権の残額，すなわち，2,500万円の限度でBCの破産財団に加入しうるにすぎない（破24条）。

(2) 1人について生じた事由

(a) 相対効の原則　　440条は，前6条に掲げた事項を除くほか，連帯債務者の1人につき生じた事項は，他の債務者に対してその効果を生じないと定める。連帯債務は相対効を原則とし，例外的に絶対効を認めるというのであるが，その絶対効が広く認められているため（434条～439条），結果的に連帯債務者の1人について生じた事由は，実質的には他の債務者に広く影響することになる（ただ，絶対効を広く認めるとそれだけ債権の効力が弱くなるという問題がある）。相対効を有する事由は以下のとおりである。

(イ) 請求以外の時効中断・停止　　請求を除く時効中断事由，すなわち，連帯債務者の1人が債務の承認をしたために時効が中断したとき（147条3号），連帯債務者の1人に対する差押があったとき（大判大正3年10月19日民録20輯777頁），仮差押・仮処分があったとき（147条2号）の他に時効の停止事由（158条）などの効果は，他の債務者に及ばないので，他の債務者については時効が完成することになる。

(ロ) 時効利益の放棄　　連帯債務者の1人が時効利益を放棄した場合，その効果は他の債務者に影響しない（大判昭和6年6月4日民集10巻401頁）。

(ハ) 過失・遅滞　　連帯債務者の1人に過失や債務不履行があっても，他の連帯債務者に過失があったり債務不履行があったということにはならない（ただし，後述の請求による遅滞（434条）は除かれる）。

(ニ) 確定判決　　連帯債務者の1人に対する確定判決の既判力は，他の連帯債務者に影響しない（判決にもとづいて弁済がなされれば債権消滅の絶対効が生ずる）。

(ホ) その他　　利害関係を有しない第三者が弁済した場合において，それが連帯債務者の1人Aの意思には反しないが，他の連帯債務者Bの意思には反する（474条2項）ときは，その弁済はAに対しては有効であるが，Bに対しては

無効であるとされている（大判昭和14年10月13日民集18巻1165頁）。

　(b) **絶対効を生ずる場合**　民法の認めた以下の6つの絶対効の事由の他に，債権の満足を得させる事由としての弁済，代物弁済，供託なども絶対効が認められる。弁済の提供についても，債権者がこれを受領すれば弁済になるから絶対効を認めてよい。

　(イ) **請求**　連帯債務者の1人Aに対する履行の請求は，他の連帯債務者BCに対してもその効力を生ずる（434条）。なお，契約を解除する場合，解除権不可分性の原則により，連帯債務者全員に対して解除の意思表示をしなければならない（544条）。請求にもとづく具体的な効果として，①債権者Dが，連帯債務者の1人Aに対して請求をしたときは，他の連帯債務者BCについても時効中断（147条1号）の効力が生ずるし，②期限の定めのない債務につき，連帯債務者の1人Aに対して請求をしたときは，他の連帯債務者BCをも遅滞に付することができる（412条3項）。

　(ロ) **更改**　ABC3人の連帯債務者の1人Aと債権者Dとの間で，従来の債務を消滅させて新債務を発生させるという更改契約があると，債権は，総債務者の利益のために消滅し（435条），他の債権者BCは免責される。このように連帯債務において，更改は絶対効とされ，他の連帯債務者との関係でも旧債務は消滅する（不可分債務者の1人とその債権者との間の更改は相対効とされ，債権者は他の債務者に対し全部の履行を請求しうる点に注意）。ただし，この更改を絶対効とするのは，更改契約の当事者の意思の推測によるものだから，AD間の更改契約に特約をつけて他の連帯債務者に更改の効力を及ぼさない（相対効）とすることができると解されている。

　(ハ) **相殺**　(i) 連帯債務者の1人が債権者に対して債権を有する場合において，その債務者が相殺を援用したときは，債権は総債務者のために消滅する（436条1項）。たとえば，連帯債務者ABCが債権者Dに対して600万円の債務を負担し，AがDに対して500万円の反対債権を有している場合に，Aが対当額で相殺すると，相殺は絶対効とされ，BCもその分だけ債務を免れ，結局，ABCは100万円の連帯債務をDに対して負担することになる（あとは，連帯債務者間の求償の問題となる）。

　(ii) 上の例でAが相殺をしないときには，BがAの負担部分（平等だとする

と）200万円だけ相殺を援用することができる（436条2項）。これは，反対債権を有する債務者の負担部分の限度で相殺を許すことによって，その者の保護を図り，連帯債務者間における求償関係の決済を簡略にするためである。

★ 436条2項の「相殺ヲ援用スルコトヲ得」という意味につき，通説・判例（大判昭和12年12月11日民集16巻1945頁）は，Aの負担部分につきBやCが相殺権そのものを付与されるとの立場（相殺権限説）をとる。これに対して，反対債権をもって相殺するか否かはAの自由意思にもとづくべきであって，これに他の連帯債務者が介入すべきではなく，BCはAの負担部分について弁済の拒絶をしうるだけだとする有力説（抗弁権説）がある。

(ニ) 免除　(i) 連帯債務者の1人に対してなした債務の免除は，その債務者の負担部分についてのみ他の債務者の利益のためにもその効力を生ずる（437条）。免除を受けた債務者の負担部分だけ他の連帯債務者も債務を免れるのである。たとえば，債権者Dが連帯債務者ABCの1人Aに対して債務の全額600万円を免除すると，Aの内部的な負担部分（200万円）について他の債務者BCにも免除の効果が生ずるので，BCはそれ以後400万円について連帯債務を負うことになる。もし，この絶対効を認めないと，DがBに対して600万円を請求したとき，Bはこれを支払った後にAとCに対してそれぞれ負担部分200万円ずつを求償し，Aは免除を受けたがこの求償には応じなくてはならず，それを支払った後に免除者Dに対して不当利得返還請求権を行使するというように，とても複雑な法律関係が生ずるからである。

(ii) 免除された債務者Aだけが負担部分を有しているとき，他の債務者CDは債務の全額につき免責される（大判明治37年2月1日民録10輯66頁）。そこで，債権者が負担部分は平等だと思って連帯債務の1人に対して免除したところ実は平等でなかった場合，債権者は不測の損害を被るおそれがある。このように負担部分が平等でないときは，前述のように，債権者がこのことを知っているか，または知りうるときでなければ，このことを債権者に主張することができないとする有力説がある。

(iii) 債務の一部が免除された場合につき，判例は，一部免除は全部免除の場合に比例した割合で他の債務者の債務を減少させ，また免除を受けた者の負担部分もそれだけ減少するとしている（大判昭和15年9月21日民集19巻1701頁）。上

の例で，AがDから300万円の免除を受けたとすると（Aが600万円を免除されたときは，その負担部分を差し引いた400万円につきBCが負担するが），Aは600万円のうち300万円の免除を受けたので，その割合（2分の1）に応じて他の債務者BCの債務も減少する。すなわち，Aが全額免除を受けた場合に比例した割合の分100万円（$200万円 \times \dfrac{300万円}{600万円} = 100万円$）だけBCは免責を受けるから，Dに対してAは300万円，BCはそれぞれ500万円ずつ連帯債務を負うことになる。

★ 上の判例に対して，学説では①一部免除により被免除者の負担部分がその免除額だけ減少し，他の連帯債務者の債務もそれだけ減少するという説（免除は常に負担部分の免除を伴うとし債務者の利益を重視する立場）と，②一部免除があっても債務の残額がその債務者の負担部分を超えているかぎり，その債務者の負担部分も減少せず，他の連帯債務者の債務額にも影響しないという説（免除をした債権者の意思に合致するので債権者の利益を重視する立場）がある。判例は，これらの中間に位置するといえる。

(ホ) 混同　連帯債務者の1人と債権者との間に混同があったときは，その債務者は弁済をしたものとみなす（438条）。連帯債務者のなかのAが債権者Dを相続したり，Dがその債権をAに譲渡したような場合（大決大正3年4月6日民録20輯273頁）には，混同（520条）によりAは弁済したものとみなされる。その結果，他の債務者BCは債務を免れ，混同のあったAより各自の負担部分について求償を受けることになる。

(ヘ) 時効　連帯債務者の1人のために時効が完成したときは，その債務者の負担部分については他の債務者もまたその義務を免れる（439条）。上の例で（債務総額600万円・負担部分は平等），BCに資力がありそうなので，BCについてだけ債務の承認を求め時効を中断しておいたが，そうしているうちにAの債務について時効が完成したとする。BCについては時効が完成していないときでも，Aの負担部分（200万円）の限度でBCも時効の利益を受け債務を免れる（結局，400万円の債務だけが残る）。

(3) 内部関係

(a) 求償権の意義　連帯債務者の1人が債務を弁済し，その他自己の出捐をもって共同の免責を得たときは，他の債務者に対しその各自の負担部分につ

き求償権を有する（442条1項）。たとえば，債権者Dに対して3,000万円の連帯債務を負うABCの1人Aが，全額3,000万円をDに弁済した場合に，3人の負担部分が平等だとすると，AはBCに対してそれぞれ1,000万円ずつ求償することができる。Aは実質的にはBCという他人の債務の弁済をしたわけであるから，公平上，求償権を行使することが認められる。

　(b) 求償権の成立要件　　(イ) 連帯債務者の1人が共同の免責を得ることを要する。この求償権は，共同の免責を得た後に成立するからである（保証債務においては求償権の事前行使が認められている点に注意——460条）。

　(ロ) 弁済などのように自己の財産の減少（自己の出捐）によって他人の財産を増加させることが必要である。相殺，代物弁済，供託，更改，混同などもこれに該当する。ただ，免除や消滅時効の完成については，自己の出捐がないので求償権は生じない。

　(ハ) 共同免責を得た部分が負担部分を超えることを要するであろうか。Aが負担部分の1,000万円を超えた弁済をしてはじめて求償しうるのか，それとも600万円を弁済したときでも求償しうるのかが問題となる。通説・判例（大判大正6年5月3日民録23輯863頁）は，求償権の行使するためには負担部分を超える出捐を必要としないとしている。債務者の間では，共同分担を認める方が公平だからである。

　(c) 求償権の範囲　　求償権の範囲は，弁済その他免責があった日以後の法定利息および避けることのできなかった費用その他の損害の賠償を包含する（442条2項）。代物弁済による出捐の場合には，出捐当時の価額が基準となる。避けることのできなかった費用とは，弁済のための荷作費用や為替料などのほか，弁済のための借金をして，そのためにかかった抵当権設定の登記費用などもこれに該当する（大判昭和14年5月18日民集18巻569頁）。

　(d) 求償権の制限　　連帯債務者の1人が弁済などによって共同の免責を受けるための出捐をするに際しては，そのことを事前および事後に他の債務者に通知する必要がある。これを怠った場合には，以下のように求償権について制約を受ける（443条）。

　(イ) 事前の通知を怠った場合　　連帯債務の1人が債権者より請求を受けたことを他の債務者に通知しないで弁済をし，その他自己の出捐をもって共同の

免責を得た場合において，他の債務者が債権者に対抗することのできる事由を有したときは，その負担部分につきこれをもってその債務者に対抗することができる（443条1項本文）。債権者に対抗することのできる事由とは，同時履行の抗弁権・期限未到来の抗弁権・無効・取消・相殺などである。たとえば，ABCがDに対して3,000万円の連帯債務を負っていて（負担部分は平等とする），Aが債権者Dより請求を受けたことをBCに通知しないで3,000万円全額弁済した場合において，BがDに対して抗弁事由を有していたとすれば，Bはそれを負担部分の範囲内でAに主張できる（その限度でAの求償権の行使が制限される）——BがDに対して300万円の反対債権を持っていたとすると，Bは自己の負担部分のうち300万円の相殺をDに主張できたはずであるから，本来ならAはBCに対し1,000万円ずつ求償できるはずのところを，Bに対しては700万円しか求償できない。このように，Bは一部弁済を事前の通知を怠ったAに抗弁できる。ただし，この場合の過失のある債務者Aは，債権者Dに対し相殺によって消滅すべきであった債務の履行を請求することができる（443条1項但書）。つまり，Aは債権者Dに対して300万円の債務の履行を請求することができる。弁済したAから債権者Dに対する返還請求を認める趣旨である。

　(ﾛ)　事後の通知を怠った場合　　連帯債務者の1人が弁済その他自己の出捐をもって共同の免責を得たことを他の債務者に通知することを怠ったことにより，他の債務者が善意で債権者に弁済をし，その他有償に免責を得たときは，その債務者は，自己の弁済その他免責の行為を有効であったものとみなすことができる（443条2項）。上の例で，Dより連帯債務者ABCに対して順次に全部の請求がなされ，この請求を受けてAが3,000万円を弁済したが，このことをBCに通知しなかったとすると，Aが弁済したことを知らないBも二重に3,000万円を弁済することがある。このような場合には，Bの弁済を有効なものとみなすことができ（Bの主張があってはじめて有効とみなしうるという意味である——AがBに1,000万円の求償権を行使したとき，Bは自己の弁済の有効を主張し，それに応じる必要はない），その結果，BはAおよびCに対して求償権を行使することができ，Aは（弁済したにもかかわらず）この求償に応ぜざるを得ず，結局，AはDに対して不当利得にもとづく返還請求をすることになる。

★　Aが事後通知を怠ったためにBがなした弁済をすべての債務者との関係において有効なものとみなすか（絶対的効果説），それとも事後通知を怠ったAとの関係においてのみ有効とみなすか（相対的効果説）が問題となる。前者によると，Cとの関係でもBの弁済が有効となるから，BはAおよびCに対してそれぞれ1,000万円の求償権を有し，AはDに対して3,000万円の不当利得の返還を請求しうることになり，後者によると，BはAに対してのみ求償することができ，Cに対しては求償できない。したがって，BはAに対してAの負担部分とCの負担部分の計2,000万円の請求権を有し，AはCに対して1,000万円を求償することができる。最終的に，債権者Dに対してはAが不当利得返還請求権を有することになる。通説・判例（大判昭和7年9月30日民集11巻2008頁）は，他の債務者に影響を及ぼさない限度で善意の第二弁済者を保護すれば足りるとして相対的効果説をとる。

(ハ)　事前・事後通知と事前通知を怠った場合　　上の例で，Aが事前・事後の通知を怠り，Bも事前通知を怠った場合はどうなるだろうか。たとえば，Aが事後の通知を怠ったためにBが弁済をしたとする。しかしながらこの場合，Bとしては事前の通知をすべきであったはずであり，Bがこの通知をしさえすれば，Aとしてはすでに弁済をして免責を得ているから弁済する必要はないとBに対していうことができたと考えられる。ところが，Aが事後通知を怠り，Bも事前通知を怠ったため二重弁済が生じた場合に，どちらの弁済を有効とすべきかが問題となる。この場合に443条1項・2項の適用はなく，原則どおりに先になされた弁済を有効とみてAはBに求償権を行使することができるとされている（結局，Bは二重弁済をしたことになるので，債権者Dに対してその返還を求めることになる）。判例は，「連帯債務者の一人が弁済その他免責の行為をするに先立ち，他の連帯債務者に通知することを怠った場合は，既に弁済しその他共同の免責を得ていた他の連帯債務者に対し，民法443条2項の規定により自己の免責行為を有効とみなすことはできない」としている（最判昭和57年12月17日民集36巻12号2399頁）。

(e)　償還無資力者がある場合（求償権の拡張）　　連帯債務者のなかに償還しうる資力のない者がいるときは，その償還できない部分は，求償者および他の資力がある者の間にその各自の負担部分に応じてこれを分割する（444条本

文)。ただし，求償者に過失があるときは，他の債務者に対して分担を請求することができない（444条但書）。

★ 上の例で，Aが3,000万円の債務全部を弁済しBCに求償したところ，Bが無資力で1,000万円を償還してもらえないときは，その分をAとCが500万円ずつ負担することになる。ただし，Aが求償するのを忘れているうちにBが無資力になったような場合には，AはCに分担を請求しえない。なお，上の場合にCの負担部分がゼロのときは，Aが全額負担すると解されている。AとC共に負担部分がゼロのときは，判例によれば，公平の観点から，AとC平等に負担すべきだとされている（大判大正3年10月13日民録20輯751頁）。

(f) 連帯の免除と求償権の変更　連帯の免除とは，債権者と連帯債務者との間で，債務額をその者の負担部分の範囲に制限し，それ以上は請求しないことをいう。連帯債務者の全員に対して連帯の免除があると分割債務となる（絶対的連帯免除）。また，一部の債務者に対してのみ連帯の免除が行われる場合もあるが（相対的連帯免除。連帯債務の免除を得た者は，債務はまだ残っているが，連帯債務関係からは外れてしまう），この場合には，免除を受けた債務者のみがその負担部分について分割債務を負担し，その他の債務者は影響を受けずに依然として債務の全額を弁済すべき義務を負う。相対的連帯免除の場合において，他の債務者中に弁済の資力のない者があるきとは，債権者は，その無資力者が弁済をすることができない部分につき連帯の免除を得た者が負担すべき部分を負担する（445条）。

★ 上の例で，債権者DがCの連帯を免除し，Aが3,000万円全部を弁済すると，BだけでなくCに対しても負担部分の1,000万円ずつ求償できるのであるが，もしBが無資力のとき，AはBから求償を受けることができない。この場合，本来ならばA・Cが無資力者Bの負担部分1,000万円につきその半分の500万円ずつを分担しなければならないところ，Cは免除を受けているため，このCについての500万円は債権者Dが負担しなければならない。結局，Cから1,000万円，債権者Dから500万円を求償しうることになる。

(g) 求償権者の弁済による代位　連帯債務者の1人は，弁済をするについて正当の利益を有する者であるから，弁済によって他の連帯債務者に対して求償権を有するにいたったときは，当然に債権者に代位する（500条）と解されて

いる。

4 不真正連帯債務
(1) 不真正連帯債務の意義

一見すると連帯債務のようであるがそれと異なる不真正連帯債務というものがある。たとえば，ＡＢＣの３工場が煤煙を出してＤの健康を害するなど被害を与えた場合の賠償責任につき，719条は，数人が共同の不法行為によって他人に損害を加えたときは各自連帯してその賠償の責に任ずると定めている。この場合の共同不法行為者ＡＢＣの責任は，本来の連帯債務ではなく不真正連帯債務と解されている。つまり，損害賠償債務がたまたま数人の不法行為の競合によって連帯債務とされるときは，被害者を保護するために免除などの絶対効を認めないなど435条から439条までの規定を適用すべきでないという立場から，これを不真正連帯債務として説明する学説が有力である。

判例も不真正連帯債務を認める。①会社の被用者が不法行為によって第三者に損害を生じさせた場合，被害者（第三者）は，715条により，被用者を使用する会社に対して，また，709条により，不法行為をした加害者自身（被用者自身）に対して，それぞれ損害賠償を請求することができるが，この場合の会社と被用者との関係は不真正連帯債務とされている（大判昭和12年６月30日民集16巻1285頁，最判昭和45年４月21日判時595号54頁）。さらに，②法人の不法行為における法人の賠償義務（44条１項）と理事その他の代表者の賠償義務（709条。大判昭和７年５月27日民集11巻1069頁），③自動車損害賠償保障法３条における運行共用者の損害賠償義務についての自動車の所有者の賠償義務と自動車を借りて運転し事故を起こした者の賠償義務（最判昭和48年１月30日判時695号64頁）なども不真正連帯債務とされている。

このように，不真正連帯債務においては，普通の連帯債務と異なり債務者の間で必ずしも主観的な結合関係が強いわけではなく，法律の規定などによってたまたま数人の債務者責任を強化するために連帯債務とされているにすぎず，この場合に，通常の連帯債務の規定をそのまま適用すると不都合な結果が生じるので，これを通常の連帯債務と区別し不真正連帯債務といっているのである。これに対して，不真正連帯債務を通常の連帯債務と異なるものとして扱う必要

はなく，これを通常の連帯債務の1つの問題として捉え，絶対効や負担部分・求償関係につきそれぞれ個別的に検討すればよいとする有力な見解もあり，不真正連帯債務という概念を認める必要があるのかどうか問題がないわけではない。

(2) 不真正連帯債務の効力

(a) 対外的効力　対外的効力という点では，通常の連帯債務と差異がなく請求の仕方は同じである。432条にもとづいて，債権者はどの連帯債務者に対しても，全部または一部，しかも同時もしくは順次に請求することができる。

(b) 1人について生じた事由　434条以下に定める絶対効の規定が不真正連帯債務にも適用されるかどうかが問題となる。絶対効事由のうち弁済およびこれに準ずる行為など債権者を満足させる事由はそのまま絶対効を生じるが，その他の絶対効に関する規定はすべて相対効しか生じない（不真正連帯債務には適用されない）と解されている。債権を強化して被害者の救済を十分なものにするためである。たとえば，①請求につき，434条により共同不法行為者の1人に請求しても，その請求は他の債務者に影響を及ぼさない（最判昭和57年3月4日判時1042号87頁）。②請求による時効の中断も他の債務者に効力を生じない。通常の連帯債務にあっては，1人について時効が完成したときは絶対効とされるが（439条），不真正連帯債務では相対効とされる（前掲大判昭和12年6月30日）。③混同についても，絶対効を定める438条は不真正連帯債務には適用されない（前掲最判昭和48年1月30日）。④相殺につき，不真正連帯債務者のなかの1人と債権者との間の訴訟において，相殺を認めた確定判決も他の債務者に対してはその効力を及ぼさない（最判昭和53年3月23日判時886号35頁）。⑤免除につき，連帯債務者の1人にする免除の効力につき，絶対効が定められているが（437条），不真正連帯債務にあっては，免除は相対効とされ，免除を受けた債務者以外の債務者から債権者は全額の弁済を受けることができる（前掲最判昭和45年4月21日，最判昭和46年9月30日判時646号47頁，最判昭和48年2月26日民集27巻1号99頁）。

(c) 内部関係　かつて不真正連帯債務には主観的結合関係がないから債務者間に負担部分がなく，求償の問題は生じないとされてきた（ただ，求償権が他の法的効果として生ずる場合がある。たとえば，715条3項は，使用者の被

用者に対する求償権を認める)。しかし，近時，不真正債務にも負担部分はありうるとされる。上述のＡＢＣ３社の煤煙の被害の場合でいうと，ＡＢＣがどれだけ煤煙を排出していたかによる負担部分があり，それに応じた求償が認められると解されている。判例も，交通事故に関して，Ｘタクシー会社の運転手ＡがＹの乗用車と衝突事故を起こし乗客Ｂが負傷したので，ＸはＢに全額の賠償をしＹに対して求償したという場合，最高裁はＸからの求償権を認め，その場合のＸの負担部分は，ＸとＡとの過失の割合によって定められるべきであるとする（最判昭和41年11月18日民集20巻９号1886頁）。

5　連帯債権

(1)　連帯債権の意義

連帯債権とは，多数の債権者が１人の債務者に対して独立に全部の履行を請求することができ，債権者の１人が弁済を受けると，すべての債権者について債権が消滅するという債権をいう（連帯債務とは逆の形になる）。このような連帯債権の規定は民法にはなく，また，実際に問題になることもない。ただ，判例が，債権の二重譲渡において確定日付のある複数の通知が同時に到達したという事案において，各譲受人（債権者）は債務者に対して，それぞれの譲り受けた債権全額の弁済を請求することができ，譲受人の１人から弁済請求を受けた債務者は，他の譲受人に対する弁済その他の債務消滅事由がない限り，弁済の責めを免れないと述べた（最判昭和55年１月11日民集34巻１号42頁）ことにつき，一部の学説は，この場合の譲受人同士は連帯債権の関係に立つのではないかと主張する。しかし，このような状況は極めて特殊であり，これを連帯債権として処理するのは混乱を招くだけであるから，この場合は債権譲渡の問題として処理すべきだとする学説もある。

(2)　連帯債権の効力

対外的効力として，各債権者は独立して全部の請求をすることができるとされる。１人について生じた事由につき，弁済など債権を満足させる事由は絶対効を有するが，他の事由は連帯債務の規定が類推適用されると解される。内部関係につき，連帯債権者の１人は受領したものを他の債権者に分配しなければならないと解されている。

第5節　保証債務

1　保証債務の意義

(1)　保証債務とは

　保証債務とは，主たる債務者がその債務を履行しない場合に，保証人がその履行する責に任ずるという債務をいう（446条）。たとえば，AからBが借金をするに際して（金銭消費貸借），Cが保証人になった場合，主たる債務者Bが借金を返済しないときには，債権者Aは保証人Cから取り立てることができるというように，AB間の主たる債務を前提として生ずるAC間の従たる債務が保証債務である。この保証債務は，債務者以外の保証人の一般財産によって債権を強化するという人的担保の機能を有し，債権回収の手段としては抵当権のような物的担保よりも簡便であるため，実際に金銭消費貸借についての信用保証のほかに，売買保証として売主の商品供給債務についての保証や買主の代金支払債務についての保証，あるいは工事保証として請負契約における請負人の債務についての前受金保証や工事完成保証といった形で広く活用されている。

(2)　保証債務の性質

　(a)　保証債務の独立性　　保証債務は，債権者Aと保証人Cとの間の契約によって生じるものであり，債権者Aと債務者Bとの間の契約によって生じる主たる債務とは別個独立のものである。したがって，主たる債務が民事債務であり10年の消滅時効にかかるときでも（167条1項），保証債務が商事債務（商522条）であるときは，5年の消滅時効にかかる（大判昭和13年4月8日民集17巻664頁）。

　(b)　内容の同一性　　保証債務の内容は，主たる債務のそれと同じである。たとえば，主たる債務の不履行により損害賠償債務が生じると，保証債務も同じ内容の債務となる。また，主たる債務の履行期が延期されると，その効力は保証債務にも及ぶ（大判大正9年3月24日民録26輯392頁）。このように主たる債務の内容に応じて保証債務の内容も変更する。

　(c)　保証債務の付従性　　①主たる債務が，無効とか取り消されると，保証債務も効力を生じない（成立における付従性）。②主たる債務が，弁済・取

消・消滅時効の完成・更改によって消滅すると，従たる債務である保証債務も消滅する（消滅における付従性）。主たる債務が時効により消滅した場合，保証人は民法145条の「当事者」として主たる債務の時効を援用することができる（大判大正4年7月13日民録21輯1378頁）。主たる債務者が時効の利益を放棄しても，その放棄は相対的効力しかなく，保証人は時効を援用することができる（大判大正5年12月25日民録22輯2494頁）。また，主たる債務者が消滅時効完成後に債務を承認した場合でも保証人は時効を援用することができるが，ただ，保証人もこの事実を知って保証債務を承認したときは，信義則上，保証人はその後主たる債務の消滅時効を援用することができなくなる（最判昭和44年3月20日判時557号237頁）。③保証人の負担が債務の目的または体様につき主たる債務より重いときは，これを主たる債務の限度に減縮する（448条。体様における付従性）。

(d) 保証債務の随伴性　主たる債務について債権が譲渡されると保証債務も移転する。これが保証債務の随伴性である。債権者A，債務者B，保証人Cがいる場合，債権がAからDへ譲渡されると，それに随伴して保証債務も移転し，CはDのBに対する債務を保証することになる。ただし，債権譲渡の対抗要件の問題があり，AからDへの債権譲渡については債務者Bに対する通知またはBの承諾が対抗要件となる（467条）。

(e) 保証債務の補充性　保証債務は主たる債務に対する従たる債務であるから，主たる債務が履行されないときにはじめて保証人がこれを履行すべき義務を負うものである。これを保証債務の補充性という。具体的には，保証人は催告の抗弁権（452条）および検索の抗弁権（453条）を有する（後述）。

2　保証債務の成立

(1) 保証契約

保証契約は，諾成契約・不要式行為であり，単なる合意によって成立するが，実際には書面によって締結される場合が多い。また，この保証契約は，債権者Aと保証人となるCとの間で締結されるが，実際には主たる債務者Bが親族や親しい知人であるCに保証を委託し，そのCがBを代理人として保証契約を成立させるという場合が多い。しかし，主たる債務者の委託がなくとも保証契約

は成立しうるし，また，委託が無効であっても保証契約の効力に影響しない（大判大正6年9月25民日録23輯1364頁）。

（2） 保証契約締結に際しての問題

(a) 錯誤・表見代理　保証契約に際して，主たる債務者に十分な資力があると誤信したとか，保証人が自分の他に連帯保証人がいるものと誤信しても要素の錯誤（95条）とはならないとされる。ただ，判例は，主たる債務者から「他にも連帯保証人がいるから」といわれ，その言葉を信じて保証人になったところ実際にはいなかった場合には，要素の錯誤とはならないが，動機の錯誤になるとしている（最判昭和32年12月19日民集11巻13号2299頁）。なお，主たる債務者が無断で他人を保証人とする保証契約を締結した場合には，表見代理が成立する場合がある（最判昭和35年10月18日民集14巻12号2764頁は，表見代理の成立を認めた）。

(b) 保証意思の確認　上記のような錯誤や表見代理を防ぎ，保証意思を確認するために保証契約締結の際に保証人に会って，その自署・捺印を求めたり，確認書を要請したりすることがよく行われる。

（3） 保証人の資格

保証人の資格についてとくに制限はないが，ただ，債務者が保証人を立てる義務を負う場合や，法律の規定によって担保を供すべき義務を負うに際して保証人を立てるという場合（29条1項・461条・576条・650条2項・830条4項・953条・991条等）には，保証人は，①能力者であること（450条1項7号），②弁済の資力を有すること（同条1項2号）の要件を満たす必要がある。保証契約が取り消されたり，保証債務が履行できないというのでは，保証そのものが無意味になるからである。

保証人が上述②の要件を欠くに至ったときは，債権者は，②の要件を具備する者に代えることを請求することができる（450条2項）。債権者が保証人を指名した場合には，上述②の要件を必要としない（同条3項）。債務者が上記の資格を備える保証人を立てることができないときには，債務者は期限の利益を失い（137条3号），また債権者は債務不履行を理由にして債務者との間の契約を解除することができる（541条）。債務者が450条の要件を具備する保証人を立てることができないときは，他の担保を供して（たとえば，抵当など）これに代

えることができる（451条）。

3 保証債務の内容と範囲
（1）利息・違約金・損害賠償など
保証債務は，主たる債務に関する利息，違約金，損害賠償その他すべてその債務に従たるものを包含する（447条1項。訴訟費用に関しても保証債務の効力が及ぶとされている —— 大判明治30年4月24日民録3輯4巻111頁）。保証債務は独立性を有しているので，保証人は，その保証債務についてのみ違約金または損害賠償の額を約定することができる（447条2項）。また，保証債務にだけ質権や抵当権を設定したり，保証債務を保証することもできるし（副保証），主たる債務200万円のうち100万円だけを保証することもできる（一部保証・有限保証）。

（2）契約解除における原状回復義務
主たる債務の契約解除によって主たる債務者が原状回復義務（545条1項）および損害賠償義務（同条3項）を負う場合，保証人は，これらの債務についても責任を負うのだろうか。

まず，損害賠償については保証債務の範囲内とされ（447条1項），保証人は不履行によって生じた損害賠償義務について責任を負う。つぎに，原状回復義務につき，かつて判例は，売買契約のように解除に遡及効がある場合には，原状回復義務にまで保証人の責任は及ばないとした（大判明治36年4月23日民録9輯484頁）。多くの学説はこれを批判し，当事者の意思としては主たる債務者の契約から生じる特定の債務だけを保証するというのは例外であり，契約上の一切の債務を負担するというのが普通であると解すべきだと主張した。その後，最高裁は，判例を変更し，「特定物の売買における売主のための保証においては，通常，その契約から直接に生ずる売主の債務につき保証人が自ら履行の責任に任ずるというよりも，むしろ，売主の債務不履行に起因して売主が買主に対して負担することあるべき債務につき責に任ずる趣旨でなされるものと解するのが相当であるから，保証人は，債務不履行により売主が買主に対し負担する損害賠償義務についてはもちろん，特に反対の意思表示のないかぎり，売主の債務不履行により契約が解除された場合における原状回復義務についても保

証の責に任ずるものと認めるのを相当とする」とするにいたった（最大判昭和40年6月30日民集19巻4号1143頁）。

★　なお，請負契約の合意解除の場合にも，判例は保証人の責任を認めている。注文者Ａが請負人Ｂと建設請負契約を締結し，ＣがＢの保証人となり，Ａは請負契約に従って前払金を支払ったが，その後Ａは資金不足のため工事ができなくなったためにＡＢの間で請負契約が合意解除され，その際Ｂは受け取った前払金をＡに返還することを約束したが履行されなかったので，Ａは保証人Ｃに対してその支払を求めたという事案において，最高裁は，合意解除が請負人の債務不履行にもとづくものであり，かつ，その際に約定された債務が「実質的にみて解除権の行使による解除によって負担すべき請負人前払金返還債務より重いものではないと認められるときは，請負人の保証人は，特段の事情の存しないかぎり，右約定の債務についても，その責に任ずるものと解するのを相当とする」とした（最判昭和47年3月23日民集26巻2号274頁）。この場合の合意解除は，実質的に法定解除に近く，保証人の通常の意思に反せず，保証人の責任が過大になることもないからである。

4　保証債務の効力

(1)　対外的効力

(a)　補充性にもとづく保証人の抗弁権　保証債務は，主たる債務に対して従たる債務であり補充性をもつものであるから，債権者はまず主たる債務者に対して履行の請求をしなければならず，そのために，保証人には催告・検索の2つの抗弁権が認められている。

(イ)　催告の抗弁権　債権者が保証人に対していきなり債務の履行を請求したときは，保証人は，まず，主たる債務者に催告をすべき旨を請求することができる。ただし，主たる債務者が破産の宣告を受け，またはその行方が知れないときは，この限りではない（452条）。たとえば，債権者Ａが，主たる債務者Ｂに請求しても支払ってくれそうにないというので，いきなり保証人Ｃへ請求したときには，Ｃは催告の抗弁権により，「まず，主たる債務者Ｂに対して請求せよ」という抗弁をすることができる。この抗弁権を行使すると，債権者の保証人への最初の請求は効力を失う。ただ，債権者が主たる債務者と同時に保証人に請求してきたときは，保証人は催告の抗弁権を有しないとされる（大判

昭和7年10月24日新聞3485号12頁）。また，債権者は，とにかく主たる債務者に請求をしておけばよく，それが裁判外の請求であってもよい（大判大正5年11月4日民録22輯2021頁）。

　(ロ)　検索の抗弁権　　債権者Ａが，主たる債務者Ｂに対して催告し，ついで保証人Ｃに対して強制執行をしてきたときに，保証人は強制執行を免れることができるかどうか。強制執行を免れることはできないが，抗弁によって強制執行を延期させることができる。債権者が452条の規定に従い，主たる債務者に催告した後であっても，保証人が，①主たる債務者に「弁済の資力」があって，②かつ，「執行が容易」であることを証明したときは，債権者は，まず，主たる債務者の財産につき執行をすることを要する（453条）。これが検索の抗弁権である。保証人Ｃは，「Ｂには執行の容易な財産があるのだから，まずそれに対して強制執行し，それでも足りないときに来てくれ」といえる。保証人が検索の抗弁権を行使した効果として，債権者は，まず，主たる債務者の財産に対して執行をしなければならなくなる（執行して満足できないときにようやく保証人にかかっていくことができる）。

　　★　弁済の資力につき一部でも弁済できることの証明があればよい（大判昭和8年6月13日民集12巻1472頁）。執行の容易さにつき財産が外国にあるときは執行が容易だとはいえないし，不動産に対する執行は一般には容易だとはいえない（前掲大判昭和8年6月13日）。金銭や有価証券などは執行が容易であるとされる。また，保証人が検索の抗弁権を行使し，債権者が主たる債務者に対して執行したのであれば，残債務につき保証人は再びこの抗弁権を行使することはできない（前掲大判昭和8年6月13日）。

　(ハ)　催告・検索の懈怠の効果　　催告の抗弁権・検索の抗弁権があったにもかかわらず，債権者が催告または執行をすることを怠り，その後主たる債務者より全部の弁済を得なかったときは，保証人は，債権者が直ちに催告または執行をすれば弁済を得たであろう限度においてその義務を免れる（455条）。たとえば，債権者が主たる債務者に対してすぐ催告・執行をすれば債権額100万円のうち70万円を回収することができたはずなのに，その後債権者Ａが放置していたために主たる債務者Ｂの資力状態が悪化して，執行したときには50万円しか回収することができなかったときには，保証人は残額50万円すべてを支払う

必要はなく，すぐ催告・執行をすれば弁済を得たであろう限度で保証人は義務を免れる——すなわち，抗弁権行使後直ちに執行されていれば負担していたであろう額（上の例では30万円）の限度で弁済をすればよいのである。

　(b) 主たる債務者の有する抗弁権の援用　　保証債務は付従性を有し，また，主たる債務と内容が同じであるということから，債権者の権利の行使に対して，保証人は，主たる債務者の有する抗弁権を行使することができる。

　(イ) 主たる債務の不存在・無効　　主たる債務が不存在であったり，無効であったり，また取り消されたときには，保証人はこれらを抗弁として主張することができる。

　(ロ) 主たる債務についての取消権・解除権　　主たる債務者が取消権を有するとき，この取消権を保証人が行使することができるであろうか。判例によれば，取消権者は120条において限定されており，保証人は120条に規定する取消権者に当たらないとして，これを否定している（大判昭和20年5月21日民集24巻9頁——制限能力者の債務を保証した者は，保証人の資格においては，その債務の原因である制限能力者の行為につき取消権を有しないとする）。これに対して有力な学説は，保証人は主たる債務の確定するまで履行を拒絶しうると主張する。解除権の場合も，保証人はこれを行使することはできないが，ただ保証人は解除することができるということを理由に自己の債務の履行を拒むことができると解される（延期的抗弁権の行使）。

　(ハ) 主たる債務についての期限　　主たる債務の期限がまだ到来していないときや主たる債務の期限が猶予された場合，その効力は保証債務にも及び保証人はこのことを理由に自己の債務の履行を拒むことができる（前掲大判大正9年3月24日）。

　(ニ) 主たる債務の相殺権　　主たる債務者が債権者に対して反対債権を有する場合，保証人はこの反対債権をもって債権者に相殺を主張することができる（457条2項）。

　(ホ) 主たる債務についての同時履行の抗弁権　　保証人は，主たる債務者の有する同時履行の抗弁権（533条）を行使することができる。なお，貸金債務の支払を確保するため主たる債務者が債権者に対して手形を振り出している場合，保証人は債権者からの請求に対して手形の返還との引換給付の抗弁を主張する

ことができる（最判昭和40年9月21日民集19巻6号1542頁）。

(2) 1人について生じた事由

(a) 主たる債務者について生じた事由　保証債務は主たる債務に対して従たる関係にあるから、主たる債務者について生じた事由は、原則としてことごとく保証人にも影響を及ぼす。

(イ) 主たる債務の消滅　主たる債務が弁済や時効などによって消滅すると、保証債務も消滅する。ただし、主たる債務者が死亡した場合、その債務は相続人に受け継がれるから、保証債務もそのまま存続する。問題は、主たる債務につき、限定承認（915条・922条）があった場合であるが、限定承認をしても、債権者に対する相続人の責任が相続財産の範囲に限定されるだけであって主たる債務は消滅しないから、保証人の責任に影響することはないと解される。また、主たる債務者である会社が破産し解散しても、会社は残債務について依然として権利能力を有し保証人の責任は存続すると解される。

(ロ) 主たる債務についての債権譲渡　前述のように、主たる債務につき債権譲渡があると保証債務も移転する（保証債務の随伴性）。Aの債務者Bにつき保証人Cがいる場合、債権がAからDへと譲渡されると、それに伴って保証債務も移転し、BのDに対する債務につきCは保証債務を負担することになる。保証人Cからすれば、知らないうちに債権者が交代するわけであるが、Cが保証人としてBの債務を保証している限り債権譲渡の効果がCにも及ぶことになる。なお、AからDへの債権譲渡については、債務者Bへの通知またはBの承諾が対抗要件となるが、保証人に対する通知またはその承諾は必要でない。

(ハ) 主たる債務についての時効中断　主たる債務者に対する履行の請求その他の時効の中断は、保証人に対してもその効力を生ずる（457条1項）。たとえば、債権者は、主たる債務者に対する請求（147条1号）があると、保証人に対する請求がなくとも、保証債務の時効が中断する。つまり、主たる債務者を相手にして時効中断に必要な手続をとっていれば、保証債務の時効も中断させることができ、わざわざ保証人に対して時効中断の手続をとる必要はない。なお、この場合、履行の請求その他のすべての中断事由が保証人に効力を及ぼすのであり、主たる債務者が債務の承認をした場合も保証債務の時効が中断する（連帯債務では請求による中断だけが絶対効を有する——434条参照）。

(ニ) その他，主たる債務が短期消滅時効にかかるものであったところ，確定判決により10年の時効期間となったときは（174条の2），保証債務も付従性により10年の時効期間に延長される（最判昭和43年10月17日判時540号124頁ほか）。

(b) 保証人について生じた事由　保証人について生じた事由（従たる債務について生じた事由）は，弁済およびこれに準ずる代物弁済，供託，相殺以外は，主たる債務に影響を及ぼさない。つまり，本来の債権の目的を達成させる事由以外は，主たる債務に影響を及ぼさないのである。たとえば，保証人が債務を承認すると，保証債務の時効は中断されるけれども，主たる債務には影響がないので，主たる債務は時効によって消滅する。その結果，保証債務の付従性により保証債務も消滅することになる（保証人は，たとえ承認しても，主たる債務の時効消滅を援用することができるわけである）。

(3) 内部関係――保証人の求償権

(a) 保証人の求償権の意義　保証人が保証債務を弁済するということは，債権者との関係では保証債務という自己の債務の弁済ではあるが，主たる債務者との内部関係では，保証人は主たる債務者に代わって弁済したということにほかならない。したがって，弁済した保証人は，主たる債務者に対して弁済額の全部につき求償することができる。

(b) 求償権者　求償権を有するのは保証人である。ただ，債権者に対する関係では保証人であっても，内部関係においては実質的に主たる債務者である場合があり，その者が弁済した場合には，求償権は生じないとされる（大判昭和5年2月6日新聞3102号9頁）。

(c) 保証委託があるか否かによる区別　民法は保証人の求償権につき，これを2つに分けて処理をしている。前述のように，保証債務の弁済は，主たる債務者との関係でいうと他人の債務の弁済にあたり，主たる債務者から委託されて保証人になった場合，保証人の弁済は委任（643条以下）の事務処理の1つということになる。弁済のための費用は，委任事務処理のためにかかった費用であり，保証人の求償権というのは，受人者の委託事務処理費用の償還請求権（649条・650条）にあたる。これに対して，委託を受けないで保証人になった場合には，保証人の弁済というのは事務管理（697条）であり，保証人の弁済のための出費は事務管理費用にあたり，保証人の求償権というのは，他人の事務処

理のためにかかった費用の償還請求権にあたる。

　民法は，保証債務の求償権について上記のような区別を基本として（しかし，委任や事務管理の規定を適用せずに），459条以下に特別の規定を設け，委託を受けた保証人については広範囲な求償権を認め，委託を受けない保証人については求償権を制限するという処理をしている。ただ，民法の求償に関する規定は任意規定であるから，当事者はこれを特約によって自由に定めることができる。

　(d)　委託を受けた保証人の求償権　　(イ)　事後求償権　　保証人が過失なくして債権者に弁済すべき裁判の言渡を受け，または主たる債務者に代わって弁済をし，その他自己の出捐をもって債務を消滅させるべき行為をしたときは，その保証人は，主たる債務者に対して求償することができる（459条1項）。このように，保証人は，原則として，弁済や代物弁済，供託，更改，相殺などによって債務を消滅させた後に，求償権を行使できる。免除の場合は，自己の出捐という要件を満たさないので求償権を行使することができない。弁済期前に保証人が弁済したときは，求償権は生じるが，弁済期が到来するまでは求償権を行使することがでない（大判大正3年6月15日民録20輯476頁）。

　(ロ)　事前求償権　　委託を受けた保証人は，後で求償しようと思ってもそれができなくなるような場合には，例外的に弁済などによって債務を消滅させる前に求償権を行使することができる（460条。委任の場合には，費用の前払請求を認めるのが原則であることに注意——649条）。

　(i)　事前求償権の要件　　①主たる債務者が破産の宣告を受け，かつ，債権者がその財団の配当に加入しないとき（460条1号）。この場合は，保証人は，求償権をもってその財団の配当に加入することができる。②債務が弁済期にあるとき（406条2号）。ただし，保証契約の後，債権者が主たる債務者に許与した期限は，これをもって保証人に対抗することができない（同号但書）。主たる債務者の期限が猶予されたとしても，保証人は，主たる債務者の本来の弁済期における資力を前提として（基準として）保証しているのであるから，保証人の事前求償権もその猶予にかかわりなく本来の弁済期を基準にすべきだというわけである。③債務の弁済期が不確定であって，かつ，その最長期をも確定できず，保証契約の後10年を経過したとき（460条3号）。たとえば，無期の年金

（年金債務）を保証したときなどである。④保証人が過失なくして債権者に弁済すべき裁判の言渡を受けたとき（459条1項）。裁判の言渡を受けるというのは判決が確定することを意味する。裁判において防御方法を講じなかった場合のように、過失のある保証人は求償できない。

(ii) 事前求償権における主たる債務者の保護　保証人が事前の求償権を行使し、これに主たる債務者が応じたところ、保証人が債権者にきっちり弁済をしないという危険性がある。そこで、債権者が全部の弁済を受けない間は、主たる債務者には、つぎのような対抗手段が認められている。1つには、求償に応じて金銭の支払（賠償）をする代わりに、主たる債務者は、保証人に対して、保証人が求償権の行使によって受けたものを保証債務の弁済に当てるという債務について担保を提供させたり、保証人に対して自己に免責を得させるべき旨を請求することができる（461条1項）。2つには、主たる債務者は、供託をし、担保を提供し、または保証人に免責を得させて、その賠償義務を免れることができる（461条2項）。要するに、主たる債務者は、保証人の求償に応じなくともいいが、その代わり保証人に支払うべき金額を供託したり、これに相当する担保を提供したり、または債権者に保証人の保証債務を免除させたりしなければならない。ただ、求償権を担保するために、保証人が主たる債務者から担保の設定を受けている場合があるが、この場合には、保証人は事前求償権を行使することができない（大判昭和15年8月23日判決全集7輯29号9頁）。なお、物上保証人には、このような事前求償権はないとされている（最判平成2年12月18日民集44巻9号1686頁）。

(ハ) 事前求償の範囲　連帯債務に関する442条の規定が準用され（459条）、その結果、弁済額、その他の免責のあった日以後の法定利息および避けることのできなかった費用、その他の損害の賠償の範囲に及ぶ。これは、委任契約における受任者の費用償還請求権の範囲に近い。

(e) 委託を受けない保証人の求償権　(イ) 求償の要件　委託を受けた保証人と同様に保証人が自己の出捐によって弁済など債務を消滅させる行為をしたことを要する。

(ロ) 求償の範囲　委託を受けないで保証人となった場合、2つに区別され、それぞれ求償権の範囲が異なる。

(i) 主たる債務者の意思に反しないで保証人となった場合　主たる債務者は，その当時利益を受けた限度において賠償すればそれで足りる（462条1項）。その結果，保証人は，利息・費用・損害賠償の請求をすることはできない。

(ii) 主たる債務者の意思に反して保証人となった場合　この者の求償権の範囲はさらに制限され，最小限の求償しか認められない。すなわち，この者は，主たる債務者が現に利益を受ける限度においてのみ求償権を有する（462条2項本文）。ただし，主たる債務者が求償の日以前に相殺の原因を有していたことを主張するときは，保証人は，債権者に対し，その相殺によって消滅すべきであった債務の履行を請求することができる（462条2項但書）。たとえば，Aの主たる債務者Bに対する300万円の債権につき，Bの意思に反して保証人となったCが3月1日に300万円をAに弁済をし，5月1日にBに対して求償したところ，4月1日にBがAに対して400万円の反対債権を取得していた場合，債務者Bはこれによる相殺をすることができたのであるから，これを保証人Cに主張するときは，Cの求償権は消滅し，BのAに対する反対債権400万円中の300万円の債権はCに移転し，CはAに対して300万円を請求することができる。

(f) 求償にあたっての保証人の通知義務　(イ) 保証人の通知義務　保証人は，委託を受けたか否かを問わず，弁済その他の免責行為をするに際して，主たる債務者に，事前・事後に通知をすることが要求されている（連帯債務者間において求償の要件とされている通知に関する443条の規定が保証人に準用される——463条1項）。主たる債務者が二重に弁済することを防ぐ趣旨である。

(i) 事前通知を怠った場合　保証人が事前に通知をしないで弁済その他免責行為をしたときには，主たる債務者は，債権者に対抗することができた事由をもって保証人に対抗することができる（443条1項の準用）。たとえば，保証人Cが主たる債務者Bに通知をしないで債権者Aに弁済したとき，Bがすでに債務の半額を弁済していた場合には，Bはその事由をCに対抗しうるので，その弁済の限度で保証人Cの求償権が制限を受ける。

(ii) 事後の通知を怠った場合　保証人が弁済その他免責行為をしたが，その事後通知を怠ると，主たる債務者は，善意でした弁済その他の免責行為を有効とみなすことができる（443条2項の準用）。

(ロ) 主たる債務者の通知義務　委託を受けた保証の場合につき，主たる債

務者も弁済など出捐した後に保証人への通知義務を負う場合がある。すなわち、保証人が主たる債務者の委託を受けて保証した場合に、善意で弁済その他免責のためにする出捐をしたときは、連帯債務者の求償の要件としての通知に関する443条の規定が、主たる債務者にも準用される（463条2項）。要するに、主たる債務者が事後の通知を怠ると保証人が善意で二重に弁済をする場合が生ずる。この場合には保証人の弁済が有効とみなされ、保証人は求償権を行使することができる（463条2項は、委託を受けた保証についての規定であるから、委託を受けない保証人に対しては、主たる債務者は弁済その他の免責行為についての事後の通知をする必要はない）。ただ、主たる債務者は事前の通知義務を負わない。443条1項の通知義務は、弁済者が求償してきた場合における対抗事由として意味をもつ制度であり、主たる債務者が保証人に求償するということはありえず、主たる債務者については同条1項が準用される余地はないからである。

(g) **主たる債務者が数人いる場合の保証人の求償権**　(イ) 主たる債務者が数人いて、その全員のために保証人となって弁済した場合において、とくに民法に定めはないが、①主たる債務が連帯・不可分債務であるときには、保証人の求償権については、各債務者は連帯債務または不可分債務を負う。②主たる債務が分割債務であるときには、保証人の求償権につき、各債務者は分割債務を負う。

(ロ) 主たる債務者のなかの1人のために保証人となった場合　①主たる債務が連帯・不可分債務であるときは、連帯債務者または不可分債務者の1人のために保証をした者は、他の債務者に対してその負担部分のみにつき求償することができる（464条）。

　　★　たとえば、債権者Aに対して、BCDが300万円の連帯債務または不可分債務を負い、各自の負担部分が100万円ずつのとき、Dのみの保証人になったEは債務の全額について弁済の責任を負うが、Eがそれを弁済したときはDに対してだけでなくBCに対しても100万円ずつ求償をすることができる。本来の処理の仕方でいけば、EはDに対して300万円の求償をし、つぎにDからBとCに求償をするということになるが、この2度の処理を簡略化するために、BCに対する直接の求償権が認められている。

②主たる債務が分割債務であるときには，Dのための保証人Eは，Dに対し分割債務の額だけを求償することができると解される（民法に規定はない）。

(h) 保証人の代位権　弁済をするについて正当な利益を有する者は，弁済によって当然に債権者に代位する（500条）。たとえば，Aに対するBの債務をCが保証し，これを弁済すると，Aの有していた権利がCに移転し（一種の債権譲渡が法律上当然に行われ，それに伴って担保権も移転する），Aが，Bに対する債権を担保するために第三者D（物上保証人）所有の不動産上に抵当権を有していたとき，保証人Cの弁済によって抵当権もCに移転し，Cは（Aに代位して）Dに対し抵当権を行使することができる。なお，この場合，物上保証人Dも弁済によって代位しうる正当な利益を有する立場にあるので，保証人と物上保証人との間の利益調整が図られている（501条5号参照）。

第6節　特殊な保証

1　連帯保証

(1)　連帯保証の意義

　連帯保証とは，保証人が主たる債務者と連帯して債務を負担するという特約付の保証債務のことであり，補充性がなく催告および検索の抗弁権が認められていない（454条）。その結果，債権者は，主たる債務者の資力の有無に関係なくいきなり連帯保証人に債権の全額を請求しうる。この意味で，連帯保証における債権の担保的効力は強くなっており，実際，通常の保証よりもむしろこの連帯保証が利用される場合が多い。なお，連帯保証も通常の保証債務と同様に付従性はあり，主たる債務が無効であったり取り消されたりすると連帯保証の効力も生ぜず，また，主たる債務が消滅すると連帯保証債務も消滅する。

(2)　連帯保証の成立

　保証契約において，「連帯」である旨の合意（特約）があれば連帯保証は成立し，特別な様式を必要としない。なお，商法は，主たる債務または保証債務に商事性があるときには保証は連帯保証となるとの定めがある（商511条2項）。

(3)　連帯保証の効力

(a)　対外的効力（債権者と連帯保証人間の効力）として，連帯保証人は，債

権者に対して催告および検索の抗弁権をもたないが，連帯保証の付従性にもとづき，主たる債務者の有する抗弁権を行使しうる。たとえば，主たる債務者の有する引換給付の抗弁権を連帯保証人は主張することができる。

(b) 主たる債務者について生じた事由の効力は，保証契約の付従性によりすべて連帯保証人に及ぶと解されている（大判昭和5年10月31日民集9巻1018頁）。主たる債務者に対する履行の請求その他時効の中断は，保証人に対してもその効力を生ずる（457条1項）。請求のほか承認や差押など（174条）すべての中断事由が絶対効を有し連帯保証人に対してもその効力を及ぼす（大判大正9年10月23日民録26輯1582頁）。

連帯保証人について生じた事由が債務者に影響するだろうか。458条は，434条から440条の規定を適用（厳密には準用）すると定める。したがって，たとえば，連帯債務における請求の絶対効に関する規定が連帯保証にも適用され，連帯保証人に対する請求は主たる債務者にも効力を及ぼすことになる（434条）。その他に更改の絶対効に関する規定（435条），相殺の絶対効に関する規定（436条1項），混同の絶対効に関する規定（438条）が適用される。しかしながら，連帯保証人には負担部分がないので（連帯保証では，内部的にみれば主たる債務者が最終的に全部負担すべきものである），相殺の援用に関する規定（436条2項），免除に関する規定（437条），時効に関する規定（439条）など，負担部分を前提にした規定は，連帯保証には適用されない。

(c) 内部関係として，連帯保証人の主たる債務者に対する求償関係は，通常の保証の場合と同じである。連帯保証人が主たる債務者から委託を受けて保証人となったかどうかによって，求償の範囲が違ってくる。

2 共同保証

(1) 共同保証の意義

同一の債務について，数人が保証債務を負担することを共同保証というが，これには，数人の保証人が普通の単純な保証人である場合，数人が連帯保証人である場合，数人が普通の保証人であるが，その保証人相互間に全額弁済の特約がある場合という3つの形態がある。とくに最後のものは「保証連帯」といわれ，保証債務の補充性を失わず，催告・検索の抗弁権が認められる（この点

で，連帯保証と区別される）。

（2）　共同保証の成立と分別の利益

　BがAに対して負担する500万円の債務につき，①CDが一緒に債権者Aと保証契約を締結することによって共同保証が成立する場合，②初めにCが保証人となり，ついでDが保証人になるというように複数の者が順次保証人になることによって共同保証が成立する場合（大判大正7年2月5日民録24輯136頁）がある。どちらの場合も，共同保証人は保証債務につきその頭数に応じて分割された債務を負担するという分別の利益を有する。456条は，数人の保証人ある場合においては，その保証人が格別の行為をもって債務を負担したときであっても，427条の規定を適用すると定める。427条は分割債権債務の原則を定めているが，上述のBのAに対する500万円の債務につき，CとDは各自250万円ずつの保証債務を負担することになる。ただし，主たる債務が不可分債務の場合や保証連帯の場合には，分別の利益はなく共同保証人はそれぞれ債務の全額について保証の責任を負うことになる。連帯保証の場合にも，連帯保証人は分別の利益を放棄したものとされて分別の利益を有しないとされる（大判大正10年5月23日民録27輯957頁）。

（3）　共同保証の効力

　(a)　対外的効力につき，共同保証人は分別の利益を有するので分割債務の場合と同じように，債権者は各保証人に対して債権の全額を行使することはできない。

　(b)　1人について生じた事由につき，主たる債務者と各共同保証人との関係は普通の保証の場合と同様である。分別の利益を有する各共同保証人の間では，1人について生じた事由は他の者に影響しない。

　(c)　内部関係におけるの共同保証人間の求償関係につき，①分別の利益のない場合には，各共同保証人は，主たる債務者に対して弁済したものについて求償しうるのであるが，さらに民法は，他の共同保証人に対しても求償しうる場合を認める。すなわち，数人の保証人がある場合において，主たる債務が不可分であるため，または各保証人が全額を弁済すべき特約があるため，1人の保証人が全額その他自己の負担部分を超える額を弁済したときは，442条から444条まで（弁済した連帯債務者の求償権）の規定を準用すると定める（465条1項）。

②分別の利益のある場合には，各共同保証人は，弁済したものについて主たる債務者に対して求償権を有するが，さらに民法は，他の共同保証人に対して求償権を行使しうる場合を認める。すなわち，互いに連帯しない保証人の1人が全額その他自己の負担部分を超える額を弁済したときは，462条（委託を受けない保証人の求償権）の規定を準用すると定める（465条2項）。

3 継続的保証

継続的売買取引契約や継続的信用取引契約から生じる将来の債務の保証（信用保証または根保証），雇用に際しての被用者の債務の保証（身元保証），賃借人の債務の保証などを継続的保証（あるいは広い意味での根保証）という。これらは通常の保証とは異なる問題を有する。

(1) 信用保証

(a) 信用保証の意義　卸商と小売商の間で行われる売掛取引や銀行と商人の間で行われる当座貸越契約のように，継続的取引関係によって発生する将来の債務について，保証限度額や保証期間を定めないで（包括根保証），または保証限度額，保証期間もしくは取引の種類を定めて（限定根保証）保証することを信用保証（または根保証）という。このように債務者の取引活動に伴って将来増減しうる債務を保証するのが信用保証であり，担保物権における根抵当や根質に相当するのであるが，その規制は判例・学説に委ねられている。

(b) 保証債務の範囲　どのような種類の債務が保証されるのかは保証契約によって定まる。たとえば，「A卸商とB小売商との売掛取引から生ずる債務を保証する」という契約をすれば，その範囲に限定される。また，「A銀行とB商人との銀行取引契約から生ずる一切の債務を保証する」という包括根保証契約も有効とされている。

(c) 保証期間　保証期間が定められている場合には，その期間だけ保証する。期間の定めがない場合，主たる債務の額が当初の予想をはるかに超えて増加するということになると保証人は不利益を受けるので，信用保証が成立した後相当の年限が経過したときは，保証人は，保証契約を告知して解約することができる（大判大正14年10月28日民集4巻656頁）。

(d) 保証限度　信用保証契約において保証限度額が定められていない場合，

保証人は無限の責任を負うことになるのだろうか。判例は，当座貸越契約につき極度額を定めて保証し，極度額を超過した部分についても保証人が保証することを約したという場合につき，超過する部分がいかに多大の金額に達してもなおかつこれを保証する旨の意思表示がない以上は，当事者の意思は，取引の通念において相当と認めるべき範囲に限り保証する趣旨にすぎないと述べ，保証人の責任を限定している（大判大正15年12月2日民集5巻769頁）。保証限度額を定めていない場合でも当事者の意思解釈によって（上記判例），あるいは信義則（1条2項）によって，保証人の責任につき合理的な範囲で制限が加えられるべきである。

(e) 信用保証債務の相続　通常の保証債務の場合において，保証債務は当然相続されるが，限度額と保証期間の定めのない信用保証において（保証人が死亡したときすでに発生していた債務は相続の対象となるけれども）保証人の死亡後に発生する将来の債務には相続は否定される。判例も，保証人の地位は，「特段の事由のないかぎり，当事者その人と終始するものであって，連帯保証人の死亡後生じた主債務については，その相続人においてこれが保証債務を承継負担するものではない」とする（最判昭和37年11月9日民集16巻11号2270頁）。

4　身元保証

(1)　身元保証の意義と種類

雇用契約の際に被用者の身元を保証するという契約がよく行われるが，これが身元保証契約である。普通は「身元保証書」と題して「この度上記の者が貴社に採用されますにあたり，身元保証人として，貴社の就業規則を遵守して忠実に勤務することを保証いたします。万一，本人がこれにもとる行為をし，その他規則をみだし，貴社に損害をおかけしたときは，本人をしてその責任をとらせるとともに，私共は連帯してその損害を賠償する責任を負担することを確約し，その証として本書を差し入れます」という契約書が用いられる。このような身元保証は，日本では古くから行われ，被用者が雇用期間中に使用者に対して損害を与えたときに，その損害賠償債務について身元保証人は責任を負うのであるから，その責任は無限に広がるおそれがあり，身元保証人にとって極めて酷な結果になることが多い。そこで，身元保証人の責任をある程度軽くす

る必要が生じ，昭和8年に「身元保証ニ関スル法律」（身元保証法）が制定された（法24号）。

身元保証の種類として，①被用者が，将来，雇用契約の債務不履行によって使用者に対して損害賠償債務を負担するときにその履行を担保するという，将来の債務の根保証の場合（狭義の身元保証とする説もある），②被用者が，使用者に債務を負担するか否かに関係なく，被用者に関し一定の事由によって生じた損害を担保するという損害担保契約である場合（不可抗力によって出勤できず使用者に損害を与えた場合のように，主たる債務者の存在を前提としない。これを本来の身元引受という場合もある），③使用者の受けた財産的損害を担保するのみならず，被用者が雇用契約に違反しないように監督したり，病気になったら引き取ったりして，使用者に一切迷惑をかけないという場合などがある。

（2） 身元保証契約の存続期間および使用者の通知義務

身元保証契約は，期間を定めないときは，契約成立の日から3年間その効力を有する。ただし，商工業見習者の身元保証契約については5年である（身元保証法1条）。身元保証契約の期間は5年を超えることができず，もしこれより長い期間を定めたときは，5年に短縮される（身元保証法2条1項）。身元保証契約を更新することができるが，その期間は，更新の時より5年を超えることができない（同条2項）。

被用者に業務上不適任または不誠実な事跡があって，そのために身元保証人の責任を惹起するおそれがあることを知ったとき，また，被用者の任務または任地を変更し，そのために身元保証人の責任を加重し，またはその監督を困難にしたときは，使用者は，遅滞なく身元保証人に通知をしなければならない（身元保証法3条）。

（3） 身元保証人の解除権および身元保証責任の範囲

身元保証人が身元保証法3条の通知を受けたときは，将来に向かって契約の解除をすることができる（身元保証法4条）。なお，被用者の任務等が変更した場合，たとえば，普通の銀行員として入行した者がわずか2年足らずで支店長に就任し不正行為をしたというような場合に，身元保証4条の適用はありうるが当然に身元保証契約が失効することはない（最判昭和44年2月21日判時551号50

身元保証責任の範囲につき，裁判所は，身元保証人の損害賠償の責任およびその金額を定めるにつき，被用者の監督に関する使用者の過失の有無，身元保証人が身元保証をするに至った事由およびこれをするに当り用いた注意の程度，被用者の任務または身上の変化その他一切の事情を斟酌するとされている（身元保証法5条）。

　（4）　身元保証の強行法規（規定）性および非相続性

　身元保証法の規定に反する特約で身元保証人に不利益なものはすべて無効である（身元保証法6条）。身元保証人が死亡した時すでに発生していた債務についてはその相続人が相続するが，まだ発生していない債務については相続しないと解するのが通説・判例である（大判昭和2年7月4日民集6巻436頁，大判昭和18年9月10日民集22巻948頁）。

5　賃貸借契約の保証

　賃貸借契約の保証は，継続的な契約における保証である。たとえば，賃借人の保証人は，賃貸借契約から生じる賃料債務や損害賠償債務などについて責任を負う。信用保証や身元保証の場合に比べて，その責任が重くなっている。賃料は一応定まっており，その保証債務の内容も明確なので，将来債務が広がる不安は少ないからである。

　保証期間は，賃貸借の存続期間であり，その期間が延長されたとしても保証期間が延長されるわけではない（大判大正5年7月15日民録22輯1549頁。これに対して，学説では，借地借家法や農地法などの特別法により，原則として期間の更新が認められている場合には，保証債務も継続するとするとの見解もある）。保証期間が定められていない場合において，相当の期間が経過しても，保証人は解約することができない（大判昭和7年10月11日新聞3487号7頁）が，事情変更にもとづく解約は認められる。ただし，それが認められるのは，保証契約後相当期間が経過し，かつ，賃借人が継続して賃料の支払を遅滞し，将来においても誠実に履行する見込みがないような場合に限られる（大判昭和14年4月12日民集18巻350頁）。なお，保証人が死亡した場合，賃貸借契約の保証による債務は相続の対象になるとされている（大判昭和9年1月30日民集13巻103

頁）。

6　機 関 保 証

　保証は，従来，個人的信頼関係にもとづいて，主たる債務者がその親族や知人に頼んで保証人になってもらうという形で利用されてきたが，しかし，今日では，とくに中小企業が借金をするにあたり個人的に頼んで保証人になってもらうことは困難である。そこで，昭和28年に中小企業の金融を容易にするため，信用保証協会が設立された（信用保証協会法──昭和28法196）。中小企業が金融機関から融資を受けるに際して，この信用保証協会が保証人になってくれるというものである。この信用保証は，中小企業と信用保証協会との間の信用保証委託契約にもとづいて行われ，委託者（中小企業）は協会に対して一定の信用保証料を支払うことになっている。

第9章　債権関係の変動（債権譲渡・債務引受）

第1節　序　　説

1　主体の変更

　債権は，沿革的には，債権者Aと債務者Bとの間の人格的な鎖（人と人との緊密な結合）であると考えられてきた。これは，将来の給付を信頼しあうという鎖で結びつけられた特定人の関係であるといってもよい。たとえば，Aが1カ月後にBから100万円の支払いを受ける約束は，1カ月後にBがAに100万円の給付をするであろうという信頼を基盤にしている。これは，特定のA・Bの信頼関係にもとづいているから，Aの債権は他人へ譲渡できないものとされるのである。

　しかし，近代社会における信用制度の発達は，AがBから1カ月後に100万円を給付させるという地位を現在においても一定の価値があるものとする。そして，このAの地位そのものが財産として独立の価値が認められるようになると，一般に債権の譲渡性が承認される。つまり，債権は，売買などによって，あたかも1個の財産のように流通し，取引の目的として客観的価値をもつようになる。これが，債権譲渡という制度である。

　債権関係は特定人の間の人格的な鎖ではなく，財産として独立の価値があるものであるとの思想のもとでは，たんに債権のほうからみてAの人格がその債権の要素でないばかりでなく，債務のほうからみてBの人格もその債務の要素ではないと考えられるようになる。そこで，BのAに対する債務を引受人Cに移転する契約も認められるようになる。これが，債務引受という制度である。

　本章は，このように，債権者または債務者という「主体」の変更に関する法的な問題を対象とする。主体の変更には，相続のように契約によらない場合もあるが，本章は，契約によって行われる場合が問題となる。

2 社会的作用

（1） 債権譲渡の社会的作用

　AがBに対して，1年後に支払う約束の100万円の売掛金債権をもっている場合，Aは弁済期が到来すれば，Bから100万円の弁済を受けることができる。しかし，それ以前には，まだ履行期前なのだから，Bに100万円を支払えと請求はできない。

　債権譲渡は，このような場合に利用される制度である。事例では，AのBに対する100万円の債権は，もともと1年後の弁済期をまってはじめて取り立て現金を手に入れることができるはずである。しかし，Aが，いますぐに現金を手に入れたい場合，1年分の利息に相当する部分（たとえば5万円）を差し引いて，Cに譲渡することにより95万円の現金を入手することができれば便利である。Cにとっても，95万円で債権を買い入れる形で投資し，1年後の弁済期に100万円の支払を受けられるので，有利な投資の方法となる。

　同じように，AがDに対して100万円の債務がある場合に，この弁済をしなければならないのに，まだ弁済期のきていないEに対する債権以外に財産がない場合のAの取りうる手段としても有効である。この場合，AはEに対する債権を第三者に譲渡し，現金化して弁済することも可能である。また，Dさえ納得すれば，Dに債務を弁済する代わりに，自分のもつEへの債権を譲渡してしまうこともできる。

　このように債権譲渡は，債権を財産として独立の価値あるものとし，資本の流通や回収を容易にするという役割を果たしている。しかし，債権は，所有権などと異なり，その内容は多様であるから，一律に譲渡性を認めることはできない。とくに，譲渡性の程度は，債権が個別的な対人権としての性格をなお残している指名債権と，証券と結合し個別性を失って流通する証券的債権では，おおきく異なる。

（2） 債務引受の社会的作用

　Aに対してBが負う債務は，経済的にはマイナス財産であるから，これを取引の対象とする意味はあまりない。しかし，BがAに500万円の債務を負担し，時価1,000万円の土地に抵当権を設定しているときに，この土地をCに売買するに際し，売買代金を500万円とし，500万円の債務を引き受けてもらうことが

できれば，きわめて便利である。また，旧債務者Bよりも新債務者Cの資力が大きいときには，債務が引き受けられれば，債権は引受によって担保力を増大する。債権・債務をひっくるめた，契約上の地位を移転することも承認する必要がある。たとえば，いわゆるブローカーの場合である。

また，債務引受には，保証と類似した人的担保の働きをする場合（併存的債務引受）があり，債権の回収において重要な意味をもっている。さらに，Bの営業状態が悪化しているときに，Bの営業全体を債務とともに資力のあるCに譲渡できれば，経済的に有益であろう。

民法典は，債務引受について規定を設けなかった。旧民法，フランス民法もそうであった。しかし，ドイツ民法には規定がある（ド法414条以下）。そこで，判例・学説は，すでに述べたような社会的作用を重視し，これを認め，理論構成を行っている。

第2節　債権譲渡

1　債権譲渡の意義と概要

（1）　債権譲渡の意義・性質

ⓐ　債権譲渡の意義　　債権譲渡とは，AがBに100万円の債権を有している場合，Cにこの債権を譲渡するというように，AのBに対する債権が，契約によってAから新債権者Cへ同一性を失わずに移転することをいう。債権が売買されることにより行われる場合が多いが，代物弁済や債権担保の場合もある。

ⓑ　債権譲渡の性質　　債権譲渡は，つぎのような性質を有する。

①　債権の移転を生じさせる処分行為である。

②　債権譲渡は，先の例では，AとCを当事者とする諾成・不要式の契約により行われる。

③　債権譲渡は，債権の同一性を失わないで債権を移転する手段である。

④　債権の売買などを原因とする「準物権行為」といわれることがある。

⑤　債権譲渡を第三者（先の例の債務者Bも，債権譲渡に関しては第三者である）に対抗するためには，一定の行為が必要である。

（2） 債権譲渡の態様

債権譲渡は，譲渡される債権の性格によって，指名債権の譲渡と証券的債権の譲渡に分かれる。両者は，譲渡の範囲，譲渡の方法，効果などにおいて異なる。そして，証券的債権に関する民法の規定は，現代の有価証券の理論から批判がなされている。

なお，債権譲渡は，真正・完全に債権を移転する場合と，債権を取り立てたり，担保に提供する目的で行われる場合がある。

2　指名債権の譲渡

AとBが売買契約を行い債権・債務関係が生じた場合には，債権者はAないしBと特定している。このように，債権の発生・行使・移転等に証券との結合がなく，債権者が特定している債権を指名債権という。

債権には，一般に譲渡性が認められている（466条1項）。しかし，指名債権は，流通を予定した債権ではないから，後に述べる証券的債権と異なり，その発生原因である法律関係の個別性・特殊性からいくつかの制限がある。譲渡の要件は，つぎのようである。

（1） 指名債権譲渡の要件

(a) 有効に存在する債権について，旧債権者（譲渡人）と新債権者（譲受人）の間で債権譲渡についての合意（契約）があること。

債権が弁済，無効，取消などにより不存在である場合には，原始的不能や錯誤の問題となり，債権譲渡は効力を生じない。現に存在しないが将来発生する債権の譲渡に関しては，現在すでに債権発生の原因が確定し，その発生を確実に予測できるものであれば効力が認められる（最判昭和53年12月15日判時916号25頁）。したがって，将来の期間に対する賃料請求権は譲渡できる（大判昭和5年2月5日新聞3093号9頁）。

債権譲渡の効果は，譲渡人と譲受人の合意だけで生じ，債務者の合意は必要ではない。ただし，対抗要件の問題がある。

(b) 債権の性質が譲渡を許さざるものでないこと（466条1項但書，以下(2)(a)参照）。

(c) 当事者が譲渡禁止の意思を表示した債権でないこと（466条2項本文，以

下(2)(b)参照)。

(2) 譲渡性とその制限

(a) 債権の性質による譲渡制限（466条1項）　債権者の変更によって，債権の同一性が失われたり，債権の目的を達成できなくなる場合には，譲渡が制限される。それには，つぎのような場合がある。

(イ) 債権者の変更により給付内容に変更が生ずる債権　債権の内容が，債権者・債務者間の高度の個人的関係を基礎とするものは，譲渡が制限される。たとえば，AがBに自分の肖像画を描かせる債権を有しているときに，この債権がCに譲渡される場合である。特定の人を教育させる債権や不作為債権もこれにあたる。

(ロ) 債権者の変更により権利行使にいちじるしい差異を生ずる債権　たとえば，使用貸借契約や賃貸借契約にもとづく使用貸借権，賃借権，雇主の債権などがこれにあたる。ただし，これらの場合，債務者の承諾があれば譲渡は可能である（594条2項・612条・625条）。

(ハ) 特定の債権者に決済すべき特殊の事情がある債権　たとえば，交互計算（商529条以下）に組み入れられた債権（大判昭和11年3月11日民集15巻320頁）や当座貸越契約上の債権（大判昭和9年9月1日判決全集1輯9号13頁）などである。

(b) 譲渡禁止の特約による譲渡制限（466条2項）　債権は，債権者・債務者間の特約で，その譲渡を禁止することができる。したがって，譲渡禁止の特約がある債権を譲渡しても債権は移転しない。しかし，取引の安全を図るために，譲渡禁止の特約は，善意の第三者に対しては効力が認められない（同条2項但書）。しかし，この点については，以下のようにいろいろな問題がある。なお，「第三者」とは，債権者・債務者以外の者，「善意」とは，譲渡禁止特約の存在について知らないことをいう。

(イ) 第三者は無過失でなければならないか　判例は，銀行預金には，一般に譲渡禁止の特約が預金証書に記載されており，預金の種類によっては明示の特約が記載されていなくても譲渡禁止は周知のことであるから，このことを重過失によって知らなかった第三者は，悪意と同視でき，譲渡によって債権を取得できないとする（最判昭和48年7月19日民集27巻7号823頁）。これによれば，

善意・重過失が要求されることだけは明らかである。1項の原則（譲渡事由）を重視し，対抗できる第三者の範囲を拡大すべきとの立場からは，無過失を要件として加重しないということになる（通説）。

(ロ) 譲渡禁止の特約がある債権であって，譲受人が特約の存在を知って譲り受けたとしても，その後，債務者が承諾を与えたときは，債権譲渡は譲渡の時にさかのぼって有効となる（最判昭和52年3月17日民集31巻2号308頁）。しかし，この場合，116条の法意に照らして，第三者の権利を害することはできないと解される（最判平成9年6月5日民集51巻5号2053頁）。

(ハ) 債権者Aと債務者Bの間の債権について譲渡禁止の特約があっても，Aの債権者Cは，その善意・悪意を問わずAのBに対する債権を差し押さえすることができる。つまり，譲渡禁止の特約がある債権でも，差押債権者の善意・悪意に関係なく，差し押さえ，転付命令により移転することができる（最判昭和45年4月10日民集24巻4号240頁）。

(ニ) 譲渡禁止の特約のある債権を質権の目的とした場合，質権者が悪意であるときは，質権設定は無効となる（大判大正13年6月12日民集3巻272頁）。

(c) 法律により譲渡を禁止された債権　民法に規定はないが，法律によって譲渡を禁止された債権は譲渡性がない。扶養請求権（881条），恩給請求権（恩給法11条），災害補償請求権（労働基準法83条2項）などは，債権者の特殊の利益のために認められるものなので，譲渡が禁止される。

(3) 対抗要件

(a) 対抗要件とは　指名債権の譲渡を第三者に対抗するためには，対抗要件が必要である（467条）。

債権譲渡は債権編の規定だが，その実質は債権という財貨の譲渡であるから，所有権の譲渡と基本的に同じである。したがって，対抗要件の意味は，物権変動における対抗要件と同様に考えればよい（177条・178条）。しかし，対抗要件の手段は，物権変動における登記・引渡と異なり，通知または承諾である。また，物権変動の場合と異なり，債権譲渡では債務者と債務者以外の第三者という性格の異なる関係者が問題となる。

つまり，①債権者AがCに債権を譲渡した場合の債務者Bに対する関係と，②AがCとDに二重に債権を譲渡した場合のC・Dの関係は異なった問題であ

る。そこで，①・②は別個に検討する必要がある。
　(b)　**対抗要件に関する特別法**　対抗要件に関しては，最近制定された重要な特別法がある。
　㈠　債権譲渡の対抗要件に関する民法の特例等に関する法律（平成10年制定）　同法は，債権譲渡を簡易に行うため，法人は債権の譲渡につき債権譲渡ファイルに登記をすることにより，民法467条の確定日付のある証書による通知があったものとみなす規定を設けている（同法2条1項）。
　㈡　特定債権等に係る事業の規制に関する法律（平成4年制定）　同法は，通産省令で定める公告をすることにより，民法467条の確定日付のある証書による通知があったものとみなす規定を設けている（同法7条1項）。
　(4)　債務者に対する対抗要件と効力
　(a)　**債権譲渡における通知・承諾**　㈠　通知　AとCの間で債権譲渡が行われた場合には，譲渡人Aが債務者Bにその債権がCに譲渡された事実を通知し，またはBが承諾するのでなければ，譲受人CはBに対して債権の行使ができない（467条1項）。なお，通知は，意思表示ではなく「観念の通知」と解されている。
　通知は，必ずAからしなければならず，譲受人Cは，Aに代位して（423条）通知することはできない（大判昭和5年10月10日民集9巻948頁）。通知は，譲渡と同時または事後に行われなければならない。通知の時から，Bに対し対抗力を生ずる。
　㈡　承諾　承諾は，BがA・C間の債権譲渡の事実を認識したことを表明することである。条文では，承諾というが，Bが同意することとは異なる。承諾は，契約の申込みに対する承諾とは異なり，意思表示ではなく，譲渡の事実を知ったことを表示するだけの「観念の通知」である。
　承諾の相手方は，A・Cのいずれでもよい（大判昭和9年7月11日民集13巻1516頁）。これにより，Cはその譲渡をもってBに対抗できる。承諾については，債務者の利益の保護を考慮する必要がないから，譲渡前に承諾しても対抗力が生ずる。
　(b)　**通知・承諾の効力**　㈠　通知または承諾前においては，Bが譲渡の事実を知っていても，Cはこれに対抗できない。CがBに対して，訴えを提起し

てもそれは不適法である。Cは，その債権をもって，差押や破産申立，抵当権実行などをすることもできない。CがBに対して請求しても，時効中断の効力もない。

　(ロ)　AがCへの債権譲渡をBに通知しただけの場合は，Bはその通知を受けるまでにAに対抗できた事由をもって，Cに対抗できる（468条2項）。

　債権譲渡は，Bの意思に関係なく行われ，しかもAの通知によって対抗要件を備える場合には，Bの意思が介入する余地がまったくない。その場合にも，BがAに対抗できた事由をA・C間の合意のみで奪われるとすると，Bの利益を不当に害することになる。そのため，本項が規定されているのである。

　そこで，本項の要件のもとで，BがAに債権の不成立，取消・解除・弁済による債権消滅，同時履行の抗弁権などを主張できる場合には，Cに対抗できる。通知前にBがAに対して有する反対債権と譲渡債権の間に相殺適状が生じていれば，Cに対して相殺できる。通知後でも反対債権の弁済期が先にきた場合には，相殺により対抗できると解される。

　(c)　異議をとどめた承諾・異議をとどめない承諾　　債務者Bの承諾には，異議をとどめたものと，とどめないもの（無留保承諾）がある。

　(イ)　Bが異議をとどめて承諾したときは，Bはその異議をCに対抗できる。

　(ロ)　Bが異議をとどめないで承諾したときは，BはAに，契約の取消や無効による債権の不成立，弁済などによる債権消滅などの対抗できた事由があっても，それをCに対抗できない（468条1項本文）。もちろん，この場合でもAに弁済したものはAから取り戻せるなど，自分が受けた不利益をAとの間で決済できる（468条1項但書参照）。

　条文では，たんに「譲受人」と規定しており，善意・悪意を問題としないようにみられるが，判例は，Cが悪意の場合にはBは対抗できるとしている（最判昭和42年10月27日民集21巻8号2161頁）。Cが悪意の場合にまで，Cを保護しBに不利益を生じさせるのは適当ではないから，判例の態度が妥当である。

　民法が，異議をとどめない承諾について対抗を制限したのは，Cを保護し債権譲渡の安全性を高め，債権の融通性を増大させるのが目的である。したがって，異議をとどめない承諾は，債権譲渡は債権の同一性を失わせずに移転するものだという原則の例外となる。

(ハ) Aに弁済したため消滅した抵当権つき債権がCに譲渡され，Bが異議をとどめない承諾をしたためにその債権が復活した場合，抵当権も復活するかが問題となる。判例は，物上保証人のように抵当不動産が第三者の所有に属する場合や，後順位抵当権者がある場合には，これらの者に対する関係では復活しないとする（大決昭和8年8月18日民集12巻2105頁）。判例の態度は，消滅に関し正当な利益をもつ第三者が不測の損害を受けることを防ごうとする趣旨である。したがって，債務者Bについては，債権の消滅を対抗できない者は抵当権の消滅を主張できないから，抵当権が復活すると解される。

(5) 債務者以外の第三者に対する対抗要件

(a) 対抗要件としての確定日付ある証書　債務者以外の第三者に対する対抗要件は，内容証明郵便など「確定日付ある証書」（民法施行法5条）による通知または承諾である。これによる通知または承諾がなされなければ，譲受人Cは，債務者B以外の第三者に債権の取得を主張できない（467条2項）。

確定日付のないたんなる通知または承諾は，つぎのような問題を生ずる。たとえば，債権がAからCとDに二重に譲渡された場合を考えてみる。実際にはAはCに6月1日に譲渡し，Dには6月5日に譲渡したとする。このとき，A・B・Dが通謀して，Dへの譲渡が5月30日に行われ，その通知も同日にされたような虚偽の書類を作成すると，Cへの債権譲渡は，効力を生じないことになる。民法は，このような債権譲渡の通知の日付に関する不正を防止するために，確定日付ある証書を要するとしているのである。

(b) 債務者以外の「第三者」とは　「第三者」とは，債権の二重の譲受人や債権を差し押さえたAの債権者のように，譲渡された債権について，互いに両立できない法律上の地位を有する者をいう。これ以外の第三者には，Cは確定日付のある証書がなくても，債権取得を主張できる。

(イ) 第三者とは解されない場合　たとえば，Bの他の一般債権者たちは，AからCへの譲渡の際に確定日付のある証書によって通知・承諾がなされていないことを理由に，Cの債権行使を拒否できない（大判大正8年6月30日民録25輯1192頁）。また，不法行為者，譲渡人の保証人，譲渡債権を被担保債権とする抵当権の目的たる不動産の第三取得者は，第三者ではないと解される。

(ロ) 第三者と解される場合　判例は，譲渡された債権の質権者（大判大正

8年8月25日民録25輯1513頁），譲渡人の債権者であって，譲渡された債権について転付命令を得た債権者（大判昭和7年5月24日民集11巻1021頁），債権が二重に譲渡されたときの第二の譲受人（大判昭和11年7月11日民集15巻1383頁）などを，第三者にあたるとする。このうち，もっとも問題となるのが，債権が二重に譲渡された場合である。

　(c)　債権が二重に譲渡されたとき　　(イ)　AからCに債権が譲渡され，普通の手紙で通知をしたあと，同一の債権についてAからDに債権が譲渡され，確定日付ある証書で通知をしたときは，CはDに対抗することはできず，Dが唯一の債権者となる（大連判大正8年3月28日民録25輯441頁）。しかし，Dへの譲渡についての通知のある前に，Cがすでに弁済を受けるなどの事由によって債権が消滅してしまったときは，Dが確定日付ある証書によって通知を受けても，Dはすでに消滅している債権を譲り受けたことになり，Cに優先できない（大判昭和7年12月6日民集11巻2414頁）。

　(ロ)　それでは，C，Dに対して，いずれも確定日付ある証書によって通知・承諾がなされている場合の優劣はなにを基準に決定されるだろうか。判例は，確定日付のある証書の日付の先後関係ではなく，確定日付のある証書による通知が，債務者に到達した日時，または，確定日付のある債務者の承諾の日時の先後で決めるとしている（最判昭和49年3月7日民集28巻2号174頁）。

　(ハ)　通知が，同時にBに到達したときはどうなるだろうか。判例は，C，DともにBに対して譲受債権の全額の弁済請求ができ，BはC，Dいずれかに対する弁済その他の債務消滅事由がないかぎり，他に同順位の譲受人がいることを理由として弁済を拒否できないとする（最判昭和55年1月11日民集34巻1号42頁）。

　(ニ)　同一の債権について，差押通知と確定日付のある譲渡通知との第三債務者への到達の先後関係が不明である場合，差押債権者と債権譲受人は，互いに自分が優先的地位にあることを主張できない。この場合，第三債務者が供託した金額があれば，各自の債権額に応じた分割請求ができる（最判平成5年3月30日民集47巻4号3334頁）。

　(d)　強行規定　　民法467条2項は，債権譲渡の安全をはかるための強行規定であり，これと異なった特約は無効である。1項が強行規定であるかどうか

については争いがあるが，判例は，通知不要の特約を無効とし，1項を強行規定と理解している（大判大正10年2月9日民録27輯244頁）。
 (6) 債権譲渡の効果
 ① 債権譲渡は，原則として同一性を失わずに債権が移転する。
 ② 無留保承諾の場合でなければ，いっさの抗弁権が随伴する。
 ③ 利息債権や保証債務，担保物権など，債権に従たる権利も移転する。
 ④ ただし，解除権は，契約当事者たる地位に専属すると解されており，契約によって生じた債権だけを譲り受けた者は解除できないと考えられる。

3 証券的債権の譲渡
 (1) 証券的債権とは
 債権の成立や存続，譲渡，行使，弁済などが原則として証券によって行われるような，証券化した債権を「証券的債権」という。これには，つぎのようなものがある。
 (a) 指図債権　手形・貨物引換証・倉庫証券・船荷証券・記名株式のように，証券によって示され，特定の人またはその指図した人に支払われる債権を，指図債権という。
 (b) 無記名債権　デパートの商品券・鉄道の乗車券・入場券・観覧券などのように，証券によって示され，なんら債権者を特定しないで，その正当な所持人に支払われる債権を，無記名債権という。
 (c) 記名式所持人払債権　小切手などでしばしば使われるように，証券によって示され，特定の人またはその証券の正当な所持人に支払われる債権を，記名式所持人払債権という。しかし，(a)～(c)の証券的債権に対しては，商法（517条～519条），その他の特別法が適用され，民法の規定の意義はあまりないので，各規定について簡単に説明するにとどめる。
 (2) 指図債権の譲渡
 (a) 指図債権の譲渡と対抗要件　指図債権は，民法によれば，意思表示のみによって譲渡の効果が生じ，裏書・交付がその対抗要件である（469条）。
 これに対して，商法では裏書・交付が譲渡の効力要件である。つまり，AからCに債権を譲渡する旨を証券面に記載し（裏書），この証券の占有をCに移

転（交付）することにより譲渡が成立するとしている。

　指図債権は，証券の作成により成立し，必ずその証券を提示して債権を行使するものであるから，証券と離れて存在しえない債権である。したがって，その譲渡についても，商法のように証券を中心として理論構成すべきであろう。そこで，指図債権について，民法の規定は現実的ではなく，その適用の余地はほとんど存在しない。

　(b) 債務者・一般第三者の保護　　指図債権は，証券の移転により転々と譲渡されるので，債務者や譲渡を受ける一般第三者の保護が必要となる。一般第三者の保護が強まれば，それだけ債権の流通性が増大することになる。また，債務者も流通性のもとに犠牲になってはならないであろう。

　(イ) 債務者保護　　指図債権がA→C→D→Eと譲渡された旨が証券面に記載され，Eが証券を所持して債務者Bに支払いを求めた場合，BはA・C・D・Eが本当に譲渡に関係したかどうかは，簡単に知ることはできないであろう。また，Eが真実の所持人であるかさえ，決して明確ではない。このような場合に，BがEに弁済をしたところ，実は虚偽の債権者であったとすると，Bは債権者ではない者に支払ったことになり，真実の債権者から重ねて弁済を請求される可能性がある。これは，Bにとってあまりに不利益である。そこで，民法は，Bに対して，証券面にあるA・C・D・Eらの署名や印鑑の真偽，所持人の真偽を調査する権利があるとしている（470条）。この場合，Bは，調査権はあるが調査義務を負わないと解されている。

　調査権が認められるということは，調査のために必要な時間だけ弁済が遅れても債務不履行にはならないことであり，義務がないということは，調査しないで支払っても支払いは有効とする，ということである。

　(ロ) 一般第三者保護　　債権がA→C→D→Eと移転する間に，Cが一部の弁済を受けたとしても，D・Eはこれを調査することは難しいし，また調査しなければならないとすると，指図債権を簡単に譲り受けるわけにはいかなくなる。そこで，民法は，指図債権の譲受人は，知らない以上は，証券面に記載されていない事由はどのようなものでもこれをもって対抗できないものとしている（472条）。

　無権利者からEが指図債権を譲り受けた場合に関しては，民法に規定がない。

商法では，有価証券として手形と同様の公信力が認められている（商519条，手16条，小21条）。したがって，Eは，悪意または重過失がないかぎり，権利を取得できることになる。

(3) 無記名債権の譲渡

(a) 無記名債権の譲渡と対抗要件　民法では，無記名債権は動産とみなされる（86条3項）。したがって，当事者間の意思表示（譲渡契約）によって譲渡され，証券の引渡によって対抗力を生ずる（178条）。しかし，民法のこの考え方は，有価証券の本質に適しないものであることは，指図債権の場合と同じである。

(b) 債務者・一般第三者の保護　無記名債権の場合でも，債務者および一般第三者を保護すべき必要があることは，指図債権と同じである。

(イ) 債務者の保護　無記名債権の証券の所持人は，一般に債権の準占有者とみられるから債務者が善意で弁済すれば，その弁済は有効である（478条）。

(ロ) 一般第三者の保護　譲受人が債務者の抗弁権を免れることは，明文の規定がある（473条による472条の準用）。

公信力については，無記名債権が動産とみなされる結果，民法192条以下の規定によって保護される。しかし，商法による公信力の保護がより強大であるから，無記名債権であって商法519条に該当するものは，小切手法21条の適用を受ける。そこで，無記名の商品切手などは，盗難や遺失した場合でも，善意の取得者からの返還を請求できないことになる。

(4) 記名式所持人払債権の譲渡

記名式所持人払債権は，無記名債権の変形であると考えられる。商法では，無記名式の場合と全く同様に規定している（商法519条，小切手5条2項）。民法は，指図債権の債務者の弁済を保護するための470条を準用している（471条）。

要するに，記名式所持人払債権は，当事者間の意思表示によって譲渡され，証券の交付が対抗要件となる。そして，債務者や譲受人の保護のために，無記名債権の規定が準用される。

(5) 免責証券

記名式所持人払債権と区別しなければならないものに「免責証券」がある。免責証券は，ホテルの携帯品預証，鉄道の手荷物引換証，劇場の下足札などを

いい，特定人が一定の債権を有することを証明するために利用されるものである。

たとえば，真の債権者ではないが，ホテルの携帯品預かり証をもった者に対して，ホテルのクローク担当者が預かっていた携帯品を渡すなどのように，免責証券の所持人に弁済すれば債務者が責任を免れる趣旨を含んでいる。

免責証券は，一般に証券を提示している者の真偽を知ることがむずかしく，かつ債務者にこれを調査させることは不便であり，不当であるという場合に発行されるものである。これは債権の譲渡を安全にし，その譲渡性を増加させようとするものではない。また，債権は証券に化現するものではなく，指名債権の変形である。したがって，その行使には，必ずしも証券を必要とせず，その証券を失くしても，他の有価証券のように公示催告を要するものでもないので，記名式所持人払債権の法理は適用がないと解される。

債務者が証券の所持人に善意で支払えば弁済が有効になるのは，直接に免責証券の性質から生ずる効果である。

第3節　債務の引受

1　債務引受の意義

Aに対するBの債務が同一性を失わずに契約によってCに移転し，これによりBが債務を免れ，新債務者Cがこれに代わって完全に同一債務の債務者になることを，債務引受または免責的債務引受という。

要するに，債権譲渡が債権者の変更であるのに対し，債務引受は，給付の同一性を失わないで債務者が変更する制度である。

民法は債務の引受について何ら規定をおいていない。これは，債務引受がA・B・C全員の契約によったとしても，A・B間の債務は，Bという債務者個人が変更されれば，もはやその同一性が失われ，A・C間の債務は同一ではありえないとの認識が強かった影響と考えられる。しかし，債権関係は特定人の間の法鎖ではなく，1つの財産関係であるとみる現在の見解からすると，債権者Aの人格がその債権の要素ではないのと同様に，債務者Bの人格もその債務の要素ではないとみることができる。

債権譲渡は，債務者の意思に関係なく新旧債権者の契約によって効力を生ず

るが，債務引受は，B・C間の引受契約だけで引受の効果を生じさせることができない。債務は債務者の財産状態によってその経済的価値が違ってくるので，Aの意思を無視するわけにはいかないからである。

2　債務引受契約
(1)　債務引受契約の要件
(a)　債務の移転性（債務の内容が債務者以外の者でも実現できるものであること）　債務引受契約がなされるためには，債務が移転を許す性質のものでなければならない。債権譲渡において譲渡性が問題となるように，債務引受では，債務が他の者によっても履行できるものでなければならない。

金銭や種類物の交付を目的とする債務は，一般に譲渡が可能であるが，債務者個人に着目した債務には移転の不可能なものが多い。たとえば，肖像画を描くA画家の債務は，B画家に移転するわけにはいかないであろう。

(b)　関係者の間で債務引受の合意があること　債務引受契約は，誰を当事者として成立するのか問題となる。

①　債務引受契約は，A・B・Cを契約当事者とする3人で契約できることに異論はない。

②　債務引受契約は，A（債権者）とC（新債務者）の間でもできる。しかし，この場合は，B（債務者）の意思に反しないことを要する（大判大正10年5月9日民録27輯899頁）。これは，第三者の弁済（474条2項）や債務者の交替による更改（514条但書）においても，債務者の意思に反してはできないのだから，これとの均衡上，Bの意思に反することはできないと解されるのである。

③　債務引受契約は，B・C間でできるかが問題である。従来の判例（大判大正14年12月15日民集4巻710頁）・学説は，Aは債務者が誰かにより大きな影響を受けるとして，これを否定してきた。しかし，Aの関心は，Aの債権の確実性であるから，これが確保できれば，Aを必ず契約の当事者とする必要はないとも考えられる。そこで，通説は，引受契約はB・C間の契約により成立し，Aの承認を条件として遡及的に効力を生ずると解するにいたっている。

判例では，賃貸借の目的となっている土地の所有者が，その所有権とともに賃貸人としての地位を他に譲渡することは，賃貸人の義務の移転もともなうが，

借地人の同意なしに新旧所有者間の契約ですることができるとするものがある（最判昭和46年4月23日民集25巻3号388頁）。

（3）　債務引受契約の効果

①　債務引受契約により，Bは債務を免れる。

②　契約当事者間に特約がないかぎり，Cは原則としてBの有した抗弁権を主張できる。免責的債務引受は，同一性を失わない移転だから，債務の成立や存続，履行に関する抗弁権はCが承継する。利息債権のように従たる債権については，すでに具体化しているもの以外は移転する。

③　担保物権や保証債務については問題である。これらは，債務者の資力いかんに重大な関係をもつから，設定者の同意がないかぎり，Cのために移転するものではないと解される（最判昭和37年7月20日民集16巻8号1605頁）。

第4節　併存的債務引受，履行引受

1　併存的債務引受

（1）　併存的債務引受の意義

債務引受に類似するが，これと異なるものに併存的債務引受がある。旧債務者Bが依然として債務を負担し，引受人Cがこれに加わってさらに債務者となり，BとCが並んで同一内容の債務を負担するものを，併存的債務引受という（重畳的債務引受，添加的債務引受ともいう）。

併存的債務引受は，CがBの保証人になるようなものであるから，保証に類似した人的担保として作用する。とくに，A・C間で契約される場合には，この性格が強くなる。

（2）　併存的債務引受契約の当事者

①　併存的債務引受契約は，A・B・Cの契約で行うことができるのに異論はない。

②　A・C間の契約で行うこともできる。この場合は，保証に類似した性格となる。また，旧債務者Bの意思に反しても有効になしうる（大判昭和11年4月15日民集15巻781頁）。BとCは，この契約により不真正連帯債務者となり，この場合，保証と同様の作用を果たす。ただし，判例は，連帯債務者になると解

している（最判昭和41年12月20日民集20巻10号2139頁）。

③　B・C間の契約によるものは、履行引受（第三者のためにする契約）とも考えられる。

④　商法では、営業譲渡について、一定の条件のもとに譲渡人の債務について譲受人が当然に重畳的に債務を負担するとし、一定期間の経過があれば免責的債務引受と同じ効果が生ずるものとしている（商26条・28条・29条参照）。これは、新旧両債務者の間における債務引受を認めたものといえる。

（3）　併存的債務引受契約の効果

併存的債務引受の効果は、債務者Bが免責されないことを除けば、普通の債務引受に準じて考えればよい。

2　履行の引受

債務者Bと第三者Cの間で、CがBの債務を弁済することを約束する契約を「履行の引受」という。Cは、これにより第三者の弁済をする義務を負う。

もともと債務は、債務者以外の第三者も弁済できるから、第三者の弁済が可能な債務については、履行の引受も可能ということになる。しかしCはBに対して義務を負うのだから、Aに対しては直接何らの義務を負うものではない。

第5節　契約上の地位の譲渡

1　契約上の地位の譲渡の意義

AとBとの間で土地の売買契約を結んだが、買主のBはその権利・義務のすべてをCに転売したいとする。これを契約上の地位の譲渡、契約引受という。

この場合、Bは土地の引渡しを請求できるという点では債権者であり、Aに債務不履行があれば解除権を行使できるが、反対に売買代金支払に関してはBは債務者である。そこで、引渡債権は債権譲渡、解除権はその準用、代金債務は免責的債務引受と個別に把握し、それぞれ処理することが可能である（分解説）。しかし、当事者としては、権利・義務のすべてを一括して処理したいのだから、できればそれらをまとめて譲渡できれば便利である（一体説）。しかし、一体説をとったにしても、債権譲渡、債務引受の理論は重要である。

2　契約上の地位の譲渡の要件

(a)　**Aの承認・承諾**　　引渡債権は，B・Cの契約で譲渡でき，この場合，A（引渡債務者＝原契約相手方）に通知すればよい。Aは，同意・承諾の権利をもたない。代金債務の免責的引受となると，B・Cの契約でも可能だが，Aの承認・承諾が必要である。そこで，これらを一括してとらえるならば，債務の側面を重視しなければならず，Aの承認・承諾を要することとなる。

判例も，債務をともなう契約上の地位の譲渡契約は，債権者の承諾がなければ債権者に対して効力を生じないとしている（最判昭和30年9月29日民集9巻10号1472頁）。

(b)　**Aの承認・承諾のない場合**　　Aが同意，承諾をしない場合，免責的債務引受を併存的債務引受に転換させることにより，Aの同意を不要ないし軽減できると解する余地がある。この場合は，併存的契約引受，契約加入といわれる。

(c)　**三者の契約によることが必要である場合**　　雇用契約や委任契約のように，当事者その人が重視される契約では，三者の契約によることが必要である。

(d)　**賃貸不動産の売買**　　AがBから賃借している不動産を，BがCに売却した場合には，賃借権の対抗や所有権登記，賃貸人としての債務の引受などが問題となる。

判例は，賃貸不動産の場合，一般の債務引受とは別に，特段の事情のないかぎり，新所有者Cが旧所有者Bの賃貸人たる地位の譲渡を受けるには，Aの承諾を要しないとしている（前掲最判昭和46年4月23日）。この判決は，借地人から新所有者への債務の移転を争った事件であるが，旧所有者の賃貸人としての権利・義務を新所有者が承継するには，一般の債務引受の場合と異なって，賃借人の承諾を必要としないとしているのである。

3　契約上の地位の譲渡の効果

契約上の地位の譲渡があれば，契約関係にもとづく権利・義務は，取消権，解除権を含めすべて譲受人に移転する。Bは債務を免れるとみることができるが，その場合は原則として併存的債務引受の関係を生ずるとする有力説がある。

第10章　債権の消滅

第1節　序　　説

1　債権の消滅原因

　債権は，債権者が債務者に対して一定の給付を要求することを内容とする権利であるから，①債務の内容である給付が実現されれば，その目的を達して消滅する。たとえば，売買における買主の目的物引渡請求権は，売主から目的物が引き渡されることによって消滅し，また，金銭消費貸借における貸主の貸金請求権は，借主から借金の返済がなされることによって消滅するがごときである。もっとも，債権が消滅するのは，債務の内容たる給付が実現された場合のみに限られない。すなわち，②給付の実現が不能となった場合，あるいは，③給付を実現させる必要がなくなった場合にも，債権は消滅する。すなわち，前者の例として，売買目的物たる家屋が地震によって全壊したために，売主の家屋引渡債務がその責に帰すべからざる事由により履行不能となった場合（したがって，買主の引渡請求権も消滅する），また，後者の例として，金銭の貸主が借主に対して借金の返済を免除した場合，などである。

　ところで，わが民法は，債権の一般的消滅原因（＝債権に特有の消滅原因）として，弁済，代物弁済，供託，相殺，更改，免除，混同の七つを規定している（474条～520条）。これらの消滅原因については，本章で順次説明していくことになる。しかし，債権が消滅するのは，これらの消滅原因が存在する場合に限られるわけではない。上記の②の場合のほか，権利の一般的消滅原因によっても消滅する。すなわち，④消滅時効の完成（167条），権利の存続期限の到来などによる場合，⑤その債権を発生させた法律関係が消滅した場合——たとえば，法律行為の取消（121条），解除条件の成就（127条2項），終期の到来（135条2項），契約の解除（545条）・告知（617条）などにより——，さらには，⑥債

権の消滅を目的とする合意（合意解除，免除契約，相殺契約など）がなされた場合にも，債権は消滅する。

2 債権消滅原因の分類

前述したように，債権の消滅原因は，債権に特有の消滅原因と，債権以外の権利にも通じる一般的消滅原因とに大別される。ここでは，とくに前者について，原因事実の種類，および，原因事実の法的性質の相違という観点から，分類しておこう。

（1） 原因事実の種類による分類

(a) 目的の消滅による場合　まず，①目的の到達による消滅，がある。これが本来的な債権消滅原因であり，弁済がその典型である。代物弁済，供託，および相殺もこれに準ずるものとされる（ただし，相殺については，これを(b)に含める見解もある）。このほか，担保権の実行や強制執行もここに含まれよう。つぎに，②目的到達の不能による消滅，がある。債務者の責に帰すべからざる履行不能の場合が，これにあたる。

(b) 目的の消滅以外の理由　更改，免除および混同がこれに属する。

（2） 原因事実の法的性質による分類

(a) 法律行為　単独行為としての免除（債権者の一方的行為）および相殺（債務者の一方的行為）と，契約としての代物弁済および更改である。供託については見解が分かれるが，通説は第三者のためにする契約であるとする。

(b) 準法律行為　弁済（法的性質につき争いがあるが，通説は準法律行為と解する）。

(c) 事件　混同はまったくの事件である。

第2節　弁　　済

1　弁済の意義と性質

（1）　弁済の意義

弁済とは，たとえば，売買の目的物を引き渡すとか，借金を返済するなどのように，債務者（ないし第三者）が債務の内容である給付をその債務の本旨に

従って実現し，それによって債権が目的を達して消滅することをいう。弁済は，上の例のように積極的な行為（作為）による場合と，不作為（二階家を建てない，騒音をたてないなど）による場合とがある。なお，弁済と同様の意味で履行という用語が使われるが，弁済は，債権の消滅という効果（給付結果）に着目した表現であり，履行は，その実現過程（給付行為）に着目した表現である。また，金銭債務の弁済は，とくに支払ともいわれる。

ところで，弁済の定義に関連して，つぎのような学説の対立がある。すなわち，①債権は債務者に対して一定の給付行為を請求しうる権利であるから，債務者による給付の実現のみを弁済とみるべきであるとする見解，②債権の目的は給付実現の結果の獲得にあるから，弁済としての給付の実現は必ずしも債務者によることを要しないとして，第三者の弁済も弁済と解する見解，さらには，③強制執行や担保権の実行による債権の満足をも弁済概念に含める見解，である。近時の学説では①説をとるものはあまりみられず，②説と③説に分かれるが，いずれが多数説ともいいがたい。

（2） 弁済の法的性質

弁済の法的性質については，以下のような学説・判例上の争いがある。これらの見解の相違は，主として，弁済が成立するためには，弁済意思つまり債務の消滅に向けられた効果意思（およびその表示）を必要とすると解すべきか否か，という点にある。

(a) 法律行為説　　弁済が成立するためには弁済意思が必要だとする見解。これは，さらに，①契約説（弁済者の弁済意思とともに，債権者の弁済受領意思をも必要とする），②単独行為説（弁済者の弁済意思のみを必要とする），および，③単独行為または契約説（給付が債権者の受領を要するときは契約であり，そうでないときは単独行為である），に分かれる。いずれの見解も，給付の内容が不作為や事実行為（肖像画を描くとか，一定の労務をなすなど）である場合，あるいは，無能力者が弁済として事実行為をなした場合においては，その法的処理に不適切であると批判されている。今日，これらの法律行為説をとる学説はみられない。

(b) 折衷説　　給付行為が法律行為であれば弁済も法律行為となり，給付行為が事実行為であれば弁済も事実行為であるとする見解。この見解に対しては，

給付が法律行為であるからといって弁済の成立にとって弁済意思が必要とされない場合があること（たとえば，財団法人の設立行為など），また，そもそも弁済とその手段たる給付行為とを混同している，との批判がなされている。

(c) 非法律行為説　弁済と給付行為とを明確に峻別したうえで，弁済はいかなる場合でも弁済意思を必要とせず，したがって弁済はつねに法律行為ではない（かりに給付行為が法律行為であっても，債権が消滅するのは給付者の効果意思によるのではなく，債務内容の実現による），とする見解。これは，さらに，①準法律行為説（弁済における給付内容が単なる事実であるときはともかく，何らかの行為であるときは，それは法律行為に準ずる），②事実行為説（弁済を給付行為から区別して一律に法律上の行為と解するならば，それは事実行為と解するほかない），および，③折衷説，に分かれる。

今日では，非法律行為説とくに準法律行為説が，通説と目されている。なお，判例も右の通説と同様の立場をとっているようである（大判大正9年6月2日民録26輯839頁参照）。

（3）　弁済に関する民法の規定

前述したように，弁済の内容となる給付行為は法律行為であることもあり事実行為であることもあるが，いずれにしても弁済が有効であるためには，この給付行為が「債務ノ本旨」（415条参照）に従ったものであることを要する。「債務ノ本旨」に従うものであるか否かは，約定債務の場合には法律行為の内容に照らして決定されることになるが，それが不明確なときは，結局のところ当該法律行為の解釈問題となる。民法は，その解釈基準となりうべき事柄について，いくつかの補充規定を置いている。一〜三は，弁済の効力発生要件ともいうべきものであり，四〜六は，弁済の効果に関連するものである。

その一は，弁済の当事者——誰が弁済をなしうるか（弁済者），および，誰に対して弁済すべきか（弁済受領者）——に関する規定である。

その二は，弁済の内容——いつ，どこで，何を弁済すべきか（弁済の客体・場所・時期・費用）——に関する規定である。

その三は，弁済の提供——どの程度の履行行為をすれば弁済があったものとされるか——に関する規定である。

その四は，弁済の充当——同一の債権者・債務者間に多数の債権・債務が存

在する場合，当該の弁済はどの債権（債務）の弁済にあてられるか——に関する規定である。

その五は，弁済の証拠——弁済の事実は何によって証明されるか——に関する規定である。

その六は，弁済による代位（代位弁済）——債務者に代わって弁済した者の求償権はどのようにして確保されるか——に関する規定である。

以下では，上の配列に従って，順に説明していくことにする。

2 誰が弁済をなしうるか——弁済者

債権者は債務者に対してのみ給付を請求できるにすぎないから，弁済は本来的には債務者がなすべきである。しかし他方で，通常，債権者にとっては債権の満足を得ることに最大の関心があることも否定しえない事実であり，その意味では，誰によって債権の満足を得るかは二次的な問題だともいいうる。したがって，弁済者は必ずしも債務者に限られる必要はなく，債務者から弁済権限を与えられた者や，一定の第三者も，弁済者となりうる。

（1）債　務　者

債務者は，本来的な弁済者である。すなわち，債務者は弁済をなすべき義務を負うとともに，弁済をなしうべき権限を有する。不可分債務者・連帯債務者・保証人などが債務者に含まれることはいうまでもない。履行補助者による弁済（たとえば，賃借人の家族による賃料の支払など）は，債務者の弁済とみなされる。また，債務者本人が死亡したときは，相続につき単純承認（920条・921条）をした通常の場合を考えれば，債務を負担するのはその相続人である。しかし，給付行為が法律行為である場合において債務者が無能力者であるとき，あるいは，給付行為のために財産を処分する必要がある場合において破産宣告または遺言執行のために債務者の処分権限が制限されているときは，債務者といえども弁済をすることができない。

（2）弁済の権限を与えられた者

債務者の意思または法律の規定により弁済の権限を与えられた者——たとえば，代理人（法定または任意の）・財産管理人・破産管財人・法人の代表者など——が，弁済をなしうることは当然である。ただし，これらの者による弁済

は，(履行補助者による場合とは異なるものの) 法律的に独立した意味をもつわけではなく，債務者の弁済とみなされる。

(3) 第 三 者

(a) **第三者の弁済の意味** 第三者も原則として弁済をなしうる (474条1項本文)。ここに第三者の弁済とは，第三者が「自己の名において」，しかし「他人（債務者）の債務として」弁済すること，である。たとえば，Aから借金しているBの窮状をみかねて，友人CがBの債務を弁済するとか，あるいは，債務者Dのために自己の土地を担保として提供したE（物上保証人）が，Dが弁済できず土地が競売されてしまうのを防ぐためにDに代わって弁済するとか，である。

第三者が弁済するというのは，贈与契約または委任契約に基づくか，あるいは事務管理によるか，である。そして，そのいずれの場合であれ，第三者の弁済とは，前述のように，第三者が他人（債務者）の債務を自己の名においてなすもの，である。したがって，第三者が「自己の債務として」弁済するときは非債弁済（705条）となり，また，第三者が「債務者本人の名において」弁済するときは代理関係（無権代理）の問題となり，第三者の弁済とはならない。

ところで，債務の引受・履行の引受がなされた後の引受人による債務の履行は，第三者の弁済に類似するが，必ずしもこれに該当するわけではない。履行引受の場合は第三者の弁済にあたるとみてよかろうが，債務引受（ことに，狭義の意味での免責的債務引受）の場合は，引受人が自己の債務として弁済するのであるから，第三者の弁済ではない──ただし，その場合でも，債務者の交替を承認しない債権者との関係では，第三者の弁済に関する474条の適用を受けることになろう──。

なお，第三者がなしうるのは，本来の意味での弁済に限られるのではなく，代物弁済や供託もなしうる（本章第3節・第4節参照）。これに反して，第三者が債権者に対して有する債権をもって債務者の債務と相殺することは許されない，と一般に解されている（通説）。

(b) **第三者の弁済が許されない例外的場合** 民法は，第三者も弁済することができるとの原則を掲げつつも，他方で，かなり広い範囲でこれを制限する例外的場合を定めている。

第一は，債務の性質が第三者の弁済を許さないとき（474条1項但書前段），すなわち，債務が一身専属的給付を目的とする場合，である。一身専属的給付とは，債務者の人的要素（人柄ないし知名度や，技能ないし熟練度など）に重きをおく給付のことを意味する。そして，これには，①名優の演技や著名な学者の講演などのように，債務者自身でなければ絶対に債務内容を実現できないもの（絶対的一身専属的給付）と，②労務者の労務や受寄者の保管のように，債権者の同意があれば第三者でもできるもの（相対的一身専属的給付）とがある。このいずれの場合でも，第三者が任意に弁済することは許されない。

　第二は，当事者が反対の意思表示をしたとき（474条1項但書後段），である。契約または単独行為によって生じた債務については，当事者は——契約の場合は特約によって，単独行為の場合は一方的意思表示によって——第三者の弁済を禁ずることができる。この場合には，第三者が弁済することは許されない。なお，この意思表示は，必ずしも債権発生と同時でなくてもよく，第三者の弁済がなされる以前になされておればよい（大判昭和7年8月10日新聞3456号9頁）。

　第三は，利害関係のない第三者が債務者の意思に反して弁済するとき（474条2項），である。まず，「利害関係のない第三者」とは，自ら弁済して債務を消滅させることにつき法律上の利益を有しない第三者，をいう。たとえば，債務者の家族や友人などであり，これらの（事実上の利害関係人にすぎない）第三者は，債務者の意思に反して弁済することはできない。判例は，債務者と第三者の妻同士が姉妹であっても，その第三者が弁済をなすことについて利害関係はないとし（大判昭和14年10月13日民集18巻1165頁），また，債務者会社の第二会社的立場にあるからといって，それだけでは弁済につき法的利害関係を有する第三者とはいえないとする（最判昭和39年4月21日民集18巻4号565頁）。つぎに，「債務者の意思に反して」とは，第三者の弁済時点において債務者の意思に反することを意味し，かつ，あらかじめその意思を表示したことは必要でなく，諸般の事情から反対の意思が認定されればよい，とするのが通説・判例（大判大正6年10月18日民録23輯1662頁）である。以上に対して，「利害関係を有する第三者」の例としては，物上保証人，担保不動産の第三取得者，あるいは，同一不動産の後順位抵当権者，などが挙げられる。これらの第三者は，債務者の意

思にかかわりなく弁済をすることができる。なお，判例は，借地上の建物賃借人はその敷地の地代弁済につき利害関係を有する，と判示する（最判昭和63年7月1日判時1287号63頁）。

(c) 第三者の弁済の効果　　第三者の弁済が原則として許される以上，その提供は債務者の弁済提供の場合と同様の効果を生ずるし，債権者が正当な理由なくこれを受領しなければ債務者に対して受領遅滞となる。第三者の弁済を債権者が受領すれば，弁済としての効果が生ずる。すなわち，A（債権者）のB（債務者）に対する債権は第三者Cの弁済によって消滅し，BはAに対する債務を免れることになる。また，債務者Bと第三者Cの関係についていえば，CがBに対して贈与する意思をもって弁済したのでないかぎり，両者間には求償の関係が生じる。そして，Bに対するCの求償権を確実にするために，（弁済によって消滅すべきであった）債権・担保権などはすべてCに移転する——すなわち，弁済による代位の問題を生ずる——。その意味で，第三者の弁済は，債権の絶対的消滅を生じさせるのではなく，相対的消滅という効果を生じさせるにすぎない。

3　誰に対して弁済すべきか——弁済受領者

弁済はそれが受領されて完了する（つまり，弁済の受領によって債権が消滅する）わけであるが，この弁済を有効に受領できる者を，弁済受領者という。債権を有するのは債権者であるから，弁済受領者は原則として債権者である。しかし，債権者であっても弁済受領権限を制限されている場合があり，逆に，債権者でない者が弁済受領権限を有する場合や，そのようなものとして法的に処理しなければならない場合，もある。

(1) 債 権 者

債権者は，原則的な弁済受領者である。しかし，つぎの場合には受領権限がないものとされる。　第一は，債権を差し押さえられた場合，である。たとえば，A（債権者）がB（第三債務者）に代金債権を有する場合において，Aの貸金債権者であるC（差押債権者）がAの債権を差し押さえたときは，AはBから弁済を受けることはできない（民事執行法145条1項）。もしもBがAに弁済したときは，Cは，その受けた損害の限度でさらに自己に弁済すべきことを

Bに請求できる（481条1項）。その結果，Bが二重に弁済したときは，BはAに対して求償権を行使することができる（481条2項）。ただし，債権差押後の弁済につき481条1項が適用されないとされた特殊な事例がある。すなわち，B（第三債務者）が債権仮差押命令の送達を受ける前にA（債権者）に対して債務支払いのために小切手を振り出していた場合には，右送達後にその小切手が支払われたとしても，Bは，Aへの弁済をC（差押債権者）に対抗できる，とされている（最判昭和49年10月24日民集28巻7号1504頁）。また，差押などが競合する場合の481条1項の適用に関するものとして，つぎの判例がある。すなわち，A（債権者）のB（第三債務者）に対する債権についてC（第一差押債権者）が仮差押命令を得た後に，さらにD（第二差押債権者）が差押取立権を得てBから全額の弁済を受けた場合には，Cは配当加入して満足を受けるべきであり，その後差押取立権を得ても481条1項は適用されず，Bに対してさらに弁済請求できないとされている（最判昭和40年7月9日民集19巻5号1178頁）。

　第二は，破産宣告を受けた場合，である。この場合には，債権者は債権を取り立てることはできず，債務者は破産管財人に対して弁済すべきものとされる（破7条・56条）。

　第三は，債権を質入れした場合，である。指名債権を質入れした場合において，第三債務者がその通知を受けまたは承諾を与えたときは，第三債務者からの債権者に対する弁済は質権者に対抗できなくなり，取立権は質権者に属することになる（364条・367条）。

　第四は，無能力者である場合，である。弁済を受領するためには必ずしも受領者に行為能力あることを要しないが，給付行為が法律行為である場合には，無能力を理由に取り消され，弁済の効果が失われることがある（4条など参照）。

　（2）　弁済受領の権限を与えられた者

　債権者からあるいは法律の規定によって受領権限を与えられた者，である。すなわち，①債権者の代理人，および，②（取立）受任者は，債権者と並んで受領権を有する。③破産管財人（破7条），④債権質権者（367条），および，⑤差押債権者（民執155条）は，専属的に受領権を有する。このほか，⑥債権者代位権の行使者（423条）も，受領権を有する。

(3) 表見受領権者

(a) 債権の準占有者　債権の準占有者に対してなした弁済は，弁済者が善意であるときは有効とされる（478条）。　(イ) まず，「債権の準占有者」とは，本来的には，自己のためにする意思をもって債権を行使する者をいうが（205条参照），478条にいう債権の準占有者とは，債権者ではないのに取引通念上債権者であると信じさせるような外観を有する者を指す，というのが通説・判例（大判昭和2年6月22日民集6巻408頁，大判昭和9年5月14日民集13巻696頁）である。また，債権証書を占有していること，あるいは，債権を利用する行為を継続していることは必ずしも必要でない，と一般に解されている。

(ロ) 債権の準占有者への弁済が有効とされる理由は，つぎの点にある。すなわち，債務の弁済は日常的に頻繁に行われており，これを敏速かつ簡便に処理するためには，いちいち受領者について受領権限の有無を調査させることは不適切である。そこで，弁済が受領者に受領権限があると信じてもよいような事情のもとでなされた場合には，債権者の利益を犠牲にして，弁済者の信頼を保護すべきことが要請されるからである。

(ハ) 判例上，債権の準占有者とされる例を挙げると，つぎのごとくである。すなわち，①債権譲渡行為が無効または取り消された場合の債権の事実上の譲受人（大判大正7年12月7日民録24輯2310頁），②表見相続人——嫡出子として届出がなされたために戸籍上相続人となっている他人の子（大判昭和15年5月29日民集19巻903頁），③無記名債権証書（入場券・乗車券など）の所持人，④預金証書等の債権証書と印章を所持する者（大判昭和16年6月20日民集20巻921頁）や，期限前払戻の商慣習がある場合の定期預金証書の所持人（最判昭和41年10月4日民集20巻8号1565頁），⑤無効な転付命令・取立命令を取得した者（大判大正2年4月12日民録19輯224頁，大判昭和12年10月18日民集16巻1525頁など），⑥偽造受取証書の持参人（前掲大判昭和2年6月22日），および，⑦窃取された預金通帳と印鑑の持参人（最判昭和42年12月21日民集21巻10号2613頁），などである。さらに，近時の判例によれば，預金証書の所持人にその預金債権と相殺する予定で貸付を行った場合や，それを総合口座取引において貸越の形で行った場合にも，478条の類推適用がありうると解されている（最判昭和48年3月27日民集27巻2号376頁，最判昭和59年2月23日民集38巻3号445頁，最判昭和63年10月13日

判時1295号57頁)。なお，478条の適用にさいして，債権の準占有者は，自ら債権者であると称して受領する場合のみに限定されるか，それとも，債権者の代理人と称して受領する場合でもよいか，が問題となるが，通説・判例(最判昭和37年8月21日民集16巻9号1809頁，最判平成9年4月24日民集51巻4号1991頁)は，これを肯定する。

(ニ) 債権の準占有者に対する弁済が有効であるためには，弁済者が善意でなければならないことは法文上明らかだが(478条参照)，さらに無過失であることを必要とするか。無責の債権者の犠牲において有過失の弁済者を保護するのは妥当でないこと，および，受取証書持参人への弁済に関する480条(弁済者の善意・無過失を要件とする)との均衡から，無過失であることを要すると解するのが，通説・判例(前掲最判昭和37年8月21日，前掲最判昭和41年10月4日，前掲最判昭和42年12月21日，最判昭和61年4月11日民集40巻3号558頁)である。

(ホ) 債権の準占有者への弁済が有効であるときは，債権は消滅し，債務者は債務を免れる。この効果は確定的なものと解されているから，真正の債権者は債務者に対して，債務の履行を求めることも損害賠償を請求することもできない。また，弁済者は受領者(準占有者)に対して，弁済したものにつき(非債弁済として)返還請求することはできないことになり，真正の債権者だけが受領者に対して不当利得の返還請求権を取得することになる。なお，受領者に故意または過失があり債権者が損害を被ったときは，債権者は受領者に対して，債権侵害を理由に不法行為に基づく損害賠償を請求しうる。これに対して，準占有者に対する弁済が無効とされた場合において，①弁済者が悪意であれば，弁済者は受領者に対して，悪意の非債弁済として返還請求はもちろん(705条)，損害賠償を請求することもできないが(117条参照)，②弁済者の過失によって無効とされたときは，返還請求を妨げない。

(b) 受取証書の持参人　受取証書(＝債務の弁済を受けたことを証明する書面であり，名称は受領証でも領収書でもよい)の持参人は，弁済受領権限があるものとみなされる(480条本文)。すなわち，受取証書を持参して債務の弁済を求める者は，弁済受領権を得たうえで受取証書を交付されたものと推定することができ，かつ，(弁済者において)弁済受領権を有するものと信ずべき正当な理由があると認められるからである。したがって，弁済者が受取証書の持

参人に受領権限のないことを知っていた(=悪意)か,過失によって知らなかった(=有過失)ときは,この者に対してなされた弁済は無効とされる(480条但書)。換言すれば,弁済が有効であるためには弁済者の善意・無過失が要件とされるが,これは消極要件であり,弁済者において立証する必要はない(弁済の無効を主張する者が立証責任を負担する)。なお,取引の安全および弁済者の保護を重視する学説は,偽造の受取証書であってもよいと解しているが,通説・判例(大判明治41年1月3日新聞479号8頁)は,真実の債権者の静的安全と調和させるために,受取証書は真正なものであることを要すると解している。

(c) 証券的債権証書の持参人　　指図債権証書(470条)や記名式所持人払債権証書(471条)などの証券的債権証書の所持人に対する弁済は,強く保護され,弁済者に悪意または重過失がない限り,有効とされる。これは,たんに表見受領権者に対する弁済の保護というだけでなく,証券的債権の有する特性に基づくものだとされている。

(4) 弁済受領権限のない者(無権限者)

弁済受領権限のない者に対してなされた弁済は,(3)で述べた場合を除いて,無効である。したがって,弁済者は,債権者に対する関係では債務を免れず,受領者(無権限者)に対して不当利得の返還を請求できることになる。しかし,無権限者への弁済によって債権者が利益を受けた場合(たとえば,無権限者が受領した給付の一部を債権者が取得したような場合)には,その限度で債権は目的を達して消滅したとみられるから,その限りにおいて弁済は効力を生じ,債務者は債務を免れる(479条)。この場合,弁済者は悪意であってもよい(大判昭和18年11月13日民集22巻1127頁)。また,債権者の受益は必ずしも直接的である必要はなく,弁済と因果関係のある利益を受ければ足りる。たとえば,無権限者が債務者から賃料を受領した場合において,その無権限者が債権者に対して有する賃料債権を免除したときは,無権限者に対する弁済はその限度で有効となる(大判大正3年5月18日民録20輯537頁)。

4　いつ,どこで,何を弁済すべきか──弁済の客体・場所・時期・費用

前述したように,弁済が有効であるためには,給付行為が「債務の本旨」に従ったものでなければならない(本節1(3)参照)。具体的には,弁済の客体

（目的物）・場所・時期・費用などにつき，それぞれが債務の本旨に適合しているかどうか，が決せられることになる。その判定基準となるのは，契約であればまず当事者の合意内容であり，ついで取引慣行ということになるが，これらによっても決せられない場合にそなえて，民法はいくつかの補充規定を置いている。

（1） 弁済の客体

(a) 特定物の引渡　給付内容が特定物の引渡であるときは，弁済者は，その引渡をなすべき時の現状でその物を引き渡さなければならない（483条）。換言すれば，債権成立時から履行期までの間に目的物の性状にどのような変化（たとえば，一部滅失・毀損など）が生じようとも，履行期日の現状でその目的物を引き渡すことを要し，かつ，それによって履行義務はつくされたことになる。給付の目的物が特定しているときは，代物をもって代えることができないからである。ただし，当該の性状変化が債務者の善管注意義務違反（400条参照）に基づくときは，債務不履行による損害賠償義務を負うことになる。なお，双務・有償契約における特定物引渡債務ついては，ほかに危険負担および瑕疵担保責任の問題が生じうるが，それは別問題である。

(b) 他人の物の引渡　弁済者が他人の物を引き渡したときは，さらに有効な弁済をするのでなければ，その物を取り戻すことができない（475条）。本来は，処分権のない他人の物を引き渡しても無効なはずであるが，民法は，さらに有効な弁済をなすべきことを促進するために弁済者の取戻を制限するとともに，その反面，弁済者がさらに有効な弁済をしたときは，とくに取戻請求権を与えることにしたのである。本条は，さらに有効な弁済をすることができる場合に適用されるのであるから，不特定物についてのみ適用されることに注意すべきである。なお，他人の動産の引渡を受けた債権者について即時取得（192条）が認められるときは，債権は目的を達して消滅することになり，本条が適用される余地はない。

債権者が弁済として受領した他人の物を善意で消費し，または譲渡したときは，その弁済は有効とされ（477条本文），したがって，債権は消滅する。しかし，このこと（弁済有効⇒債権消滅）は，債権者と弁済者間の問題であって，真の所有者の所有権が否定されることを意味するわけではない。真の所有者は，

債権者に対して，所有権に基づく返還請求または不当利得返還請求をすることができる。そこで，もし，債権者が所有者からの損害賠償請求・不当利得返還請求を受けてそれに応じたときは，債権者は，弁済者に対して求償することができる（477条但書）。

　(c) 譲渡無能力者による引渡　　譲渡能力のない所有者が弁済として物の引渡をなした場合において，その弁済を取り消したときは，その所有者は，さらに有効な弁済をするのでなければ，その物を取り戻すことができない（476条）。未成年者などの制限能力者は譲渡能力がないから，その者が自分の所有物を弁済として引き渡したときは，制限能力者本人またはその法定代理人などがその給付行為を取り消して，引き渡した物の取戻を請求できるはずである（4条・9条・12条参照）が，本条は，債権者を保護する必要から，取戻請求権に対して制限を加えたのである。ただし，債権者が弁済として受領した物を善意で消費し，または譲渡したときは，その弁済は有効とされる（477条本文）。なお，弁済の前提となる債務の発生原因である法律行為そのものが法定代理人などの同意がなかったために取り消されたときは，債務がはじめから発生しなかったのであるから，476条は適用されず，非債弁済の問題となる。

　(2) 弁済の場所

　弁済の場所（債務の履行をなすべき場所）は，当事者間の合意や取引慣行によって決められるのが一般だが，民法は，つぎのような補充規定を置いている。

　(a) 特定物の引渡　　特定物の引渡（たとえば，家屋とか中古商品などの引渡）を目的とする債務は，債権発生の当時その物が存在した場所において弁済すべきである（484条前段）。ただし，この債務が履行不能によって損害賠償債務となったときは，つぎの(b)の原則に従うことになる。

　(b) 特定物引渡以外の場合　　特定物の引渡以外の給付（たとえば，ビール1ダースの引渡とか，100万円という金銭債務の支払など）を目的とする債務は，債権者の現時の住所において弁済しなければならない（484条後段）。いわゆる持参債務の原則を定めたものである。「現時の住所」とは，債務成立または履行期における住所ではなく，現実に弁済する時の住所である。したがって，弁済する前に債権者が住所を変更した場合にはその新住所が，また債権が譲渡された場合には譲受人（新債権者）の住所が，弁済の場所となる（大判大正7

年2月12日民録24輯142頁，大判大正12年2月26日民集2巻71頁，最判昭和39年6月26日民集18巻968頁）。ただし，売買代金については特則があり，売買目的物の引渡と同時に代金を支払うべきときは，その引渡場所において支払わなければならない（574条）。

なお，弁済の場所以外での提供が債権者にとくに不利益をもたらさないような場合には，信義則上債権者はみだりに受領を拒みえない，と解されている。たとえば，債務者が小作料を支払うのに，債権者がたまたま隣家に来あわせた折に提供したという事情がある場合には，その弁済は有効とされる（大判昭和14年3月23日民集18巻250頁参照）。

（3）　弁済の時期

弁済の時期（債務の履行をなすべき時期）は，履行期または弁済期ともいわれる。履行期は，当事者の特約または給付の性質もしくは法律の規定によって定まる（573条・591条・597条・617条・627条・662条など参照）。

(a)　履行期が定まっている場合　　履行期に履行するのが原則である。すなわち，履行期において，債権者は履行の請求をなすことができ，債務者は履行すべきことを要する。履行期に債務者が履行せず，または債権者が履行を受領しないときは，遅滞の責を負うことになる（412条・413条参照）。ただし，履行期以外（履行期前・履行期後）において現実に履行の請求をし，または履行をなすことができる場合がある。たとえば，期限の利益を放棄もしくは喪失したとき（136条・137条），履行の猶予を得たとき，あるいは，双務契約において同時履行の抗弁権を有するとき（533条），などである。

(b)　履行期が定まっていない場合　　履行期が定まっていない（もしくは定めえない）債権については，債権発生と同時に履行期にあると解するべきである――換言すれば，債務者はいつでも弁済することができる――。したがって，債権者から履行の請求を受けて直ちに弁済しなければ遅滞の責任が生ずることになる（412条3項）。

（4）　弁済の費用

弁済費用とは，運送費・荷造費・為替料・関税・登記料・債権譲渡のさいの通知費，などである。この弁済費用は，特約がない限り，債務者が負担するというのが原則である（485条本文）。ただし，債権者が住所を移転したり，また

は，債権譲渡などによって履行すべき場所が変更されたために弁済費用が増加したときは，増加分は債権者の負担となる（485条但書）。もっとも，債権者の負担となる場合でも，債務者は，弁済後その求償をするか，または弁済すべき額からそれを控除しうるにとどまり，弁済につき同時履行を主張することはできない。

5 どの程度の履行行為をすれば弁済があったものとされるか——弁済の提供

　債務の弁済には，(イ)債務者の給付行為のみによって完了するもの（たとえば，不作為債務，意思表示をなすべき債務，債務者の行為のみによって事務処理ないし仕事の完成をなしうる債務など）と，(ロ)債権者の協力がなければ完了しえないもの（たとえば，債権者が予め指定する日時・場所において履行すべき債務，債権者が予め提供する資材または労務によって履行されるべき債務，取立債務など）とがあるが，通常多くみられるのは，(ロ)のケースである。このような債権者の協力を必要とする債務においては，債務者がいかに誠実に弁済しようと努めても，債務者のみでは弁済を完了することができず，したがって債務を消滅させることができない。そこで，誠実な債務者を救済する（＝弁済が完了しないことにより生ずる履行遅滞責任から解放する）ために設けられたのが，弁済の提供の制度である。

　（1）弁済提供の意義と方法

　(a) **意義**　弁済の提供（ないし履行の提供）とは，債権者の協力を必要とする債務において，債務者が弁済のために自らなしうるすべての行為を完了したうえで債権者の協力を求めること，をいう。弁済の提供の法的性質については，弁済提供が弁済の一環とみられることから，非法律行為であって，弁済意思を必要としないと解されている。弁済の提供は，債務の本旨に従ってなされなければならない（493条）。債務の本旨に従った弁済の提供があれば，その提供の時から債務不履行によって生ずべき一切の責任を免れしめる（492条）。逆に，弁済の提供が債務の本旨に従わないときは，債務者は債務不履行の責任を免れることはできず，債権者はこれに協力しなくとも受領遅滞の責任を負わない。

(b) 方法　弁済の提供としてどの程度の行為がなされれば，債務の本旨に従ったものといいうるのか。民法は，弁済提供の方法ないし程度について，現実の提供（事実上の提供）と口頭の提供（言語上の提供）とに分けて規定を設けている（493条）。まず，弁済が完了するために債権者の受領を必要とするか，または債務者の履行行為と同時に債権者の協力をまたねばならないときには，債務者は自己のなすべき給付行為を債務の本旨に従って現実に行わなければならない。これが現実の提供であり，民法はこれをもって提供の原則としている（493条本文）。

これに対して，債権者が予め受領その他の協力を拒んでいるときは，債務者に現実の提供を要求するのは不公平であり，かつ，債権者の協力を必要とする場合には，債務者は債権者の協力がない限り履行行為をなすことができない。そこで，このような場合には，例外的に，債務者から弁済の準備をしたという通知および受領その他の協力の催告をすれば，提供の効果が認められるとした。これが口頭の提供である（493条但書）。

現実の提供と口頭の提供は，弁済の準備の差にすぎない。すなわち，債権者の協力の程度に応じて，債務者のなしうべき弁済の準備行為が相関的に要求される。そして，具体的にいかなる場合に「提供」と認められるかについては，債務の種類によって異なりうるから，信義則を基準とし，取引の慣習を踏まえて，債務ごとに考えていくほかはない。

(2) 現実の提供

債権者の協力がなくても債務者自身で給付の主要な部分をなしうるとき——つまり，給付の受領が債権者のなすべき唯一の協力である場合や，履行行為と同時に債権者の協力を必要とする場合——には，債務者は，債権者が給付の受領その他の協力をすることにより弁済が完了する程度に，弁済のために必要な行為を債務の本旨に従って事実上完了しなければならない。この場合，債務者に弁済の意思があることは必要でなく，また，債権者に対して受領その他の協力を催告する必要もない。現実の提供についてとくに問題となるのは，金銭債務の場合である。そこで，以下，金銭債務の場合と金銭債務以外の場合とに分けて，判例の動向を整理しておこう。

(a) 金銭債務の場合　金銭債務は，一般に現実の提供をなすのに適した債

務であり，通常は，債務者が金銭（現金）を持参し債権者に呈示することによってなされる。問題となるのは，一部提供の場合，債務者以外の者が提供した場合，および金銭以外の支払手段を用いた場合，などである。

(イ) 一部提供　金銭債務の弁済においては，原則として，債務額の全額（元本・利息・費用等も含めて）を提供しなければならない。一部額の提供は，債権者の承諾がない限り，債務の本旨に従った提供とはならない。ただし，その不足額が僅少である場合には，信義則上，有効な提供があったものとみなされうる（大判昭和9年2月26日民集13巻366頁－1万円中100円不足－，最判昭和35年12月15日民集14巻14号3060頁－15万円強に対して1,360円不足－，最判昭和55年11月11日判時986号39頁－114万円強に対して300円の不足－）。なお，これとは逆に，過大提供（給付の数量を超えた提供）の場合はどうであろうか。判例の中には，甲家屋の賃貸人が賃借人に賃料を請求したのに対し，賃借人は乙家屋・丙土地をともに賃借しているとして，これらの賃料を合算した金額を提供し，これを受領しなければ支払わないと主張した事案につき，右提供は債務の本旨に従ったものではない，と判示したものがある（最判昭和31年11月27日民集10巻11号1480頁）。

(ロ) 債務者以外の者による提供　金銭を持参するのは，必ずしも債務者でなくてもよい。判例によれば，たとえば，債務者が代理人をして提供せしめた場合（大判大正10年3月23日民録27輯641頁）や，金銭を持参する転買人を同道した場合（大判昭和5年4月7日民集9巻327頁）でも，現実の提供がなされたものと解されている。

(ハ) 金銭以外の支払手段　金銭債務の弁済は通貨をもってなさねばならない（402条）。では，通貨（金銭）以外の支払手段を用いた場合は，どうであろうか。判例は，郵便為替（大判大正8年7月15日民録25輯1331頁）・振替貯金の払込（大判昭和19年3月6日民集23巻121頁）・振替貯金払出証書（大判大正9年2月28日民録26輯158頁）の送付は有効な提供となるが，預金証書や預金通帳の交付は，特別な事情のない限り有効な提供とはならないとする（大判大正15年9月30日民集5巻698頁参照）。また，小切手については，個人振出のものは不渡になることがあるので，当事者の合意または取引上の慣習がない限り有効な提供とはならない（最判昭和35年11月22日民集14巻13号2827頁）が，銀行の自己宛振出

小切手や銀行の支払保証ある小切手は，支払が確実であるから有効な提供になるとする（前掲最判昭和35年11月22日，最判昭和37年9月21日民集16巻9号2041頁）。

(ニ) 債権者の面前での金銭の呈示　持参債務の場合に，必ずしも金銭を債権者の面前に呈示する必要はない。たとえば，借地人が地代を持って行ったが地主が受け取らぬと言ったので，現金を地主の面前に呈示しなかった事案につき，地主が受け取ると言えば即座に支払できるように準備ができていたのであるから，地主の面前に現金をならべて見せなくとも，提供があったといえるし（最判昭和23年12月14日民集2巻13号438頁），また，代理人である弁護士の事務所に現金を持参したときは，たとえ不在のため呈示できず，事務員にとくに受領の催告をしなかったとしても，提供があった（最判昭和39年10月23日民集18巻8号1773頁），とされている。

(b) 金銭債務以外の場合　まず，(イ)物品の引渡を目的とする債務については，①特定物の売買につき，給付した目的物が見本品と違っていたとしても，債務の本旨に従った提供でないとはいえない（大判大正15年5月24日民集5巻433頁），②商品を送付すべき場合に，受取人において処分できる形式の倉庫証券・貨物引換証を送付することは，原則として現実の提供といえる（大判大正13年7月18日民集3巻399頁）が，荷為替の送付は，買主に手形金の先履行を強いることになるから，適法な提供とはならない（大判大正9年3月29日民録26輯411頁）──ただし，学説の反対が強い──。また，(ロ)不動産の売買おいては，期日に売主が所有権移転登記に必要な準備をして登記所に出頭すれば，引渡をしなくとも現実の提供があったとされる（大判大正7年8月14日民録24輯1650頁）。

(3) 口頭の提供

口頭の提供で足りるのは，債権者が予めその受領を拒んだ場合か，または，債務の履行につき債権者の行為（ないし協力）を必要とする場合，である。口頭の提供の方法は，弁済の準備をしたことを通知してその受領を催告することである（493条但書）。

(a) 債権者の受領拒絶の場合　債権者が，明示的であれ黙示的であれ，予め受領を拒絶している場合に債務者に現実の提供をなさしめることは公平を失するので，この場合には口頭の提供でもって足りるとしたのである（493条但書

前段)。受領拒絶とは，たとえば，①債権者が理由なく受領期日の延期を求めたり，②契約の無効・取消または解除を主張したり，あるいは，③自己の負担する反対給付の履行を拒んだりする場合，などである。しかし，履行代理人の代理権を否認したにとどまるときは，受領拒絶にあたらないとされている（大判大正2年11月24日民録19輯986頁）。

　(b) 債権者の行為を必要とする場合　　債権者の行為（ないし協力）なしにはそれ以上債務者のみでは弁済を完成させることができない債務については，口頭の提供のほか債務者のなすすべがないのであるから，それで足りるとしたのである（493条但書後段）。これに該当する債務は，たとえば，①加工債務（債権者が予め供給する材料に加工すべき債務），②取立債務（たとえば，家賃債権につき家主が取立てにくる旨の特約のある債務），③履行の場所や期日が債権者の指定にかかっている債務（大判大正9年11月4日民録26輯1637頁），および，④登記をなすべき債務，などである。なお，学説の中には，登記債務については口頭の提供は認められるべきでないとするものがある──その理由として，口頭の提供は履行につき債権者の協力を必要とする場合に限定されるべきであるが，登記は債務者自らにおいて自己の履行行為を完了しうるから，とする──。

　(c) 口頭の提供の方法　　提供の方法は，弁済の準備をしたことを通知しその受領を催告する，という形式をとる。まず，(イ)口頭の提供においても，弁済の準備はつねに必要とされる。この弁済の準備は，債権者の受領拒絶の場合であれ，履行につき債権者の協力を要する場合であれ，債権者が受領その他の協力をするならば直ちに履行を完了しうる程度のものであればよい。たとえば，金銭の支払についていえば，必ずしも現実に資金を調達して手中にしていることまでは必要でなく（大判大正10年11月8日民録27輯1948頁），銀行と資金借受の予約をしているとか（大判大正7年12月4日民録24輯2288頁），あるいは，転買人に資力がありかつ支払準備をしていれば買主が現実に準備していなくても（大判大正8年6月28日民録25輯1183頁），それで足りるとされている。つぎに，(ロ)通知および催告は，必ずしも弁済の場所でなされる必要はなく（大判大正8年2月1日民録25輯246頁），また，催告の仕方にも制限はなく，反訴の提起によってなされてもさしつかえない（大判明治33年3月19日民録6輯112頁），とさ

れている。ところで、債務者（売主）が債権者（買主）に対して物品引渡の準備を完了してこれを通知し受領の催告をするにあたり、その引渡場所を明示する必要はあるであろうか。この点につき、判例は、かつて「深川渡し」という商慣習のもとで大豆粕の売買が行われ、債務者が深川のどの倉庫で引渡をするかを債権者に通知しなかった事案に関して、債権者に誠実に取引する意思があれば、相手方に対する一片の問合せにより直ちにこれを知ることができたものであって、このような場合には、信義則上債権者は右問合せをすることを要し、これを怠ったときは遅滞の責を免れない、とした（大判大正14年12月3日民集4巻685頁）。

　(d) 口頭の提供を要しない場合　債権者が予め受領を拒絶している場合でも口頭の提供をなすべきことが要求されるのは、債権者が翻意して受領することもありうるからである。しかし、次のような場合には、口頭の提供すら必要でなく、債務者は履行遅滞の責任を問われない。

　一つは、双務契約上の債務につき一方が受領を拒絶した場合、である。まず、①双務契約の当事者の一方は、相手方がその債務の履行を提供するまでは自己の債務の履行を拒むことができるから、相手方が自ら提供して催告するまでは、提供しなくても不履行の責を負わない（533条）。また、②一方が提供したにもかかわらず、相手方が同時に履行することなく受領を拒絶するときは、相手方は受領遅滞のみならず履行遅滞の責を負わねばならない。このように、相手方が受領遅滞および履行遅滞にあるとき、または相手方の履行しない意思が明確であるときは、他の一方は、履行を提供しなくても、有効に履行の催告・契約の解除をなしうるであろうか。この点について、他の一方は提供しないで催告・解除をなしうる、と一般に解されている（大判大正3年12月1日民録20輯999頁、最判昭和34年8月28日民集13巻10号1301頁、最判昭和41年3月22日民集20巻468頁）。

　もう一つは、債権者の受領拒絶の意思が明白な場合、である。たとえば、賃貸人が賃料の受領を拒絶したので、賃借人はその後の賃料を支払わないでいた（かつ口頭の提供もしないでいた）ところ、賃貸人が賃料不払いを理由に契約を解除してきたという事案につき、判例は、債権者の受領拒絶の意思が明白なときは、口頭の提供も必要でなく、それがないからといって、債務者に債務不

履行責任を帰することはできない，とする（最大判昭和32年6月5日民集11巻6号915頁，最判昭和45年8月20日民集24巻9号1243頁）。ただし，賃借人が倒産するなどして経済的能力を失い弁済の準備もできないで不履行に陥った場合には，たとえ債権者の受領拒絶意思が明白であっても，債務者は弁済の提供をしない限り，債務不履行の責任を免れない，とされる（最判昭和44年5月1日民集23巻6号935頁）。

(4) 弁済提供の効果

弁済提供の効果は，債務者をして，その提供の時より，債務不履行によって生ずべき一切の責任から免れしめることである（492条）——ただし，債務自体は消滅しないことに注意——。すなわち，履行遅滞の責任を免れる結果，①履行の強制執行を受けたり，担保権を実行されたりすることのないことはもちろん，②不履行による損害賠償（遅延賠償）・遅延利息もしくは違約金の請求を受けることはなく，③遅滞を理由に契約を解除されることもない。また，④提供の時より約定利息の支払義務も免れる（大判大正5年4月26日民録22輯805頁）。さらに，履行の提供がなされたにもかかわらず債権者がこれを受領しなかったことにより，その提供の時から債権者は遅滞の責任を負う。したがって，⑤債務者の善管注意義務は軽減され，⑥保存・管理についての増加費用は債権者の負担に帰し，⑦危険は債権者に移転することになる。

なお，以上に述べたことは，「提供の効果すなわち受領遅滞の効果」と解する通説および判例の立場に基づくものである。これに対して，少数説は，受領遅滞は債権者の帰責事由を要件とする受領義務違反，つまり債権者の債務不履行である，と解したうえで，提供の効果と受領遅滞の効果とを区別する。したがって，この説によれば，提供の効果は上記①～④の消極的なものに限定され，⑤～⑦の積極的な効果は受領遅滞に基づく，とされる。

6 弁済はどの債務に対してなされたものか——弁済の充当

(1) 弁済充当の意義と方法

(a) 意義　債務者が同一の債権者に対して，①同種の目的を有する数個の債務を負担している場合（たとえば，AがBに対して30万円，40万円，60万円の三口の借金がある場合），あるいは，②1個の債務の弁済として数個の給付

をなすべき場合（たとえば、数カ月分の賃料債務、あるいは数回分の割賦代金債務を負っている場合）において、弁済のために提供した給付が債務の全部を消滅させるのに不足しているとき（たとえば、①ではAが50万円弁済したとき、②では2カ月分もしくは2回分しか弁済しなかった場合）、その給付をいずれの債務（ないしは、一個の債務のいずれの部分）の弁済にあてるべきかを決定する必要がある。これを弁済の充当という。数個の債務がその態容を異にしているとき——たとえば、履行期が到来しているものと到来していないもの、利息付きのものと無利息のもの、担保付のものとそうでないもの、などの違いがある場合——は、どの債務を消滅させるかによって当事者の利害が左右されるからである。

(b) 充当の方法　充当の方法には、つぎの三種がある。すなわち、充当方法としての優先順位で並べると、①合意による充当（契約充当）、②一方行為による充当（指定充当）、そして、③法定充当、である。まず、合意による充当とは、当事者の合意によって定められる充当をいい、予め充当の順序が定められる場合と、弁済の時に定められる場合とがある。この合意は、明示的であると黙示的であるとを問わない——たとえば、判例は、債権者のほうから法定の充当方法に反する請求を行い、債務者がこれに応じて支払った事案につき、黙示の充当契約の成立を認める（大決昭和3年3月30日新聞2854号15頁）——。このように、当事者が契約によって充当方法を定めうることはいうまでもないが、実際上、こうした契約がなされることは稀であるといわれている。そこで、そのような事態に対処するために、民法は、上記の②・③の充当基準を定めている。項を改めて説明しよう。

(2)　一方行為による充当（指定充当）

当事者間に充当についての合意がない場合には、当事者の一方（一次的に弁済者、二次的に弁済受領者）の指定による。

(a) 弁済者による充当　弁済者は、給付の時に、弁済受領者に対する意思表示によって、弁済を充当すべき債務または給付を指定することができる（488条1項・3項、490条）。第一の充当指定権者は弁済者である。弁済は弁済者の行為であり、弁済の結果について利害を左右されるのは債権者よりもまず債務者であるから、である。

(b) 弁済受領者による充当　弁済者が充当指定権を行使しなかったときは，弁済受領者は，その受領時に，弁済者に対する意思表示によって，その弁済充当を指定することができる（488条2項本文・490条）。法文の「其受領ノ時ニ於テ」というのは，「受領後遅滞なく」の意味であって，その意思表示が弁済受領と同時に弁済者に到達しなければならないということではない，と解されている（大判大正10年2月21日民録27輯445頁）。受領者の充当指定は絶対的なものではなく，弁済者がこれに対して直ちに異議を述べたときは，充当の効力を生ぜず（488条2項但書），法定充当に移行することになる（通説）。

(c) 指定充当に対する制限　債務者が一個または数個の債務につき，元本のほかに利息および費用を支払わねばならない場合において，弁済者の提供した給付が債務の全部を弁済するのに足りないときは，①費用，②利息，③元本の順に従って充当しなければならず，これに反する一方的な充当指定は効力を生じないとされている（491条1項）。なお，費用相互間・利息相互間・元本相互間においては，法定充当の基準に従うものとされている（491条2項）。

(3) 法定充当

当事者間に充当についての合意がなく，かつ，当事者の一方による指定充当もないとき，もしくは指定をしても異議によって失効したときは，法律の規定に従って充当されることになる。まず，債務者が元本のほかに利息および費用を支払わねばならない場合には，費用・利息・元本の順に従って充当するという特則（491条）があることは，前述したとおりである。しかるうえで，つぎの法定の順序に従って充当される（489条）。

(イ)　総債務または総給付のうち，弁済期がすでに到来しているものと未到来のものとがあるときは，弁済期が到来しているものを優先する（489条1号・490条）。

(ロ)　総債務または総給付がともに弁済期にあるとき，または，ともに弁済期にないときは，債務者にとって弁済の利益が多いものを優先する（489条2号・490条）。たとえば，無利息債務よりも利息付債務，低利率債務よりも高利率債務，無担保債務よりも担保付債務，連帯債務よりも単純債務が，原則として債務者のために弁済の利益が多い。しかし，必ずしも明確に決められない場合もあり，たとえば，無利息（もしくは低利）で担保付債務と利息付（もしくは高

利）で無担保債務とがある場合に，どちらの弁済が有利であるかは，結局，諸般の事情を考慮したうえで判断されることになる（最判昭和29年7月16日民集8巻7号1350頁）。

(ハ) 債務者にとって弁済の利益が同じであるときは，弁済期の先に到来したもの，または先に到来すべきものを優先する（489条3号・490条）。期限の定めのない債務は，債権者がいつでも履行を請求できるから，つねに弁済期にあるというべく，これら相互間では発生日時の早いものを，弁済期がまず到来したものと解するべきである（大判大正6年10月20日民録23輯1688頁）。

(ニ) 以上の基準によって弁済充当の先後が決められないときは，債務または給付の弁済は，各債務または各給付の額に応じて按分的に充当される（489条4号・490条）。たとえば，同一条件で90万円と60万円の債務がある場合に，50万円の弁済がなされたとすると，三対二の按分で前者に30万円，後者に20万円の割合で充当される。

7 弁済の事実は何によって証明されるか ── 弁済の証拠

弁済によって債権・債務は消滅する。しかし，後日になって弁済の有無が争われた場合，債務者（弁済者）側において弁済の事実を証明しなければならないが，これには困難を伴うことも少なくない。ことに，債務者にとっては二重弁済の危険を防ぐことも重要であり，そのためにも弁済がなされたことの証拠を必要とする。そこで，民法は，債務者のために受取証書交付請求権と債権証書返還請求権とを認めている。

(1) 受取証書交付請求権

弁済者は，弁済受領者に対して受取証書の交付を請求することができる（486条）。受取証書とは，弁済の事実を証明する書面（金銭債務でいえば，いわゆる領収証）であって，弁済の証拠となるものである。その形式には制限がなく，取引通念上弁済を証明しうるものであれば足りる（ただし，金額のみを記載し，品名や数量の記載が不明確なレシートの類いは，受取証書としては不十分である）。なお，弁済は一部弁済でもよく，また代物弁済をも含むと解されている。また，受取証書の交付の時期について民法は規定していないが，受取証書が証拠書類であることから，弁済と受取証書の交付とは同時履行の関係に立つと解

されている（大判昭和16年3月1日民集20巻163頁）。

（2） 債権証書返還請求権

債権証書が存在する場合において，弁済者が全部の弁済をしたときは，その証書の返還を請求することができる（487条）。債権証書とは，一般に，債権者が債権の成立・内容などを証明するために債務者に作成させ交付を受けた書面（いわゆる借用証書など），である。債権証書の所有権は債権者にあるとされ（大判明治43年10月13日刑録16輯1701頁），また，債権証書が債権者の手中に存することは，債権がなお存在する事実を推定せしめる資料となる（大判大正9年6月17日民録26輯905頁）から，その返還請求権を認めたのである。債権全部が消滅したときは，弁済・代物弁済以外の原因によって消滅した場合にも債権証書の返還請求が認められる（相殺に関するものだが，大判大正4年2月24日民録21輯180頁，大判大正11年10月27日民集1巻725頁）。一部弁済の場合には，債権証書の返還を請求することはできないが，その証書にその旨記載するよう請求できると一般に解されている（503条2項の類推適用）。なお，債権証書の返還は，弁済後も債権者がそれを保持することが不当であることに基づくものであるから，弁済と引き換えではなく，弁済がなされてはじめて請求できるものである（換言すれば，証書の返還と弁済とは同時履行の関係に立たない），と解されている。

8 債務者以外の弁済者の有する求償権の確保──弁済による代位（代位弁済）

弁済が債務者自身によってなされた場合は，一切の債権・債務関係は問題を残さずに終了する。これに対して，債務者以外の者が債務者のために弁済したときは，原則として弁済者は債務者に対して求償権を取得することになる。たとえば，弁済者が全くの第三者（なんらの利害関係も有しない第三者）であるときは，債務者からの依頼の有無により，委任契約上の費用償還請求権（649条以下）もしくは事務管理上の費用償還請求権（702条）を，また，弁済者が保証人であるときは，保証債務上の求償権（459条以下）を取得する。しかし，このような求償権は，単なる債権にとどまる限り，それほど強い効力を有するものではない。債務者が求償に応じないこともあるし，債務者の財産が乏しいと

きは強制執行をしても求償権を実現することは不可能であり、また、債務者に他の債権者がいるときは、弁済者は按分比例的に求償しうるにすぎない（債権者平等の原則）、からである。そこで、民法は、弁済による代位（代位弁済）という制度を設けて、弁済者の求償権を確保ないし強化することにしたのである。

(1)　「弁済による代位」の意義

　弁済による代位（代位弁済）とは、債務者以外の者が弁済したとき、弁済者の債務者に対する求償権を確保せしめるため、従来債権者が債務者に対して有していた権利が弁済者に移転すること、をいう（499条以下）。これにより、弁済者（代位弁済者）は、その求償権の範囲内で、債権者が債務者に対して有していた債権（原債権）およびその担保権等を行使することができる。たとえば、弁済者は、(イ)債務者に対して原債権につきその弁済を求めることができ、(ロ)原債権が抵当権によって担保されているときは、債務者に対してこの抵当権を実行することができるし、あるいは、(ハ)債務者に保証人がいるときは、その保証人に対して保証債務の履行を求めることができる。

　弁済による代位の制度のメリットは、つぎの点にある。すなわち、①弁済者にとっては、求償権が確保されるため、安心して弁済できること、②債権者にとっては、第三者からの弁済が促されることにより、債権の満足を得られやすくなること、および、③債務者にとっては、自分に代わって弁済してくれる者が増えることにより、新たな信用を得る機会が大きくなること、である。

　ところで、この制度の主たる目的が、前述のように弁済者の求償権の確保にあるとしても、弁済により債権は消滅し、それに伴って担保権も消滅するのが論理的帰結のはずである。しかるに、債権者の権利が消滅せずに弁済者に移転するというのは、どのような根拠に基づくのであろうか。この点につき、今日の通説——「法律上の債権移転」説——は、弁済により債権は債権者・債務者間では消滅するが、弁済者のためにはなお存続し、この弁済者が旧債権者に代わって債権者となる、と解している。

　なお、弁済による代位を、民法では「代位弁済」という用語で呼んでいる（502条・503条参照）。「代位弁済」というと、第三者が債務者に代わって弁済することを意味するかのような誤解を与えるため、用語として適切とはいえない。しかし、本節では、便宜上、この用語を用いることもある。

(2) 弁済による代位の要件
　弁済者が債権者を代位しうるためには，以下の3つの要件を必要とする。
　(a) 弁済その他による債権の満足　　弁済その他によって債権者に満足を与えることである。法文上は弁済のみが挙げられているが（499条・500条），代物弁済や供託はもちろん，共同債務者（連帯債務者・保証人など）による相殺（436条1項），その他法律上弁済と同視される場合，を含む。判例によれば，連帯保証人が抵当権付債権を譲り受けて混同を生じた場合（大判昭和6年10月6日民集10巻889頁），連帯債務者の一人が抵当権付債権を相続して混同を生じた場合（大判昭和11年8月7日民集15巻1661頁），さらには，物上保証人（大判昭和4年1月30日新聞2945号12頁，大判昭和11年12月9日民集15巻2172頁）または抵当不動産の第三取得者が抵当権の実行によって所有権を失った場合にも，弁済したときと同様に代位を生じる，とされている。
　(b) 弁済者の求償権の存在　　弁済による代位の制度は，弁済者の固有の求償権を確保するために設けられたものであるから，求償権の根拠なしには代位はありえない。弁済者は，原則として——債務者へ贈与する意図で弁済したような場合（この場合は，求償権の放棄ないし喪失により代位は認められない）を除けば——，求償権を取得する。この求償権は，弁済者と債務者との関係によって個別的に定まる。すなわち，不可分債務者の場合（430条），連帯債務者の場合（442条），保証人の場合（459条・462条），物上保証人の場合（351条），委託による場合（650条），事務管理による場合（702条），などのごとくである。そして，代位を生ずる範囲は，これらの求償権によって限定されることになる（大決大正3年4月6日民録20輯273頁，大判大正5年7月27日民録22輯1421頁参照）。
　(c) 弁済をなすにつき正当の利益を有するか債権者の同意があること　　この要件の差異によって，弁済による代位は2種類に区分される。すなわち，(イ)弁済をなすにつき正当の利益を有する場合には，法定代位を成立させ，(ロ)債権者の同意がある場合には，任意代位を生じる。
　(イ) 法定代位　　弁済をなすにつき正当の利益を有する者は，弁済によって当然に債権者に代位する（500条）。債権者の同意を要することなく代位するので，法定代位と呼ばれる。「弁済をなすにつき正当の利益を有する者」（＝法定代位権者）とは，債務者の意思に反しても弁済をなしうる「利害ノ関係ヲ有ス

ル者」(474条2項参照) よりはやゝ狭く, 「弁済ニ因リ当然法律上ノ利益ヲ受クル者」(大判昭和6年4月7日民集10巻369頁) をいい, 今日の通説によれば, 「弁済しなければ債権者から執行を受ける者」, および, 「弁済しなければ債務者に対する自己の権利が価値を失う者」, とに分類される。前者の例として, ①不可分債務者・連帯債務者 (大判昭和11年6月2日民集15巻1074頁), ②保証人・連帯保証人 (大判大正6年7月5日民録23輯1197頁, 大判昭和9年10月16日民集13巻1913頁), ③物上保証人 (大判昭和9年11月24日民集13巻2153頁), ④抵当不動産の第三取得者 (大判明治40年5月16日民録13輯519頁), 後者の例として, ⑤後順位担保権者 (大判昭和11年7月14日民集15巻1409頁), ⑥一般 (無担保) 債権者 (大判昭和13年2月15日民集17巻179頁), ⑦抵当不動産の賃借人 (最判昭和55年11月11日判時986号39頁), が挙げられる。以上に対して, 事実上の利害関係を有するにすぎない者 (単なる取引関係にある者, 親子関係・師弟関係にある者など) は, 含まれない。

　㈡　任意代位　　弁済につき正当な利益を有しない者は, 債権者の同意 (承諾) がなければ代位することができない (499条1項)。利害関係のない第三者が債務者の意思に反して弁済できない (474条2項) のと同じく, 債権関係における当事者の意思を尊重する精神の現れだと説明されている。債権者の承諾は, 弁済と同時になされることを要する——そうでないと, 保証人や担保目的物の第三取得者に不測の損害を及ぼすおそれがあるからである——。なお, 任意代位の場合における債権者の同意は, 債権移転に対する同意であって, 債権譲渡の意思表示ではない。しかし, その関係が類似しているため, 民法は, この場合, 債権譲渡の場合と同一の対抗要件を具備すべきものと定めた (499条2項)。すなわち, 代位の効果を債務者に対抗するためには, 債権者から債務者への通知または債務者の承諾を必要とし, また, 第三者に対抗するためには, 確定日付ある証書による通知・承諾を必要とする。

　(3)　弁済による代位の効果

　弁済による代位の効果は, 代位者と債務者の関係, 法定代位者相互の関係, および, 代位者と債権者の関係, とに分けて考察するのが便宜である。

　⒜　代位者と債務者の関係　　両者の関係について, とくに問題となる項目を挙げてみていくことにしよう。

第一に，代位者は，債権者の有するどのような権利をどのような範囲で債務者に対して行使することができるであろうか。501条本文は，債権者に代位した者は，自己の権利に基づき求償をなしうべき範囲内において，債権の効力および担保として債権者が有していた一切の権利を行使することができる，と定める。①ここに，「債権の効力として有していた権利」とは，履行請求権，損害賠償請求権，債権者代位権，債権者取消権，および，債権に従たる権利（たとえば，利息債権・違約金債権）など，債権者の有する一切の権利・権能をいう。「債権の担保として有していた権利」とは，人的担保権（保証人に対する債権など），および，物的担保権（質権・抵当権など）の一切をいう。なお，代物弁済予約上の権利は代位の客体となるが（最判昭和41年11月18日民集20巻9号1861頁），根抵当権の元本確定前に弁済した者は，代位によって根抵当権を行使できない（398条ノ7）。また，「債権者が有していた一切の権利を行使する」とは，これらの権利が代位者に移転する結果として債務者に対してこれを行使することができる，という意味である。②代位権の行使は，求償権の範囲内に限定される。たとえば，求償権の債権額が原債権額を上回れば原債権額に縮減され，逆に，原債権額より下回れば求償権の債権額全部の弁済を受けることが可能となる（最判昭和61年2月20日民集40巻1号43頁参照）。問題となるのは，債権者と債務者の間に特約がある場合に，代位者がこの特約による債権者の権利を代位することができるか，である。通説によれば，求償権の範囲を超えない限りで，特約による債権者の権利も代位することができる，と解されている。これに関連して，判例（最判昭和59年5月29日民集38巻7号885頁）は，原債権に約定利息が付され，それに根抵当権が設定された場合において，保証人と債務者間で求償権につき法定利息を超える約定利率による遅延損害金支払の特約が結ばれたときは，その約定利率による遅延損害金を含む求償権の総額を限度としてその根抵当権に代位することができる，とする。③なお，債務者は，法定代位においては弁済の時，任意代位においては通知または承諾がなされた時までに，債権者に対して有した一切の抗弁をもって，代位者に対抗しうる。

　第二に，債権の一部につき弁済がなされた場合でも，代位は生ずるであろうか。この点につき，502条1項は，債権の一部につき代位弁済がなされたときは，代位者は，その弁済した価格に応じて債権者と共にその権利を行使する，

と定める。すなわち，一部弁済の場合には一部代位を生ずる旨規定している。ただし，本条は，代位者は債権者と共にその権利を行使すると述べるのみで，債権者の優先権をとくに明示していない。この点につき，判例（大決昭和6年4月7日民集10巻535頁）は，債権者の優先権を否定し，分割払債務の一回分を支払った保証人は，抵当債権者と共同することなく，直ちに代位した抵当権に基づき競売の申立をなしうる，と解している——このように債権者の優先権を否定する判例の態度は，いまだ変更されていないようである——。これに対して，今日の通説は，一部代位者は代位した権利を単独で行使しうるものではなく，債権者が権利を行使する場合に債権者と共に行使しうるだけであって，しかもその場合でも，弁済については債権者を優先させるべきであると解している。

　第三に，債務者が代位者からの求償に応じて弁済した場合，その弁済は，求償債権と原債権のいずれに充当されるべきであろうか。債務者から代位者に対して内入金の支払がなされた場合，それが求償権のみに充当されるとすると，原債権は影響を受けないため，後順位担保権者にとって不利となる。判例は，保証人が債権者に弁済したのち，債務者から保証人に内入弁済がなされたときは，この内入弁済は，保証人の求償権のみに充当されるのではなく，求償権と原債権のそれぞれに対して内入弁済がなされたものとして充当されるべきである，とする（最判昭和60年1月22日判時1148号111頁）。

　第四に，代位者は，債務不履行に基づく契約解除権を代位して行使することができるであろうか。502条2項本文は，契約解除権は債権者のみが行使でき，一部代位者はできない旨定める。たとえば，100万円の貸金債務の保証人が70万円だけ弁済した場合，残額部分（30万円）の不払による解除は貸主（債権者）だけがなしうるわけである。そうすると，右規定の（反対）解釈からして，代位者であっても，全部の弁済をしたときは，契約解除権を取得し行使できることになりそうである（民法起草者および今日の一部学説）。これに対して，通説は，弁済による代位は契約当事者としての地位の移転ではないから，この地位に付随する解除権はそもそも代位の対象となるべきものではなく，502条2項本文は同項但書を導くための規定にすぎない，と解している。したがって，これによれば，全部弁済の場合にも，代位者は解除権を行使できないことにな

る（というより，全部弁済があれば，そもそも解除権が発生することはありえない，というべきであろう）。

(b) **法定代位者相互の関係**　弁済をなすにつき正当の利益を有する者，すなわち，法定代位者が複数存在する場合には，なんらかの調整をしなければ不均衡・不公平な結果をもたらす危険性がある。そこで，民法は，法定代位者各人の求償権につきその保護すべき必要に応じて，代位の順位と割合とを詳細に規定している（501条但書）。

(イ) **保証人と担保物の第三取得者との関係**　まず，①保証人は，先取特権・不動産質権または抵当権の目的である不動産の第三取得者に対して債権者に代位するが（501条1号），第三取得者は，保証人に対して債権者に代位しない（501条2号）。要するに，保証人は自己の全財産をもって債務を弁済する責任を負うのに対して，第三取得者は，担保の負担を承知のうえで目的不動産を取得したのであり，しかも，代価弁済（377条）や滌除（378条以下）などによって保護されうるから，保証人に対して代位せしめる必要はない，とされている。ところで，②保証人が第三取得者に対して代位しうるためには，保証人は予め，先取特権・不動産質権または抵当権の登記にその代位を付記しなければならない（501条1号）。その趣旨は，保証人の弁済によってすでに担保権は消滅したものと信じて目的不動産上の権利を取得した第三取得者を，代位の付記登記によって，不測の損害から保護しようとする点にある。しかし，法文上は「予メ」とされているのみであるため，いかなる時点を標準とするべきかが問題となった。かつては，保証人の弁済前とする説（立法者）や第三取得者の取得前とする説（旧判例）もあったが，今日の通説は，つぎのように解している。すなわち，保証人が弁済する前の第三取得者は保証人の代位によって不測の損害を受けるおそれはないのだから，保証人の弁済後，弁済によって担保権が消滅したものと信じて第三取得者が目的不動産を取得する前に，代位の付記登記がなされれば，それで必要かつ十分である，と。要するに，代位による抵当権などの移転は，その後の第三取得者に対してだけは登記なしに対抗できない，ということになり，「予メ」という語はその意義を失い，本規定は177条と同趣旨のものであると解することに帰着している。最高裁も，右見解に同調し，「保証人の弁済後に目的不動産を取得しようとする第三取得者に対しては予め代位

の付記登記をする必要があるが，第三取得者の取得後に弁済をする保証人は，右代位のためには付記登記を必要としない」と判示するにいたった（最判昭和41年11月18日民集20巻9号1861頁）。

　(ロ)　保証人と物上保証人との関係　　まず，①保証人と物上保証人との間においては，その頭数に応じてのみ債権者に代位する（501条5号1項本文）。そして，物上保証人が数人あるときは，保証人の負担部分を除き，その残額につき，各財産の価格に応じてのみ代位することができる（501条5号1項但書）。たとえば，1,200万円の債務について，AとBが保証人，CとDが物上保証人となった（Cの不動産の価格が800万円，Dの不動産の価格が400万円）場合においては，保証人二人の負担部分は600万円となり（したがって，AとBは各自300万円につき代位される），そして，残りの600万円について各物上保証人はそれぞれの担保物件の価格に応じて負担することになるので，Cがその三分の二の400万円，Dが三分の一の200万円につき代位されることになる。したがって，もしAが1,200万円を債権者に弁済したときは，Aは，Bの一般財産から300万円，Cの不動産から400万円，Dの不動産から200万円につき代位することができる。また，②物上保証人の担保財産が不動産であるときは，501条1号の規定が準用される（501条5号但書）。つまり，保証人は，代位の付記登記をしなければ，弁済後に物上保証人から担保不動産を譲り受けた第三取得者に対して代位することができない。なお，③保証人と物上保証人が複数いる場合において，そのうちのある者が保証人と物上保証人の両方を兼ねているときは，その者を一人として計算すべきか（単一資格説），それとも二人として計算すべきか（二重資格説）。判例（大判昭和9年11月24日民集13巻2153頁，最判昭和61年11月27日判時1216号69頁）および多数説は，501条但書の趣旨は，責任の重い者ほど代位について有利な地位を与えようとするところにあるとして，単一資格説の立場に立っている。

　(ハ)　第三取得者相互の関係　　第三取得者の一人は，各不動産の価格に応じてのみ，他の第三取得者に対して債権者に代位する（501条3号）。第三取得者はすべて平等に損失を被るのが衡平とみたわけである。たとえば，600万円の債権の担保として，甲・乙・丙の三つの不動産に抵当権が設定され（共同抵当），甲不動産（時価450万円）がAに，乙不動産（時価300万円）がBに，丙不

動産（時価150万円）がCにそれぞれ譲渡された場合において，Aが600万円を債権者に弁済したときは，Aは，各不動産の価格に応じて，Bに対しては200万円，Cに対しては100万円の限度において，（債権者に代位して）抵当権を行使することができることになる。

(ニ) 物上保証人相互の関係　これについては，第三取得者相互間についての規定が準用される（501条4号）。物上保証人の地位は，第三取得者の地位と異ならないからである。すなわち，物上保証人はそれぞれ，各担保財産の価格に応じてのみ代位する。

(ホ) 物上保証人と担保物の第三取得者との関係　これについては，規定はない。かつては，物上保証人が（前主の承継人にすぎない）第三取得者に対して優先的地位にあるとみて，物上保証人の第三取得者に対する代位のみを認める見解があったが，今日では，両者の地位を平等とみて，各不動産の価格に応じて代位すると解されている。

(ヘ) 連帯債務者相互間または保証人相互間などの関係　これらについては，特別規定があり ―― すなわち，①不可分債務者相互間につき430条，②連帯債務者相互間につき442条，③保証人相互間につき465条，④連帯債務者または不可分債務者と保証人との間につき464条 ――，それぞれ規定によって求償の範囲が定められているから，代位もこれによって解決されることになる。

(c) 代位者と債権者の関係　両者の関係については，もっぱら，債権者が代位者に対して負担する義務という面から，とらえられる。

第一に，債権者は，代位者に対して，代位権の行使を容易にできるよう協力すべき義務を負う。すなわち，①代位によって全部の弁済を受けた債権者は，債権に関する証書，および，その占有下にある担保物を代位者に交付しなければならない（503条1項）。債権の満足を得た債権者にとって，それらの物はもはや必要でなく，むしろ代位者が代位権を行使するさいに必要なものだからである。「債権に関する証書」とは，債権証書のほか，借用書・売買目的物の受取証・違約金証書・担保設定証書などであり，「担保物」とは，留置権者の留置する物・質物などを指す。また，②代位によって債権の一部が弁済されたときは，債権者は，債権証書にその代位を記入し，かつ，自己が占有している担保物の保存について代位者に監督させなければならない（503条2項）。このほ

か，③債権者は，任意代位の場合には代位の通知をする義務（499条2項），および，担保物が不動産である場合には代位の付記登記に協力すべき義務（501条1号・5号）を負う（大判昭和2年10月10日民集6巻554頁）。

　第二に，すべての法定代位者のために，債権者は担保保存義務を負うとされている。すなわち，債権者の故意または懈怠（過失）によって担保を喪失または減少したときは，代位をなすべき者は，その喪失または減少により償還を受けることができなくなった限度において，その責を免れる（504条）。担保の喪失・減少とは，登記済抵当権の放棄・質物の返還・毀損・保証の免除などをいう。たとえば，債務者A所有の甲不動産と（Aから所有権の移転を受けた）第三取得者Bの所有する乙不動産とが共同抵当の関係にある場合に，債権者Cが甲不動産に設定された抵当権を放棄するなど故意または懈怠によりその担保を喪失・減少させたときは，Cはもとより，その後Cから乙不動産を譲り受けた者は，本条に規定する免責の効果を主張することができる（最判平成3年9月3日民集45巻7号1121頁）。また，債権者が抵当権の実行をためらっている間に抵当不動産の価格が著しく下落したような場合にも，過失による減少があったとして本条の適用を受ける（大判昭和10年12月28日民集14巻2183頁）。なお，本条適用の効果としての「その責を免れる」とは，法定代位者が債権者に弁済するにあたり，総債務額から償還を受けることができない額を控除して，その残額のみを支払えば，債権者に対する関係では債務の弁済があったものと扱われる，という意味である。

　第三に，一部弁済を受けた債権者が（残債務の不履行を理由に）契約を解除した場合は，すでに代位者から受領した部分は非債弁済により不当利得となる。そこで，債権者は，代位者に対してその弁済した価額とその利息を償還しなければならない（502条2項但書）。

第3節　代物弁済

1　代物弁済の意義と性質

(1)　代物弁済とはなにか

(a)　意義　　代物弁済とは，債権の目的である本来的な給付に代えて他の給

付をなすことにより債権を消滅せしめるという債権者と弁済者の契約であって，弁済と同一の効力を有する (482条)。たとえば，Aから100万円を借りているBが，右借金の返済 (＝本来的給付) に代えて自動車1台を与える (＝他の給付) ことによりAの貸金債権を消滅させるような場合である。債権の一部だけを消滅させる代物弁済も，その旨の合意があれば可能である。また，弁済者は，債務者に限らず第三者でもよい——上の例でいえば，債権者Aの承諾さえあれば，第三者Cが代物弁済をしてもよい。このように，代物弁済は，本来的給付以外の給付 (＝代物給付) によって債権を消滅させるものであるから，本質的には「債務の本旨に従った履行」とはいえない。民法は代物弁済を弁済の一態様として定めているが，この点で本来の弁済とは異なる。ただ，債権者の承諾を前提として，弁済と同一の効力を生ずるものとされているにすぎない。

(b) 性質　代物弁済の法的性質については，かつては，さまざまな見解——たとえば，「弁済の変態」であるとか，「即時に履行された更改」であるとか，あるいは，「売買と相殺とが同時に成立したもの」であるとか——があったが，今日では，代物弁済契約という特殊な要物・有償契約であると解されている。すなわち，本来的給付とは異なる他の給付が現実になされない限りは効力を生じない点で，要物契約であり，また，他の給付と債権の消滅とが対価の関係に立っている点で，有償契約である。

(c) 更改との区別　代物弁済は，本来的給付とは異なる他の給付をなすことによって債権を消滅させる点で，更改と類似する。しかし，第一に，更改の場合には，他の給付をなすという新たな債務が発生するのに対して，代物弁済の場合には，本来的給付に代えて他の給付をなすにとどまり，新たな債権債務関係を発生させるわけではない。第二に，代物弁済といいうるためには，他の給付が現実になされることを要するのであって，たんに他の給付をなすべき旨の意思表示があるだけでは足りない。たとえば，他の給付が不動産所有権の移転である場合には，たんに所有権移転の合意があっただけでは足りず，登記並びに引渡を完了しなければ代物弁済は成立しない (最判昭和40年4月30日民集19巻3号768頁)。

(2)　手形や小切手の交付は代物弁済になるのか

債務の弁済として債務者が手形または小切手を交付した場合，それは代物弁

済になるのか，それとも更改になるのであろうか。民法は，債務の履行に代えて為替手形を発行するのは，債務の要素を変更するものであり，更改になると定めている（513条2項後段）。もしも更改だとすると，旧債務（本来の債務）が何らかの事由で不存在とされた場合，新債務も効力を有しないことになる。たとえば，100万円の債務が実際には存在しなかったという場合には，手形債権は効力を有しないことになる。しかし，これは手形理論——手形・小切手の発行は絶対的無因行為であるから，旧債務が不存在であっても，手形・小切手の効力は失われるべきではない——に反する。したがって，債務の履行のために手形・小切手を発行するのは更改とみるべきではない（その意味で，513条2項後段は無用の規定と解されている）。

　では，代物弁済になるのであろうか。まず，(イ)債務者が既存債務の履行の手段として，いわゆる「弁済のために」手形・小切手を交付する場合には，代物弁済とはならない。たとえば，100万円の弁済のために小切手が交付された場合，債権者はまず小切手によって債権の満足を受けるよう努めるべきであり，もしも満足を得られない場合は，本来の債権を行使することができる。つまり，小切手の交付によって直ちに債権が消滅するわけではないから，代物弁済とはならない。これに対して，(ロ)既存債務を消滅させるために，いわゆる「弁済に代えて」手形・小切手を交付した場合には，代物弁済となる。この場合には，手形・小切手の交付だけで既存債務は消滅する。したがって，手形・小切手上の債権だけが残り，債権者はもっぱら手形・小切手によって債権の満足を得るしかなくなる（それ故，債権者は手形・小切手の不渡りのリスクを負担することにもなる）。

　手形・小切手の交付が(イ)または(ロ)のいずれの意味でなされているかは，各場合の具体的事情によるが，一般に「弁済のために」交付されたものと推定するのが通説かつ判例（大判大正9年1月29日民録26輯94頁，大判大正11年4月8日民集1巻179頁）である。手形・小切手の交付によってはたして金銭を取得できるかどうかは不確実であり，むしろ当事者（とくに債権者）の意思は，本来の債権を存続させておく趣旨であると解するのが妥当だからである。

2 代物弁済の要件

（1） 債権が存在すること

代物弁済は債権の消滅を目的とするものであるから，債権が存在することが必要である。代物弁済として給付したのに債権が存在しなかった場合は，代物弁済は無効であり，非債弁済となる。すなわち，原則として債務者は給付したものの返還を請求しうる（705条）。なお，判例によれば，売買が統制法規に違反するために前渡代金が不法原因給付として返還請求できない場合でも，当事者間で返還の特約を結んでいたときは，その返還についての代物弁済契約は有効とされている（最判昭和28年5月8日民集7巻5号561頁）。

（2） 本来の給付と異なる他の給付をなすこと

本来の給付と異なる他の給付が現実になされることが必要である。他の給付は，その種類・内容を問わない。動産・不動産の所有権の移転のほか，手形・小切手の交付，第三者に対する債権の譲渡，預金証書の交付などは，代物弁済となりうる。

代物弁済の目的が特定物の所有権の移転である場合，債権者への所有権移転の効果は，意思主義（176条）に基づいて，原則として代物弁済契約の意思表示によって生ずる（最判昭和57年6月4日判時1048号97頁）。もっとも，その場合，二重譲渡の危険を避けるため，第三者に対する関係で対抗要件をも具備しなければ給付が現実になされたとはいえず，債権消滅の効果は生じない（最判昭和39年11月26日民集18巻9号1984頁）。ただし，債権者が不動産の所有権移転登記に必要な一切の書類を債務者から受領したときに代物弁済の効力を発生させる旨の特約があれば，右書類の授受によって債権は消滅する（最判昭和43年11月19日民集22巻12号2710頁）。

他の給付は，本来の給付と等価値であることは必要でない。他の給付が本来の給付より価値が少なくても，代物弁済であることの妨げにならないし，逆に，超過額があっても当然に利息に充当されるものではない（大判大正10年11月24日民録27輯2164頁）。ただし，他の給付が本来の給付よりも著しく多額であるときは暴利行為となり，代物弁済契約は公序良俗違反として無効とされることがある。

(3) 給付が「弁済に代えて」なされること

当事者がこのような意思を有していたか否かは、手形・小切手を弁済の手段として交付した場合に、問題となる。それについては、前述したとおりである。すなわち、通説・判例によれば、手形・小切手の交付は通常、「弁済に代えて」ではなく、「弁済のために」交付されたものと推定される。そして、例外的に「弁済に代えて」交付されたときは、交付された手形・小切手が後日不渡りになっても、代物弁済によって消滅した既存債務は復活しない（大判大正9年5月15日民録26輯669頁）。なお、手形・小切手が「弁済に代えて」交付されたことの立証責任は、債務者が負担するものとされている（前掲大判大正11年4月8日）。

(4) 債権者の承諾があること

換言すれば、代物弁済は、当事者（債権者・弁済者）間の合意に基づいて成立する契約であるという趣旨である。通常は、債務者のほうから代物弁済をなす旨の意思表示がなされることから、代物弁済の成立要件としては債権者の承諾という形でとらえられるのである。

3 代物弁済の効果

代物弁済は、弁済と同一の効力を有するから、債権およびそれに付随する担保権（抵当権・質権・保証など）は消滅する。もっとも、代物弁済によって債権が消滅するのは、弁済とは異なり、当事者間の契約の効力によるものであるから、当事者が後日に反対契約をもってその効力を動かすことは、公序良俗に反しない限り、認められる（大判大正4年11月20日民録21輯1871頁）。なお、代物弁済として給付されたものに瑕疵があっても、債権者は、本来の給付や瑕疵のないものの給付を請求することはできない。ただ、代物弁済も一種の有償契約だから、売買の瑕疵担保に関する規定が準用され、解除または損害賠償の請求は認められる（570条・566条）。

4 代物弁済の予約

(1) 代物弁済予約の種類

代物弁済という法律的手段は、債権消滅を目的として、文字どおり本来の機

能に即して利用されることもある。たとえば，債務超過に陥った債務者がその所有不動産を債権者に譲渡して金銭債務を帳消しにしてもらう場合，あるいは，債務者が倒産しかけた時点で，債権者が債務者のところへいち早く駆けつけて，売渡済みの商品を引き上げたりする場合（抜け駆け的債権回収），などである。しかし，実際には，金銭消費貸借の当事者間において，債務者が債務を履行しないときは特定の不動産の所有権を債権者に移転するという予約の形式をとることにより，いわば債権担保の手段として利用されることのほうが，むしろ多い。そのさい，法的性質上，つぎの二つが区別される。

(a) 停止条件付代物弁済契約　　債務者が期限に弁済しないときは，目的物の所有権が当然に債権者に移転する旨予約することをいう。これは，厳密には代物弁済の予約ではなく，停止条件付代物弁済契約である。その目的物が当該債権のために設定された質権または抵当権の目的物であるときは，流質または流抵当の特約と同一視される――質の場合は，弁済期前になされたときは無効だが（349条），抵当の場合は有効とされている（大判明治41年3月20日民録14輯313頁）――。

(b) 真正の代物弁済の予約　　債務者が期限に弁済しないときは，当事者の双方または一方（現実には債権者であることがほとんどである）が特定の目的物につき代物弁済の予約完結権を留保する旨が，契約内容とされている場合である。これは，真正の代物弁済の予約であって，売買の予約に関する規定が準用される（559条・556条）。なお，その目的物が当該債権のために設定された質権・抵当権などの目的物であるときは，(a)の場合と同様の問題を生じる。

広義の意味での代物弁済の予約が，上記の(a)と(b)のいずれであるかは，当該契約の解釈問題であるが，不明の場合には，(a)のほうが債務者に不利益であるから，債務者保護という政策的見地から(b)であると推定するのが，通説および判例（最判昭和28年11月12日民集7巻11号1200頁）である。

（2）仮登記担保

前述したように，代物弁済の予約は，目的物（そのほとんどは不動産）につき債権者のために所有権移転請求権保全の仮登記（不動産登記法2条2号）を行うことによって，貸金債権等を担保せしめる機能を営む。他方で，代物弁済の予約は，仮登記の順位保全の効力を利用することによって，抵当権の煩瑣な実

行手続を回避するとともに，目的不動産の価額と被担保債権額の差額を労せずして手中に収めうる機能をも営むことになる。しかし，当初は，債権額の何倍もの価値の不動産を代物弁済として給付させる予約が行われるなど，担保物の丸取りによる弊害が問題化し，担保としての不合理性に批判の眼が向けられるようになった。そこで，判例は，債権額に比べて目的物の価額が高い場合には，債権者はその差額分を清算すべき義務があるとの見解を打ち出し（最判昭和42年11月16日民集21巻9号2430頁など），以後若干の変更はなされたものの，判例としての見解は基本的に確立するにいたった（最大判昭和49年10月23日民集28巻7号1473頁参照）。かくして，これら一連の最高裁判決を契機として，昭和53年に「仮登記担保契約に関する法律」（いわゆる仮登記担保法）が制定され，現在では，代物弁済の予約は仮登記担保の一つとして，この法律によって規制されることになった。なお，仮登記担保の詳細については，『講説 民法（物権法）』（2000年，不磨書房）の第6章を参照されたい。

第4節 供　託

1 供託の意義と性質

（1）意　義

供託（弁済供託）とは，債権者側の事情のみによって弁済がなしえない場合に，弁済者が債権者のために弁済の目的物を供託所に寄託してその債務を免れる行為——ないしそれを定める制度——をいう。たとえば，A・B間で自動車の売買がなされたが，買主Aが正当な理由なしに自動車を受け取らない場合に，売主Bがその自動車を供託所に寄託して引渡義務を免れるとか，あるいは，C・D間での家屋の賃貸借において，契約上のトラブルから賃貸人Cが賃料を受け取らない場合に，賃借人Dが賃料相当額を供託所に寄託して賃料債務を免れるような場合である。本章・第2節で説明したように，弁済者は弁済の提供（493条）によって債務不履行から生ずる一切の不利益を免れ（492条），また，債権者は受領遅滞となる（413条）。しかし，弁済の提供によって弁済者の責任は軽減されるとしても，債務それ自体は消滅しないし——したがって，債務者側には目的物の保管義務が存続する——，担保や違約金の効力も消滅しない。こ

のように，債権者の不受領のみによって債務者がいつまでも拘束されるのは公平を失することになるため，債務者を債務から解放すべく，近代民法のもとではあまねく供託制度が採用されるにいたった。

供託制度には，債務とくに損害賠償債務を担保するための担保供託（367条3項・461条2項など）や，たんに保管のためにする保管供託（商527条）など種々のものがある（なお，供託の手続一般については供託法が定めている）が，ここでいう供託は，債務を消滅させるためにする弁済供託ないし「弁済代用としての供託」である（494条以下）。

(2) 性　　質

供託の法的性質については諸説があり，見解が紛糾しているが，弁済供託は，供託者（＝弁済者）と供託所との間で締結される第三者（債権者）のためにする寄託契約であるとするのが，従来の通説である。これに対して，「第三者のためにする寄託契約」というのは弁済供託の形式にすぎず，このような性質論は意味がないとの批判がある。また，そもそも供託所の多くは公的機関であるため，このような供託所の行為を私法上の契約類似のものと解すべきであるか否かも問題とされている——いわゆる私法関係説と公法関係説の対立——。たとえば，供託物払渡請求（債権者の還付請求，供託者の取戻請求）に対する却下処分（行政処分）がなされた場合の訴訟方式として，行政訴訟と民事訴訟のいずれによるべきか，あるいは，払渡請求権の時効期間は5年（会計法30条）か，それとも10年（167条）か，などである。この点について，最高裁は，弁済供託をもって民法上の寄託契約と解しつつ，訴訟方式は行政訴訟（却下処分取消の訴え）によるが，消滅時効期間は，払渡請求権が私法上の請求権であることから，10年であるとしている（最大判昭和45年7月15日民集24巻7号771頁）。

2　供託の要件

(1) 供託原因の存在

供託は，弁済のために債権者の受領を要する場合において債権者が受領しないときにだけ許される。すなわち，つぎの三つの事由（供託原因）のいずれかがある場合である（494条）。

(a) 債権者の受領拒絶　　494条前段の文言（の前半部分）が受領遅滞に関す

る413条と同一であること，および，「予メ」(493条但書参照）という語がないこともあってか，判例は，原則として債権者が受領遅滞にあることを要すると解している。すなわち，債権者があらかじめ弁済の受領を拒んだときでもなお，債務者が適法な提供をした後に供託するのでなければ債務を免れないとし（大判明治40年5月20日民録13輯576頁)，例外的に，債務者が提供しても債権者が受領しないことが明確な場合に限り，提供なくして直ちに供託できるとしている（大判明治45年7月3日民録18輯684頁，大判大正11年10月25日民集1巻616頁)。ただし，近時の判例は，受領拒絶があるときに口頭の提供をまつことなく受領遅滞の効果を生じさせる場合を多く認めている（最大判昭和32年6月5日民集11巻6号915頁，最判昭和45年8月20日民集24巻9号1243頁など)。

これに対して，通説は，債権者があらかじめ受領を拒絶したときは，債務者は口頭の提供をすることなく直ちに供託をなしうる——したがって，債務者としては，口頭の提供をして債権者を遅滞におとしいれるか，または供託して債務を免れるか，いずれかを選択しうる——と解している。すなわち，供託は，債権者側のみの事情で弁済できない債務者を目的物保管などの煩わしさから解放するための制度であること，(c)の供託原因が受領遅滞と無関係なこと，および，供託は債権者になんら不利益を及ぼすものでないから，供託を受領遅滞の効果とみる必要のないこと，などを理由とする。なお，近時の学説の中には，口頭の提供という簡便な手段すらとることなく債務消滅という効果をもたらすのは疑問だとして，判例を支持するものも少なくない。

(b) 債権者の受領不能　　受領不能には，事実上の原因による場合（たとえば，交通途絶のために債権者が履行場所に来れないとか，持参債務で債権者が不在であるとか）と，法律上の原因による場合（たとえば，債権者に弁済受領権がないとか，無能力の債権者のために法定代理人が選任されていないとか）とがある。そして，受領不能については一般に，受領遅滞の要件を具備する必要はなく，また，債権者の帰責事由も必要ないとされている。判例も，ゆるやかに解し，債務者が債権者宅に弁済する旨電話したさいに，家人から「債権者もその妻も不在で，自分は留守番だからわからない」と言われたような場合も，受領不能にあたるとしている（大判昭和9年7月17日民集13巻1217頁)。なお，債権の差押え・仮差押えまたは仮処分によって債務者（第三債務者）が債権者

（執行債務者）への弁済を禁止された場合に，受領不能を理由に供託できるかが問題となる。学説は肯定的だが，供託実務はこれを否定している（受領権限のない債権者に供託の弁済効を与えるのは相当ではない，との理由による）。

(c) 債権者の確知不能　弁済者に過失がないのに（つまり，善良な管理者の注意を払っても），債権者ないし弁済受領権者が誰であるかを知りえない場合であり，債権者を確知できない原因が事実上のものであると法律上のものであるとを問わない。たとえば，債権者が死亡してその相続人が誰であるか不明の場合，譲渡禁止の特約ある債権が譲渡された場合（譲受人が善意か悪意かで異なる効果を生じるから），債権が二重に譲渡されていずれの譲受人が優先するか不明の場合，などである。

（2）債務の本旨に従った供託

弁済供託の目的物は，債務の本旨に従った弁済における場合と等しいものであることを要する。また，目的物の全部を供託することを要する。明文の規定はないが，債権消滅の効果を生じさせる以上，当然の要件とされる。したがって，たとえば金銭債務の一部を供託しても，原則として供託の効力は生じない（大判明治44年12月16日民録17輯808頁，大判昭和12年8月10日民集16巻1344頁など）。ただ，この一部供託の問題については，若干の説明を要する。

すなわち，判例によれば，①供託金額にきわめて少額の不足があるにとどまるときは，供託の効力を妨げない（大判昭和13年6月11日民集17巻1249頁，最判昭和35年12月15日民集14巻14号3060頁），②当事者間で債権額につき争いがある場合において，債権者の主張する額に足らない供託であっても，債権者がこれを受領すれば全額についての供託の効力が生じる（最判昭和33年12月18日民集12巻16号3323頁），③債務の一部供託は無効だとしても，数回にわたる一部供託の合計額が全債務額に達すれば，その時に弁済供託として有効になる（最判昭和42年8月24日民集21巻7号1719頁，最判昭和46年9月21日民集25巻6号857頁），④交通事故の加害者が，一審判決で支払を命じられた損害賠償金の全額を提供し供託した場合は，その提供額が損害賠償債務の全額に満たないことが控訴審で判明したとしても，原則としてその範囲で有効な弁済の提供および供託になる（最判平成6年7月18日民集48巻5号1165頁），とされている。

3 供託の方法

(1) 供託の当事者

前述のように,供託は第三者(債権者)のためにする寄託契約であるとの前提に立てば,供託したがって寄託契約の当事者は,供託者(寄託者)と供託所(受寄者)である。債権者は,契約当事者ではなく,第三者約款による効果の当事者にすぎない。

(a) **供託者** 供託をなしうる者は弁済者であって,債務者に限らない。したがって,弁済をすることのできる者であれば,債務者以外の第三者でもよい。たとえば,「債務者の代理人が本人のためにすることを表示することなく弁済供託をした場合であっても,債権者たる被供託者が本人のためにされたものであることを知りまたは知りうべきであったときは,右弁済供託は,本人より被供託者に対するものとしての効力を有する」(最判昭和50年11月20日金融法務776号28頁),とされる。

(b) **被供託者** 被供託者は債権者である。第三者のためにする契約が第三者に対して効力を生ずるためには,原則として第三者の受益の意思表示を必要とするが(537条2項),弁済供託においては,債権者(第三者)の受益の意思表示は必要でないと一般に解されている。

(c) **供託所** 供託すべき場所は,債務履行地の供託所である(495条1項)。供託所は,金銭および有価証券については,法務局もしくは地方法務局など(供託法1条),その他の物品については,法務大臣の指定する倉庫業者または銀行である(同法5条)。供託所について法令に別段の定めがない場合には,裁判所は,弁済者の請求によって供託所の指定および供託物保管者の選任をなすことを要する(495条2項)――なお,不動産の供託は,右規定により,供託物保管者の保管による――。

(2) 供託の内容

(a) **供託の目的物** 供託の目的物は,原則として,弁済の目的物である。金銭(これが最も多い)・有価証券・その他の動産であると,不動産であるとを問わない。なお,供託の内容は債務の本旨に従ったものでなければならないこと,および,債権額の一部を供託した場合の問題については,前述のとおりである(本節2(2)参照)。

(b) 自助売却金の供託　弁済の本来の目的物が金銭以外の物であるときに，それに代えて金銭の供託が認められることがある。すなわち，弁済の目的物が，①供託に適さないか（たとえば，危険物など），②滅失・毀損のおそれがあるとき（たとえば，生鮮食料品など），または，③その保存に過分の費用がかかるとき（たとえば，牛馬など）は，弁済者は，裁判所の許可を得てそれを競売に付し，その代価を供託することができる（497条）。いわゆる自助売却の一場合である（商524条参照）。

(c) 供託の通知　供託した場合，供託者は，遅滞なく債権者に供託した旨の通知をしなければならない（495条3項）。また，供託者は，供託所から受け取った供託受領書を債権者に交付しなければならない（大判昭和13年5月26日民集17巻1118頁）。もっとも，右の通知や供託受領書の交付は，弁済供託の有効要件ではなく，弁済の効力は供託によって生ずるとされている（最判昭和29年2月11日民集8巻2号401頁）。また，供託規則によれば，供託官は供託通知書を被供託者（債権者）に発送すべきものとされ（同規則19条・20条），債権者はこの供託通知書だけで供託物の還付請求をなしうるとされているから（同24条・26条），供託者の通知義務は有名無実と化している。

4　供託の効果
(1)　債権の消滅

　供託の（基本的）効果として，弁済がなされたときと同様に，債権は消滅する（494条）。ところで，いったん供託がなされても，その後弁済者は供託物を取り戻すことができるとされているため（496条1項前段），取戻権が存続する間は供託の効果は不確定となる。そこで，供託による債権消滅の効果がいつ発生するとみるべきか，が問題となる。通説および判例（大判昭和2年6月29日民集6巻415頁）は，①供託による債権消滅の効果は，取戻権の行使を解除条件として供託時に発生する，②取戻権が行使されれば供託はなされなかったものとみなされ（496条1項後段），債権は遡及的に消滅しなかったものとみなされる，と解している――いわゆる（遡及効ある）解除条件説――。これによれば，供託によって債権は消滅し，それに伴い人的・物的担保も消滅するから，供託者（弁済者）は，直ちに強制執行手続あるいは担保権実行手続の中止や，担保

物の返還・抵当権設定登記の抹消を求めることができることになる。これに対して，供託と同時に債権が消滅すると解するならば，債権消滅後に取戻権を認めることになり，取戻権の性質を不明ならしめ，取引の安全を害することにもなるとの理由から，債権は供託によっては消滅せず，取戻権が不存在か消滅したときに，債権は遡及的に消滅したものと取り扱われるにすぎない，と説く少数説——停止条件説——がある。

（２）　債権者の供託物引渡（還付）請求権

債権者は，供託によって，供託所（または供託物保管者）に対して供託物を受け取る権利——供託物引渡（還付）請求権——を取得する。民法に明文の規定はないが，債権者がこの権利を取得するから，供託は弁済に準じて債権消滅原因となると一般に解されている。この権利の取得については，第三者のためにする契約（537条2項）とは異なり，債権者による受益の意思表示は必要とされない。また，債務者が債権者の給付に対して弁済をなすべき場合においては，債権者は自己の給付をなすのでなければ，供託物を受け取ることはできない（498条，供託法10条）。たとえば，売主の目的物引渡に対して買主が代金を支払うというように，買主が同時履行の抗弁権（533条）を有する場合に，買主が代金を供託したときは，売主はまず目的物を引き渡すのでなければ，供託金の還付を受けることはできない。

（３）　供託物所有権の移転

金銭その他の代替物の供託の場合には，供託物の所有権はいったん供託所に帰属し，債権者が供託所からそれと同種・同等・同量の物を受け取ったときに，債権者がその物の所有権を取得する。これに対して，特定物の供託の場合には，供託物の所有権は——契約時または遅くとも供託時に——供託者（弁済者）から債権者に直接に移転する，と解するのが通説である。

（４）　供託者の供託物取戻権

(a)　供託物取戻権の意義・性質　　供託は弁済者の保護を目的とする制度であるから，債権者または第三者に不利益とならない限り，供託者（弁済者）は，いったんなした供託を撤回し，供託物を取り戻すことができる（496条1項前段）。供託物が取り戻されると，供託はなされなかったものとみなされる（同条1項後段）。すなわち，通説（解除条件説）によれば，取戻しによって供託は遡

及的に効力を失い，その結果，債権およびそれに付着していた担保権は消滅しなかった（復活する）ことになる。この取戻権の法的性質については，異論もあるが，通説は，供託を撤回する一種の形成権と解している。なお，取戻権は，民法の規定による場合のほか，供託が錯誤によってなされた場合（供託の無効を理由とする），または，供託原因が消滅した場合（不当利得を理由とする）にも，認められている（供託法8条）。

(b) 取戻権の消滅　　供託物の取戻しは，債権者または第三者に不利益を及ぼさない限りにおいて，例外的に認められるべきものである。したがって，つぎの場合には，取戻権は消滅する（もしくは，そもそも発生しない）とされている。すなわち，

① 債権者が供託を受諾したとき。——受諾は，債務者または供託所に対する意思表示によってなすべきものとされる（通説）。ただし，供託実務上は，後者（供託所）に対して提出する供託受諾書のみが受諾の有無を決することになる，とされている。

② 供託を有効と宣告した判決が確定したとき（以上，496条1項前段）。——供託が有効であることが判決によって確定した以上，もはや取戻しが許されないのは当然とされる。

③ 供託によって質権または抵当権が消滅したとき（496条2項）。——供託によって債権が消滅すれば，債権担保としての質権または抵当権も消滅することになる（担保権の附従性）が，その後に取戻しを認めてこれらを復活させると第三者に損害を及ぼすからである（通説）。なお，これは，取戻権の消滅というよりは，取戻権の不発生である。

④ 供託者が取戻権を放棄したとき。——放棄は，債権者または供託所に対する意思表示によってなすべきものとされる（通説）。ただし，供託実務上は，供託所に取戻権放棄書を提出することによってなされている。

(c) 取戻権の消滅時効　　判例は，弁済供託は公法上の関係ではなく，民法上の寄託契約の性質を有するとみたうえで，取戻権の消滅時効期間は，民法の原則に基づき10年である（167条1項）とし，また，その起算点については，「供託の基礎となった債務について紛争の解決などによってその不存在が確定するなど，供託者が免責の効果を受ける必要が消滅した時」と解している（前掲最

大判昭和45年7月15日）。

第5節　相　殺

1　相殺の意義
（1）　相殺の意義
　たとえば，AがBに500万円の貸金債権を有しているが，BもまたAに対し300万円の売掛代金債権を有しているというような場合に，Aは自己の債権から300万円分の債権を消滅させることによって，Bに対する300万円の代金支払を免れることができる。また，Bも自己の300万円の債権の消滅と引き換えに，Aの債権の減額を求めることができる。これが相殺である。つまり，相殺とは，互いに同種の債権・債務を有する当事者が，それらを対等額で消滅させることをいう（505条1項）。

（2）　相殺の目的
　相殺の目的ないし機能は，当事者間の不便と不公平を除去することにある。前の例では，まず，BがAに500万円を返済し，それから，AがBに300万円を返済するということになるが，同じ金銭債務を相互に履行することは時間と費用の無駄である。したがって，このような二重の手続（二度手間）を省略し，一度で済ませてしまうのが第一の目的である（不便の除去）。第二に，当事者の一方の資力が悪化した場合の危険から他方を保護することも重要な目的である（不公平の除去）。すなわち，前の例で，Aが破産した場合，かりに相殺が認められないとすると，Bは500万円の債務の全額の返済を迫られるが，他方，BはAに対する300万円の債権を回収できない可能性が大きい。ところが，相殺が認められると，その危険は減少する。したがって，相殺は一種の債権担保の機能を有しているということができる。

（3）　相殺の性質
　民法が定める相殺は単独行為である。つまり，相殺をするという一方的な意思表示によって成立する。ただし，相殺は当事者の契約によっても成立させることができる。これを，相殺契約という。相殺契約による場合は，民法の制度的な制約がなくなり，たとえば異なった種類の債権でも相殺できる。

2　相殺の要件

(1)　相殺適状

　相殺をするには，つぎのような要件が必要である。これらの要件を満たしている状態を，相殺適状という。

　(a)　対立する債権が存在すること　　相殺をする者と相殺をされる者との間に相互に対立する債権が存在していることが必要である。このうち相殺をする者の債権を自働債権といい，相殺される相手方の債権を受働債権という。自働債権は相殺者自身の債権であることが原則だが，連帯債務（436条2項）や保証債務（457条2項）の場合には，例外的に他人の債権（他の連帯債務者や主たる債務者の債権）で相殺することもできる。また，連帯債務（443条1項）・保証債務（463条1項）・債権譲渡（468条2項）の場合は，他人に対する債権で相殺できる。なお，受働債権は，被相殺者が相殺者に対して有する債権であることを要する。したがって，被相殺者が第三者に対して有する債権とは相殺できない。

　(b)　双方の債権が同種の目的を有すること　　相殺するためには，双方の債権が同種の目的を有するものでなくてはならない。したがって，相殺は，金銭または代替物の引渡を目的とする債権（種類債権）に限られる。なお，目的が同じであれば，履行期や履行地などが異なってもよい。ただし，履行地が異なる場合は，相手方に対して損害賠償をしなければならない（507条）。

　(c)　双方の債権が弁済期にあること　　相殺するには双方の債権が弁済期にあることが必要だが，受働債権については，期限の利益を放棄できるので，弁済期前でも相殺できる。すなわち，前の例で，AのBに対する500万円の債権の弁済期限は到来しているが，BのAに対する債権の期限が未到来の場合，Aの弁済請求に対して，Bは相殺を主張できないが，Aのほうから相殺を主張することは，期限の利益の放棄として許される（大判昭和8年5月30日民集12巻14号1381頁）。なお，弁済期の定めのない債権は弁済期にあるものであるから，これを受働債権とし，弁済期の到来している自働債権で相殺できる（大判昭和8年9月8日民集12巻21号2124頁）。

　(d)　債権が有効に存在すること　　相殺をするためには債権が有効に存在していなければならない。したがって，どちらかの債権が無効の場合は，相殺も

無効になる。ただし，後述するように，時効によって消滅した債権でも，その消滅以前に相殺適状にあった場合は，相殺することができる（508条）。なお，取り消し得る契約から生じた債権は，取り消されるまでは相殺可能だが，取消によって消滅したときは，その相殺は効力を失う。ただし，取消権者がみずから相殺するときは，法定追認となる場合もある（125条参照）。

(2) 相殺の禁止

つぎの場合は，相殺をすることができない。

(a) 債務の性質による相殺の禁止　相殺をするためには債務の性質が相殺を許すものでなければならない。したがって，労務の提供など現実の履行をしなければ目的を達成できないものについては，相殺できない（505条1項但書）。判例は，労働者の賃金債権を受動債権とし，使用者が労働者に対して有する債権を自働債権とする相殺は許されないとしている（最判昭和36年5月31日民集15巻5号1482頁）。

(b) 当事者の特約による相殺の禁止　当事者が，反対の意思を表示した場合は，相殺の規定は適用されない。ただし，その意思表示は善意の第三者に対抗できない（505条2項）。すなわち，当事者が相殺できないという契約（特約）を結んでいる場合は，相殺できないが，そのような債権を善意で譲り受けた第三者は，相殺をすることができる。

(c) 不法行為債権を受動債権とする相殺の禁止　債務が不法行為によって生じたときは，その債務者は相殺できない（509条）。たとえば，Aが交通事故を起こし，被害者であるBから損害賠償を請求されている場合で，かりに加害者であるAがBに対し何らかの債権を持っていても，その債権と損害賠償債務とを相殺することはできない。すなわち，相手方の債権（受動債権）が不法行為にもとづく債権（損害賠償請求権）である場合，その債務者（不法行為者）は，相殺できないのである。なぜなら，このような場合は，まず被害者の救済を図ることが優先するからである。また，貸した金を返済しない相手に暴行などの加害を働き，その損害賠償債務を相殺するというような，不法行為の誘発を防ぐという意味もある。したがって，被害者のほうが不法行為にもとづく損害賠償請求権を自働債権として相殺することは許される（最判昭和42年11月30日民集21巻9号2477頁）。ただし，双方ともに不法行為にもとづく債権の場合に

は，相殺できない（最判昭和32年4月30日民集11巻4号646頁，最判昭和49年6月28日民集28巻5号666頁）。

　(d)　差押禁止債権を受働債権とする相殺の禁止　　差押が禁止された債権については，相殺できない（510条）。すなわち，扶養料・賃金・退職金・賞与などの請求権（債権）は，民事執行法によりその4分の3については差押が禁止されており（民執152条参照），これらの債権を受働債権として相殺することはできない。判例は，労働者の賃金に関しては，全額について相殺が許されないとしている（最判昭和36年5月31日民集15巻5号1482頁）。

　(e)　支払の差止を受けた債権を受働債権とする相殺の禁止　　支払の差止を受けた第三債務者はその後に取得した債権により，相殺をもって差押債権者に対抗できない（511条）。したがって，たとえば，AがBに500万円の貸金債権を有し，他方，BがAに300万円の売掛代金債権を有している場合で，Aの債権者であるCがAのBに対する債権を差し押え，その支払の差止をしたという場合，Bは差止前に有していた債権300万円について相殺できることになる。

　ところで，差押の時点で双方の債権が弁済期にある場合には相殺適状なので，相殺に問題はないが，自働債権の弁済期が未到来の場合は問題が生じる。判例は，かつて，自働債権（Bの債権）の弁済期が差押の時点で未到来でも受働債権（Aの債権）の弁済期よりも先に到来するときは，Bは相殺をもって差押権者Cに対抗できるが，自働債権の弁済期よりも後に到来するときは対抗できないとし，いわゆる「制限説」を採用した（最判昭和39年12月23日民集18巻10号2217頁）。しかし，その後，双方の弁済期の先後を問わず，相殺が優先するとし，「無制限説」へと態度を変更している。すなわち，「債権が差し押さえられた場合，第三債務者が債務者に対して反対債権を有していたときは，その債権が差押後に取得されたものでない限り，右債権及び被差押債権の弁済期の前後を問わず，両債権が相殺適状に達しさえすれば，第三債務者は差押後においても，右反対債権を自働債権として被差押え債権と相殺することができる」とした（最判昭和45年6月24日民集24巻6号587頁）。

　(f)　債権譲渡と相殺　　民法468条2項によれば，指名債権の譲渡人が債務者に債権譲渡の通知をなしたに止まるときは，債務者はその通知を受けるまでに，「譲渡人ニ対シテ生シタル事由」をもって譲受人に対抗することができる。

この対抗事由に「相殺」が含まれることについては異論はない。したがって，債権譲渡後の相殺は許されることになるが，問題は，通知当時に相殺適状になかった場合にも対抗できるかどうかである。学説は対立しているが，判例は，債権譲渡の通知を受ける前に取得していた債権については，弁済期の前後を問わず相殺できるとしている。すなわち，「債権が譲渡され，その債務者が譲渡通知を受けたにとどまり，かつ，右通知を受ける前に譲渡人に対して反対債権を取得していた場合において，譲受人が譲渡人である会社の取締役である等の事実関係があるときは，右被譲渡債権及び反対債権の弁済期の前後を問わず，両債権の弁済期が到来すれば，被譲渡債権の債務者は譲受人に対し，右反対債権を自働債権として被譲渡債権と相殺することができる」としている（最判昭和50年12月8日民集29巻11号1864頁）。

3 相殺の方法

(a) 相殺の意思表示　　相殺は，相手方に対する意思表示によってなされる（506条1項）。相殺の意思表示をする場合は相殺する債権を示さなければならないが，発生の日時や発生原因などを明示する必要はない。なお，相殺の意思表示に対しては，条件及び期限を付すことができない（506条1項但書）。

判例は，意思表示の相手方について，「債務者が受働債権の譲受人に対し相殺をもって対抗する場合には，その相殺の意思表示は右譲受人に対してなすべきである」としている（最判昭和32年7月19日民集11巻7号1297頁）。

(b) 履行地の異なる債務の相殺　　相殺は，双方の債務の履行地が異なる場合でも行うことができる。ただし，その場合には相殺をする者が相手方に対して，それによって生じた損害を賠償しなければならない（507条）。

(c) 時効消滅した債権による相殺　　時効によって消滅した債権でも，その消滅以前に相殺適状にあった場合は，その債権者は相殺をすることができる（508条）。

判例は，債権者が保証人に対して債務を負担していた場合，その債務と主債務が相殺適状になった後に，主債務について時効が完成しても，債権者は主債務に係わる保証人に対する債権と，保証人の債権とを相殺することができるとしている。すなわち，「債権者ガ連帯保証人ニ対スル債権ヲ以テ其ノ連帯保証

人ニ対スル債務ト相殺ヲ為シ得ベキ場合ニ於テモ其ノ債権者ハ何時ニテモ相殺ニ因リ自己ノ債権（連帯保証人並ビニ主タル債務者ニ対スル）及債務ヲ消滅セシメ得ベキ地位ニ在ルガ故ニ未ダ相殺ヲ為サザルモ恰モ既ニ此ラノ債権ヲ有セズ債務ヲ負担セザルガ如キ観念ヲ有スルヲ通常トシ其ノ結果連帯保証人ニ対シテハ勿論主タル債務者ニ対シテモ其ノ債権ノ行使ヲ怠ルコトアルベキハ取引ノ実験ニオイテ免レ難キ所ナリト謂ウベク従テ其ノ不行使ニ因リ先ズ主タル債務者ニ対スル債務ニツキ消滅時効完成シ之ガ為ニ連帯保証人ニ対スル債権モマタ消滅スルニ至リタル場合ニ於テモ債権者ハ民法第五〇八条ノ保護ヲ受クベキハ当然ニシテ即此場合ニ債権者ハ連帯保証人ニ対スル債権ヲ以テ其ノ消滅前之ト相殺適状ニ在リシ連帯保証人に対スル債務ト相殺ヲ為シ得ルモノト解セザルベカラズ」（大判昭和8年1月31日民集12巻2号83頁）。

　また，請負契約において，注文者が，民法637条所定の除斥期間の経過した損害賠償請求権を自働債権とし，請負人の報酬請求権を受働債権としてする相殺も，本条を類推適用して認められるとしているすなわち，「注文者が請負人に対して有する仕事の目的物の瑕疵の修補に変わる損害賠償請求権は，注文者が目的物の引渡を受けたときから1年以内にこれを行使することを要することは，民法637条1項の規定するところであり，この期間がいわゆる除斥期間であることは所論の通りであるが，右期間経過前に請負人の注文者に対する請負代金債権と右損害賠償債権とが相殺適状に達していたときには，同法508条の類推適用により，右期間経過後であっても，注文者は，右損害賠償請求権を自働債権とし請負代金請求権を受働債権として相殺をなしうる」としている（最判昭和51年3月4日民集30巻2号48頁）。

　もっとも，すでに消滅時効にかかった他人の債権を譲り受け，これを自働債権として相殺することは許されない（最判昭和36年4月14日民集15巻4号765頁）。

　(d)　相殺の予約　　将来において一定の事由が発生した場合には，当然相殺することを事前に約束しておくことができる。銀行が預金を条件に貸付をする「銀行取引約定書」によって用いられることが多い。この予約の差押権者等に対する対外的効力の可否については，学説は対立しているが，判例は肯定している。すなわち，「銀行の貸付債権について債務者の信用を悪化させる一定の客観的時事横が発生した場合には，債務者のために存する右貸付金の期限の利

益を喪失せしめ，同人の銀行に対する預金等の債権につき銀行において期限の利益を放棄し，直ちに相殺適状を生ぜしめる旨の合意は，右預金等の債権を差し押さえた債権者に対しても効力を有する」(最判昭和45年6月24日民集24巻6号587頁)。

4 相殺の効果

(a) 債権の消滅　　相殺によって，自働債権と受働債権は互いに対等額で消滅する。債権額が同一の場合は，相殺によって双方の債権が同時に消滅することになる。また，債権額が同一でない場合は，一方の債権はその差額分だけ残ることになる。

(b) 遡及効　　相殺の意思表示は，双方の債務が互いに相殺をなすに適した始めに遡って，その効力を生じる(506条2項)。つまり，その効力は相殺適状が生じたときに遡及するのである。これを，相殺の遡及効という。これにつき判例は，「相殺の意思表示は，双方の債務が互いに相殺をするに適するに至った時点にさかのぼって効力を生ずるものであり，その計算をするに当たっては，双方の債務につき弁済期が到来し相殺適状となった時期を基準として双方の債権額を定め，その対等額において差し引計算をすべきものである」としている(最判昭和53年7月17日判時912号61頁)。したがって，相殺適状後に生じた利息は発生しなかったことになり，また，遅延損害の賠償義務や違約金債務など発生していた履行遅滞の責任も消滅する。なお，賃料不払で賃貸借契約が解除された後に賃借人が費用償還請求権など賃貸人に対する債権で賃料を相殺する意思表示をした場合について，判例は，解除後の相殺は解除の効力に影響はないとしている(最判昭和32年3月8日民集11巻3号513頁)。

(c) 相殺の充当　　相殺の相手が相殺適状にある複数の債権を有しており，自働債権がその全部を消滅させるに足りないときは，どの債権につき相殺の効力が生じるかは，弁済充当の規定(488条〜491条)を準用して，相殺されるべき債権を定める(512条)。つまり，当事者の指定があればそれに従う(488条参照)。これを，相殺の充当という。当事者の指定がないときは，法律の定めに従う。これを，法定充当という(489条参照)。

　判例は，複数の元本債権を含む数個の債権があり，当事者のいずれもが相殺

の順序の指定をしなかった場合について,「まず,元本債権相互間で相殺に供し得る状態となった時期の順に従って相殺の順序を定めた上,その時期を同じくする元本債権相互間及び元本債権とこれについての利息,費用債権との間で,民法489条・491条の規定の準用により相殺充当を行う」としている(最判昭和56年7月2日民集35巻5号881頁)。

第6節　更　　改

1　更改の意義

　たとえば,AがBに対して200万円の債権を有している場合において,Bの債務をCの債務に変更することを更改という。つまり,更改とは,新たな債務を成立させることによって,もとの債務を消滅させることである(513条1項)。
　更改には,つぎの3つの形態がある。
　(a)　債務者の交代による更改　　たとえば,AのBに対する債権を消滅させ,新たにAのCに対する債権を成立させる場合である。このような更改は,AとCとの契約で行なわれるが,旧債務者であるBの意思に反して行うことはできない(514条)。したがって,旧債務者の意思に反した場合には,その更改契約は無効になる。
　(b)　債権者の交代による更改　　たとえば,AのBに対する債権を消滅させ,新たにCのBに対する債権を成立させる場合である。このような更改も,ABC三者の契約によって行われる。債務者であるBも契約の当事者になる点が「債権譲渡」(466条以下)と異なる。なお,この契約は確定日付のある証書(公正証書)でなければ,第三者に対抗できない(515条)。また,「指名債権譲渡の承諾の効果」の規定(468条1項)が準用され,債務者が異議を留めないで更改をしたときは,たとえ旧債権者に対抗できる事由があっても,これをもって新債権者に対抗することはできないとされている(516条)。
　(c)　債務の目的の変更による更改　　たとえば,AがBに対して有する売掛代金債権を貸金債権に改めるような場合である。このような更改は,AとBとの契約で行われる。
　なお,判例は,複数の債権を1つに統合することも更改だとしているが(大

判大正4年4月8日民録21輯464頁），債務の態様の変更に過ぎないとして，反対する学説が有力である。最近の下級審には，5口の貸金債権等をまとめて2口の貸金債権とした事例について，「更改意思が明確であるとはいえない」として，更改の成立を否定した事例がある（仙台高秋田支判平成4年10月5日判時1467号63頁）。また，二本の手形貸し付け債権を一本化し，支払方法を分割払とする旨の金銭消費貸借契約の締結が，旧債務についての弁済期を単に延長する手段としてなされたものであって，更改契約ではないとされた事例もある（東京地判平成8年9月24日金融法務1474号37頁）。

2 更改の要件

(a) **消滅すべき債権の存在** 更改は債権を消滅させる契約だから，まず，更改によって消滅すべき債権が存在することが要件となる。したがって，更改によって消滅する債権が存在しないときは，たとえ当事者が更改契約をしても無効となる。

(b) **新債権の成立** 新債権が成立することが要件である。新債権が成立しないときは，更改は無効となり，旧債権は消滅しない。したがって，更改によって生じた債務が不法の原因などで無効になったり，取り消されたときは，旧債務は消滅しない（517条）。

(c) **債務の要素の変更** 債務の要素に変更があることが要件である。したがって，変更がなければ，更改は成立しない。

ところで，民法は，条件付債務を無条件とし，無条件債務に条件を付し，または条件債務の条件を変更することは，債務の要素の変更であるとしている（513条2項前段）。しかし，債務の条件に関する変更が常に「債務の要素の変更」に当たるとはかぎらない。学説は，条件に関する変更も，債務の同一性を変更する程度の客観的および主観的（更改意思）事情のあるときに，更改の成立を認めるとするものが通説である。

さらに，民法は，為替手形を発行することも債務の変更に当たるとしている（513条2項後段）。これについても，学説は，当事者の意思（更改意思）にしたがって更改の成立を認めている。しかし，たとえば，債権者の手許に残された手形が善意の第三者に交付されたときは，手形理論からして，更改による債務

の消滅を主張し得ないことに留意する必要がある。

3 更改の効果

(a) **旧債務の消滅**　更改によって旧債務は消滅する（513条1項）。したがって，この債務を担保するために存在していた保証債務および担保物権なども消滅する。ただし，更改の当事者は旧債務の目的の限度において，その債務の担保に供した質権または抵当権を新債務に移すことができる。なお，第三者がこれを供したときは，その承諾を得る必要がある（518条）。また，旧債務に付着していた抗弁も原則として消滅する。ただし，債権者の交代による更改については，債権譲渡の468条1項の規定が準用されるので（516条），債務者が更改に際して抗弁を留保したときは，その抗弁権は新債権者にも対抗できる。

(b) **更改契約の解除**　新債務の不履行は更改契約の不履行ではないとして，更改契約の解除に否定的な学説が多い。しかし，判例は，更改も一種の契約であることを理由に，更改契約の解除を認めている（大判大正5年5月8日民録22輯918頁）。

第7節　免　　除

1 免除の意義

たとえば，AはBに対して200万円の貸金債権を有していたが，Bが150万円を返済した時点で，残りの50万円について返済を免除するというような場合である。この場合，債権者Aが債務者Bに「返済を免除する」という意思を表示すれば，Aの債権は消滅する。つまり，免除とは，債権者の一方的な意思表示によって債権を消滅させることであり，債権者の単独行為である（519条）。

免除は，債権者と債務者とのあいだの契約（免除契約）によってもなすことができる。ただし，免除契約は無償であることを要し，有償の場合は，代物弁済または更改になる。なお，第三者に対する免除契約も有効である。

判例は，契約により債務の一部を免除された債務者が免除されない部分の債務を履行しないので，右契約を解除し全部の履行を求めた事案について，免除契約の成立ならびに解除を認めている（大判昭和4年3月26日新聞2976号11頁）。

2 免除の方法

　免除は，意思表示によってなされる。書面その他の特別の方式を必要としない。判例によれば，債務の免除は黙示の意思表示でもすることができるが，権利の放棄は明示でなければならない（大判大正2年7月10日民録19輯654頁）。また，債務者は単に義務を免れるだけだから，能力者たることは要しない（4条1項但書）。さらに，免除は，単独行為だから，その意思表示は撤回できないが，条件や期限をつけることはできると解されている。

　判例は，賃金に当たる退職金債権放棄の意思表示は，それが労働者の自由な意思表示に基づくものであると認めるに足りる合理的な理由が客観的に存在するときは，有効であるとしている。すなわち，X会社の被用者で西日本における総責任者の地位にあるYが，退職に際し，賃金に当たる退職金債権を放棄する旨の意思表示をした場合において，Yが退職後直ちに競争会社に就職することがXに判明しており，また，Yの在職中における経費の使用につき書面上つじつまの合わない点からXが疑問を抱いて，その疑惑にかかる損害の一部を填補させる趣旨で退職金債権の放棄を求めた等の事情があるときは，右退職金債権放棄の意思表示は，Yの自由な意思にもとづくものであると認めるに足りる合理的な理由が客観的に存在したものとして，有効とすべきであるとしている（最判昭和48年1月19日民集27巻1号27頁）。

　また，最近の判例では，元従業員の使用者に対する雇用契約にもとづく報酬支払請求につき，元従業員は，雇用関係終了の約7カ月後に締結された和解契約において，和解金150万円の支払を条件として当該債権を取得していたとすればそれを放棄する旨の意思表示をしたものというべきであり，当該意思表示が，その自由な意思にもとづいてされたと認めるに足りる合理的な理由が客観的に存在する限り有効であるとしたものもある（大阪地判平成5年5月26日労働民例集44巻3号506頁）。

3 免除の効果

　免除によって，債権は消滅する。これにともなう担保物権も消滅するし，主たる債務が免除されれば，それに対する保証債務も消滅する（448条）。ただし，第三者の権利を害することはできないから，債権が第三者の権利目的となって

いる場合には，免除できない。

判例は，海上物品運送契約において，積荷保険の被保険者である荷主が保険金の支払を受ける限度で運送人に対する損害賠償請求権をあらかじめ放棄した場合でも，商法739条により運送人の免責が許されない損害に関するかぎり，保険者は，保険代理により，荷主の運送人に対する損害賠償請求権を取得するとしている（最判昭和49年3月15日民集28巻2号222頁）。

なお，保険に付された危険によって生じた貨物の滅失等については，損害賠償の責に任じない旨の合意のある場合でも，特段の事情のない限り，被保険者である荷送人は，保険金額の範囲内の損害につき，貨物滅失にもとづく運送人に対する損害賠償請求権をあらかじめ放棄したものとは解されないとする判例もある（最判昭和51年11月25日民集30巻10号960頁）。

第8節 混 同

1 混同の意義

たとえば，Aが父Bから200万円借りていたときに，Bが死亡すると，Aは相続人として，父の債権を相続することになる。この場合，Aが自分に対して債権者となるのは意味がないから，Aの相続分に応じて，Aの債務は消滅する。これが，混同である。つまり，混同とは，債権と債務が同一人に帰属することをいう。混同によって，その債権は消滅する（520条）。

混同は，債務者が自己に対する債権を譲り受けたり，債権者である会社が債務者である会社と合併したような場合にも生じる。なお，混同は意思表示や契約などの行為ではなく，事実であり，混同が生じると同時に債権は消滅する。

民法が混同を債権の消滅原因としたのは，混同の生じた場合に債権を存続させることが，多くの場合において無意味だからである。

2 混同の効果

混同により債権は消滅する（520条）。その債権に付随する保証や担保も消滅する。

判例によれば，交通事故の加害者および被害者の権利義務を同一人が相続し

た場合，被害者から相続により承継した損害賠償請求権は「混同」により消滅し，被害者の相続人から保険会社に対する自動車損害賠償保障法16条1項にもとづく直接請求は許されない（札幌高判昭和59年11月29日判タ548号232頁）。すなわち，父Aが自ら運転していた自動車の事故で死亡し，同乗していた母Bも死亡したという事例では，それらの相続人である子Xは，加害者である父Aと被害者である母Bの権利義務を承継するため，母Bの父Aに対する損害賠償請求権と父Aの母Bに対する損害賠償義務とが，同一人である子Xに帰すことになる。そのため，Xが母Bから相続によって承継した損害賠償請求権は，混同により消滅したとされるのである（最判昭和48年1月30日交通事故民集6巻1号1頁参照）。これに対して，Xらは，「損害賠償債権の相続の場合に混同の規定を適用すると，父運転，母同乗の事故で，子が遺族の場合において，母だけが死亡したときには自賠責保険による支払いを受けることができるのに対し，父母ともに死亡したというより悲惨なときに支払いを受けることができないという不合理な結果になる」と主張した。しかし，判決は，「右の前者の設例においては，父は母の父に対する損害賠償請求権を相続した子に対し損害賠償義務を負っている以上，被保険者の損害のてん補又は責任免脱のために自賠法15条による保険金請求又は同法16条1項による直接請求を認める必要があるのに対し，後者の設例においては，損害賠償請求権と損害賠償債務とが同一人に帰属したことにより損害賠償請求権が消滅するとともに被保険者の損害賠償義務も消滅し，被保険者の損害のてん補又は責任免脱の必要はなくなるのであるから，責任保険である自賠責保険の保険金の支払について右の両者の場合につき異なる扱いをすることが必ずしも不合理であるということはできない」としている。

つぎに，債権が第三者の権利の目的となっているときは，その債権は混同により消滅しない（520条但書）。ところで，建物の賃借人Aがその建物の持ち主であるBからその建物を譲渡されたが，所有権移転登記をしないうちに，Bがその同じ建物をCに譲渡し，Cが移転登記を済ませたという場合，法律関係はどうなるだろうか。いわゆる，二重譲渡の問題であり，Aは登記がないため，第三者であるCにその建物の所有権を主張できない（177条）。しかし，建物の賃貸借は，その登記がなくても，建物の引渡があれば，事後にその建物につき物権を取得したものに対しその効力を生じるから（借家法1条・借地借家法31条

参照），AはCに対し，賃借権を主張できるかどうかが問題となる。この場合，AがBからその建物を譲り受けた時点で，混同が生じているから，Aの賃借権も消滅していると解することができる。そうなると，AはCに賃借権を主張できないことになる。しかし，判例は，このような場合には賃借権は消滅せず，第三者に対抗できるとしている。すなわち，「不動産の賃借人が賃貸人から該不動産を譲り受けてその旨の所有権移転登記をしないうちに，第三者が右不動産を二重に譲り受けてその旨の所有権移転登記を経由したため，前の譲受人たる賃借人において右不動産の取得を後の譲受人たる第三者に対抗できなくなった場合には，一たん混同によって消滅した右賃借権は，右第三者に対する関係では，同人の所有権取得によって，消滅しなかったものとなる」と判示している（最判昭和40年12月21日民集19巻9号2221頁）。

事項索引

あ

与える給付 …………………………… 11

い

異議をとどめた承諾 ………………… 149
異議をとどめない承諾 ……………… 149
意思説 …………………………………… 93
委託を受けた保証人の求償権 ……… 130
委託を受けない保証人の求償権 …… 131
一部不能 ………………………………… 54
1回的給付 ……………………………… 12
一身専属権 ……………………………… 82
違約金 …………………………… 69, 124
医療過誤 ………………………………… 60

う

受取証書交付請求権 ………………… 184

か

回帰的給付 ……………………………… 12
外国金種債権 …………………………… 18
価格賠償 ………………………………… 96
確定期限 ………………………………… 45
確定判決 ……………………………… 110
確定日付ある証書 …………………… 150
過 失 ………………………………… 110
過失相殺 ………………………………… 67
可分給付 ………………………………… 12
仮登記担保 …………………………… 199
間接強制 ………………………………… 40

き

機関保証 ……………………………… 141
期限到来の抗弁権 …………………… 115
期限の定めのない債務 ……………… 46
既判力 …………………………………… 85
基本権たる利息債権 …………………… 20
記名式所持人払債権 ………………… 154
求償権 ………………………………… 113
　――の拡張 …………………………… 116
　――の制限 …………………………… 114
　――の成立要件 ……………………… 114
　――の範囲 …………………………… 114
　――の変更 …………………………… 117
求償権者 ……………………………… 129
求償にあたっての保証人の通知義務 … 132
給 付
　――の確定性 ………………………… 10
　――の可能性 ………………………… 10
　――の種類 …………………………… 11
　――の適法性 ………………………… 9
供 託 …………………………………… 85
　――の目的物 ……………………… 204
供託（弁済供託） …………………… 200
供託原因 ……………………………… 201
供託者 ………………………………… 204
供託所 ………………………………… 204
供託物取戻権 ………………………… 206
供託物引渡請求権 …………………… 206
共同保証 ……………………………… 135
　――の効力 ………………………… 136
　――の成立 ………………………… 136
共同免責 ……………………………… 114

金銭債権 …………………………… *17, 18*
　　──の給付義務 ……………………… *17*
金銭債務 ……………………………… *54*
　　──の不履行 ……………………… *70*
金銭消費貸借 ………………………… *121*

く

組入権 ………………………………… *21*
グレイ・ゾーン ……………………… *24*

け

形式的意味における債権 ……………… *5*
形成権説 ……………………………… *87*
継続的給付 …………………………… *12*
継続的保証 …………………………… *137*
契約上の地位の譲渡 ………………… *158*
契約締結上の過失 …………………… *10*
検索の抗弁権 ………………………… *126*
現実の履行の強制 …………………… *50*
原始的不能 ……………………… *10, 53*
原状回復義務 ………………………… *124*
現物返還 ……………………………… *96*
権利の一般的消滅原因 ……………… *160*

こ

更　改 ……………………… *105, 111, 215*
　　──の効果 ……………………… *217*
　　──の要件 ……………………… *216*
口頭の提供 …………………………… *178*
後発的不能 ……………………… *10, 53*
混　同 ……………………… *113, 219*
　　──の効果 ……………………… *209*

さ

債　権
　　──の一般的効力 ……………… *29*
　　──の効力 ………………………… *6*
　　──の最小限の効力 …………… *29*
　　──の準占有者 ……………… *169*
　　──の消滅 ………………………… *7*
　　──の消滅原因 ……………… *160*
　　──の物権化 ……………………… *4*
　　──の目的 ………………………… *9*
債権債務の合有的帰属 ……………… *100*
債権債務の総有的帰属 ……………… *100*
債権者
　　──の確知不能 ……………… *203*
　　──の受領拒絶 ……………… *178, 201*
　　──の受領不能 ……………… *202*
債権者代位権 ………………………… *79*
　　──の転用 ……………………… *85*
債権者取消権 ……………………… *79, 87*
　　──の消滅時効 ……………… *99*
債権者平等の原則 …………………… *186*
債権証書返還請求権 ………………… *185*
債権譲渡 ……………………… *6, 142*
債権侵害 ……………………………… *32*
　　──にもとづく損害賠償請求権 … *33*
　　──にもとづく妨害排除請求権 … *35*
催告・検索の懈怠 …………………… *126*
催告の抗弁権 ………………………… *125*
裁判外の代位 ………………………… *84*
裁判上の代位 ……………………… *82, 84*
債　務 ………………………………… *31*
　　──なき責任 ……………………… *32*
　　──についての取消権・解除権 …… *127*
　　──の消滅 ……………………… *128*
　　──の相殺権 ……………………… *127*
債務ノ本旨 …………………………… *163*
債務者
　　──の責に帰すべき事由 …… *47, 56, 61*
　　──の代位権 ……………………… *80*

事項索引　225

――の引渡義務 …………………… 13
――の保管義務 …………………… 13
――の通知義務 ………………… 133
債務者が数人いる場合の保証人の求償権
　　　　　　　　　　　　　　……133
債務引受 ……………………… 142, 155
債務不履行 ……………………………42
　　――の効果 ……………………… 63
　　――の態様 ……………………… 43
詐害行為 ……………………… 87, 89
詐害行為取消権 …………………… 79
詐害の意思 ………………… 89, 93, 99
作為・不作為 ……………………… 11
差押を許さない権利 ……………… 83
指図債権 ………………………… 152

し

時　効 ………………………………113
時効利益の放棄 ………………… 110
事後求償権 ……………………… 130
持参債務 …………………… 15, 173
事情変更の原則 ………………… 18
自助売却金の供託 ……………… 205
事前求償権 ……………………… 130
自然債務 ………………………… 30
実質的意味における債権 ………… 5
指定充当 ………………………… 182
支配権 …………………………………1
支分権たる利息債権 …………… 20
指名債権 ………………………… 145
重　利 ……………………………… 20
出資取締法 ……………………… 24
出世払債務 ……………………… 46
受領拒絶 ………………………… 75
受領遅滞 ………………………… 73
　　――の効果 ……………………… 76

――の要件 ……………………… 74
受領不能 ………………………… 75
種類債権 …………………………… 14
証券的債権 …………………… 152
譲渡禁止の特約 ……………… 146
譲渡性の有無 ……………………… 2
譲渡担保 …………………………… 95
除斥期間 …………………………… 99
信義則の支配 ……………………… 7
信用保証 ………………………… 137
　　――協会 …………………… 141

せ

請求権 ……………………………… 1
請求権説 ………………………… 88
制限利率 ………………………… 21
責任財産 ………………………… 79
責任説 …………………………… 88
責任なき債務 …………………… 32
積極的債権侵害 ………………… 60
絶対権 ……………………………… 1
絶対的金銭債権 ………………… 17
絶対的構成説 …………………… 94
折衷説 …………………………… 88
善管注意義務 …………………… 13
選択債権 …………………… 25, 26
　　――の特定の効果 ………… 27
全部不能 ………………………… 54

そ

相関関係説 ……………………… 93
相　殺 ……………………… 111, 208
　　――の効果 ………………… 214
　　――の方法 ………………… 212
相殺適状 ………………… 97, 209
相対権 ……………………………… 1

相対効の原則 …………………………… 110
相対的金銭債権 ………………………… 17
相対的構成説 …………………………… 94
相対的連帯免除 ………………………… 117
相当因果関係 …………………………… 64
送付債務 ………………………………… 16
訴権説 …………………………………… 88
損害額算定の時期 ……………………… 66
損害賠償 …………………………… 63, 124
　　──の範囲 …………………………… 64
損害賠償額の算定 ……………………… 66
損害賠償額の予定 ……………………… 69

た

代位訴訟 ………………………………… 85
代位弁済 ………………………………… 185
対外的効力 ………………………… 103, 109
第三者による債権侵害 ………………… 34
第三者の弁済 …………………………… 165
代替執行 ………………………………… 39
代物給付 ………………………………… 195
代物弁済 …………………………… 92, 194
　　──の効果 ………………………… 198
　　──の要件 ………………………… 197
　　──の予約 ………………………… 198
代物弁済契約 …………………………… 195
諾成契約 ………………………………… 122
多数当事者 ……………………………… 100
　　──の債権関係 ………………… 6, 100

ち

遅延賠償 ………………………………… 50
　　──の予定 ………………………… 71
遅延利息 ………………………………… 71
遅　滞 …………………………………… 110
直接強制 ………………………………… 38

賃貸借契約の保証 ……………………… 140

つ

追　完 …………………………………… 62
追奪担保責任 …………………………… 98
通有性 …………………………………… 37

て

停止条件代物弁済契約 ………………… 199
転付命令 ………………………………… 80
塡補賠償 ………………………………… 51

と

登記請求権 ……………………………… 86
同時履行の抗弁権 ……………………… 115
特殊な保証 ……………………………… 134
特定金銭債権 …………………………… 17
特定物債権 ……………………………… 12
取消の相対効 …………………………… 96
取立権 …………………………………… 80
取立債務 …………………………… 15, 179

な

なす給付 ………………………………… 11

に

二重譲渡 ………………………………… 34
任意債権 ………………………………… 28
任意性 …………………………………… 7
任意代位 ………………………………… 181
認識説 …………………………………… 93

は

賠償額の予定 …………………………… 22
排他性の有無 …………………………… 2
判決代用 ………………………………… 39

事項索引　227

ひ

被供託者 ……………………………… 204
非債弁済 ………………………… 165, 197
表見受領者 …………………………… 169
費用償還請求権 ……………………… 85

ふ

不確定期限 …………………………… 45
不可侵性 ……………………………… 36
　――の有無 …………………………… 3
不可分給付 …………………………… 12
不可分債権関係 ……………………… 104
不可分債権債務 ……………………… 104
不可分債権の効力 …………………… 105
不可分債務の効力 …………………… 107
不完全履行 …………………………… 58
　――の効果 …………………………… 62
　――の要件 …………………………… 59
不真正連帯債務 ……………………… 117
　――の効力 ………………………… 118
物権の債権化 ………………………… 4
不動産賃貸権の物権化 ……………… 5
不当利得 ……………………………… 98
普遍性 ………………………………… 7
不要式行為 …………………………… 122
分割債権 ……………………………… 102
分割債権債務の原則 ………………… 102
分割債権債務の効力 ………………… 103
分割債務 ……………………………… 100

へ

併存的債務引受 ……………………… 157
変更権 ………………………………… 16
弁　済 ………………………………… 161
　――による代位の要件 …………… 187

　――の客体 ………………………… 172
　――の権限を与えられた者 ……… 164
　――の時期 ………………………… 174
　――の充当 ………………………… 181
　――の資力 ………………………… 126
　――の提供 …………………… 75, 175
　――の場所 ………………………… 173
　――の費用 ………………………… 174
弁済者 ………………………………… 164
　――による充当 …………………… 182
弁済意思 ……………………………… 162
弁済受領者 …………………………… 167
　――による充当 …………………… 183
弁済受領権限のない者 ……………… 171
弁済受領権限を与えられた者 ……… 168
弁済提供の効果 ……………………… 181

ほ

妨害排除請求権 ……………………… 86
法定充当 ……………………………… 183
法定代位 ……………………………… 188
法定代位者相互の関係 ……………… 191
法定連帯債務 ………………………… 109
保証委託 ……………………………… 129
保証期間 ……………………………… 137
保証契約 ……………………………… 122
保証限度 ……………………………… 138
保証債務 ………………………… 100, 121
　――の効力 ………………………… 125
　――の随伴性 ……………………… 122
　――の独立性 ……………………… 121
　――の範囲 ………………………… 137
　――の付従性 ……………………… 121
　――の補充性 ……………………… 122
保証人
　――の求償権 ……………………… 129

──の抗弁権 ……………………… *125*
──の資格 ………………………… *123*
──の代位権 ……………………… *134*

み

みなし利息 ……………………………… *22*
身元保証 ……………………………… *138*
──の種類 ……………………… *139*
身元保証契約 ………………………… *139*

む

無記名債権 …………………………… *152*

め

免　除 ………………… *105, 113, 217*
──の効果 ……………………… *219*
──の方法 ……………………… *218*
免責証券 ……………………………… *154*
免責的債務引受 ……………………… *157*

や

約定連帯債務 ………………………… *108*

り

履行期 ………………………………… *45*

履行遅滞 ……………………………… *44*
──の効果 ………………………… *50*
履行の請求 …………………………… *46*
履行の引受 …………………………… *158*
履行不能 ……………………………… *53*
──の効果 ………………………… *57*
──の判断基準 …………………… *53*
──の要件 ………………………… *54*
履行補助者 …………………………… *48*
利　息 ………………………………… *124*
──の天引 ………………………… *22*
利息債権 ……………………………… *19*
利息制限法 …………………………… *21*
利　率 ………………………………… *20*

れ

連帯債権 ……………………………… *120*
連帯債務 ………………………… *107, 108*
──の効力 ……………………… *109*
──の成立 ……………………… *108*
連帯債務者間の負担分担 …………… *108*
連帯の免除 …………………………… *117*
連帯保証 ……………………………… *134*
──の効力 ……………………… *134*
連帯保証人 …………………………… *135*

判 例 索 引

大判明30・4・24民録3輯4巻111頁…124
大判明33・3・19民録6輯112頁………179
大判明36・4・23民録9輯348頁………124
大判明36・7・6民録9輯884頁 ………82
大判明36・11・27民録9輯1320頁………93
大判明37・2・1民録10輯66頁 ………112
大判明39・9・29民集12巻1154頁………97
大判明39・10・29民録12輯1358頁
　……………………………………53, 55, 56
大判明39・11・21民録12輯1537頁………81
大判明40・5・16民録13輯519頁………188
大判明40・5・20民録13輯576頁………202
大判明40・9・22民録13輯877頁 ………92
大判明41・1・3民録新聞479号8頁…171
大判明41・2・18民録14輯290頁 ………66
大判明41・3・20民録14輯313頁………199
大判明43・7・6民録16輯537頁 ………86
大判明43・7・7民録16輯546頁 ………83
大判明43・10・13民録16輯1701頁……185
大判明43・10・31民録16輯739頁 ………46
大判明44・3・24民録17輯117頁……88, 94
大判明44・10・19民録17輯593頁 ………96
大判明44・12・16民録17輯808頁………203
大判明44・12・25民録17輯909頁 ………35
大判明45・7・3民録18輯684頁………202
大判大元・12・19民録18輯1087頁………39
大判大2・4・12民録19輯224頁………169
大判大2・6・19民録19輯463頁 ………47
大判大2・7・10民録19輯654頁………218
大判大2・11・24民録19輯986頁………179
大連判大3・3・10民録20輯147頁………103
大判大3・4・6民録20輯273頁…113, 187
大判大3・5・18民録20輯537頁………171
大判大3・6・15民録20輯476頁………130
大判大3・10・13民録20輯751頁………117

大判大3・10・19民録20輯777頁………110
大判大3・12・1民録20輯999頁………180
大判大4・2・15民録21輯106頁………104
大判大4・2・24民録21輯180頁………185
大判大4・3・10刑録21輯279頁…33, 34
大判大4・3・20民録21輯395頁…33, 34
大判大4・4・8民録21輯464頁………216
大判大4・5・29民録21輯858頁 ………74
大判大4・6・12民録21輯931頁 ………51
大判大4・7・13民録21輯1378頁……122
大判大4・9・21民録21輯1486頁……108
大判大4・11・20民録21輯1871頁……198
大判大4・12・1民録21輯1935頁………46
大判大4・12・10民録21輯2039頁………99
大判大5・4・26民録22輯805頁………181
大判大5・5・8民録22輯918頁………217
大判大5・7・15民録22輯1549頁……140
大判大5・7・27民録22輯1421頁……187
大判大5・10・20民録22輯1939頁………64
大判大5・11・4民録22輯2021頁……125
大判大5・12・6民録22輯2370頁 ………95
大判大5・12・25民録22輯2494頁……122
大判大6・2・14民録23輯158頁 ………20
大判大6・5・3民録23輯863頁………114
大判大6・7・5民録23輯1197頁……188
大判大6・9・25民録23輯1364頁……123
大判大6・10・3民録23輯1383頁 ………96
大判大6・10・18民録23輯1662頁……166
大判大6・10・20民録23輯1688頁……184
大判大7・2・5民録24輯136頁………136
大判大7・2・12民録24輯142頁………173
大判大7・3・19民録24輯445頁………104
大判大7・8・14民録24輯1650頁……178
大判大7・8・27民録24輯1658頁………66
大判大7・9・26民録24輯1730頁………93

大判大 7・10・12民録24輯1954頁………*34*
大判大 7・12・ 4民録24輯2288頁……*179*
大判大 7・12・ 7民録24輯2310頁……*169*
大判大 8・ 2・ 1民録25輯246頁……*179*
大判大 8・ 2・ 8民録25輯75頁………*82*
大連判大 8・ 3・28民録25輯441頁……*151*
大判大 8・ 4・12民録25輯808頁……*97*
大判大 8・ 6・28民録25輯1183頁……*179*
大判大 8・ 6・30民録25輯1192頁……*150*
大判大 8・ 7・15民録25輯1331頁……*177*
大判大 8・ 8・25民録25輯1513頁……*150*
大判大 8・12・25民録25輯2400頁………*15*
大判大 9・ 1・29民録26輯94頁……*196*
大判大 9・ 2・14民録26輯128頁………*20*
大判大 9・ 2・28民録26輯158頁………*177*
大判大 9・ 3・24民録26輯392頁……*121*
大判大 9・ 3・29民録26輯411頁……*178*
大判大 9・ 4・22民録26輯557頁……*46*
大判大 9・ 5・15民録26輯669頁………*198*
大判大 9・ 6・ 2民録26輯839頁………*163*
大判大 9・ 6・ 3民録26輯808頁………*91*
大判大 9・ 6・17民録26輯905頁………*185*
大判大 9・10・23民録26輯1582頁………*135*
大判大 9・11・ 4民録26輯1637頁……*179*
大判大 9・12・24民録26輯2024頁………*95*
大判大 9・12・27民録26輯2096頁………*90*
大判大10・ 2・ 9民録27輯244頁………*152*
大判大10・ 2・17民録27輯321頁………*36*
大判大10・ 2・21民録27輯445頁………*183*
大判大10・ 3・18民録27輯547頁………*104*
大判大10・ 3・23民録27輯641頁………*177*
大判大10・ 3・24民録27輯657頁………*91*
大判大10・ 4・25新聞3835号 5頁………*31*
大判大10・ 5・ 9民録27輯899頁………*156*
大判大10・ 5・23民録27輯957頁………*136*
大判大10・ 5・27民録27輯963頁………*47, 48*
大判大10・ 6・13民録27輯1150頁………*31*
大判大10・ 6・18民録27輯1168頁………*97*

大判大10・10・15民録27輯1788頁………*36*
大判大10・11・ 8民録27輯1948頁……*179*
大判大10・11・24民録27輯2164頁……*197*
大判大11・ 4・ 8民集 1巻179頁…*196, 198*
大判大11・ 5・ 4民集 1巻235頁………*36*
大判大11・ 8・ 7刑集 1巻410頁………*34*
大判大11・10・25民集 1巻616頁………*202*
大判大11・10・27民集 1巻725頁………*185*
大判大11・11・ 1新聞2701号 7頁………*74*
大判大11・11・24民集 1巻670頁…*103, 104*
大判大12・ 2・26民集 2巻71頁………*174*
大判大12・ 4・14民集 2巻237頁………*36*
大判大12・ 7・10民集 2巻537頁………*96*
大判大12・10・20民集 2巻596頁………*68*
大判大13・ 6・12民集 3巻272頁………*147*
大判大13・ 7・18民集 3巻399頁………*178*
大判大14・10・28民集 4巻656頁………*137*
大判大14・12・ 3民集 4巻685頁………*180*
大判大14・12・15民集 4巻710頁………*156*
大判大15・ 3・18民集 5巻185頁………*82*
大判大15・ 5・22民集 5巻386頁………*66*
大判大15・ 5・24民集 5巻433頁………*178*
大判大15・ 9・30民集 5巻698頁………*177*
大判大15・10・ 6民集 5巻719頁………*52*
大判大15・12・ 2民集 5巻769頁………*138*
大判昭 2・ 6・22民集 6巻408頁………*169*
大判昭 2・ 6・29民集 6巻415頁………*205*
大判昭 2・ 7・ 4民集 6巻436頁………*140*
大判昭 2・10・10民集 6巻554頁………*194*
大決昭 3・ 3・30新聞2854号15頁………*182*
大判昭 3・11・ 8民集 7巻980頁………*99*
大判昭 4・ 1・30新聞2945号12頁………*187*
大判昭 4・ 3・26新聞2976号11頁………*218*
大判昭 4・ 3・30民集 8巻363頁………*49*
大判昭 4・12・16民集 8巻944頁………*86*
大判昭 5・ 2・ 5新聞3093号 9頁………*145*
大判昭 5・ 2・ 6新聞3102号 9頁………*129*
大判昭 5・ 4・ 7民集 9巻327頁………*177*

大判昭 5 ・ 4 ・19新聞3184号16頁………45
大判昭 5 ・ 7 ・26新聞3167号10頁………36
大決昭 5 ・ 9 ・30民集 9 巻926頁 ……41
大判昭 5 ・10・10民集 9 巻948頁………148
大判昭 5 ・10・23民集 9 巻982頁 ………39
大判昭 5 ・10・31民集 9 巻1018頁 ……135
大判昭 5 ・12・ 4 民集 9 巻1118頁 ……103
大判昭 6 ・ 4 ・ 7 民集10巻369頁………188
大判昭 6 ・ 4 ・ 7 民集10巻535頁………190
大判昭 6 ・ 6 ・ 4 民集10巻401頁………110
大判昭 6 ・10・ 6 民集10巻889頁………187
大判昭 7 ・ 4 ・15民集11巻656頁 ……108
大判昭 7 ・ 5 ・24民集11巻1021頁 ……151
大判昭 7 ・ 5 ・27民集11巻1069頁 ……118
大判昭 7 ・ 6 ・21民集11巻1198頁………83
大判昭 7 ・ 8 ・10新聞3456号 9 頁 ……166
大判昭 7 ・ 9 ・30民集11巻2008頁 ……116
大判昭 7 ・10・11新聞3487号 7 頁 ……140
大判昭 7 ・10・22民集11巻1629頁………82
大判昭 7 ・10・24新聞3485号12頁 ……125
大判昭 7 ・12・ 6 民集11巻2414頁 ……151
大判昭 8 ・ 1 ・31民集12巻83頁 ………213
大判昭 8 ・ 5 ・30民集12巻1381頁……82, 209
大判昭 8 ・ 6 ・13民集12巻1437頁………52
大判昭 8 ・ 6 ・13民集12巻1472頁 ……126
大判昭 8 ・ 8 ・18民集12巻2105頁
　………………………………………150, 166
大判昭 8 ・ 9 ・ 8 民集12巻2124頁 ……209
大判昭 9 ・ 1 ・30民集13巻103頁………140
大判昭 9 ・ 2 ・26民集13巻366頁………177
大判昭 9 ・ 5 ・14民集13巻696頁………169
大判昭 9 ・ 7 ・11民集13巻1516頁 ……148
大判昭 9 ・ 7 ・17民集13巻1217頁 ……202
大判昭 9 ・ 9 ・ 1 判決全集 1 輯 9 号13
　頁 …………………………………………146
大判昭 9 ・10・16民集13巻1913頁
　………………………………………188, 192
大判昭 9 ・11・24民集13巻2153頁 ……188

大判昭 9 ・11・30民集13巻2191頁………96
大判昭10・ 3 ・12民集14巻482頁 ………83
大判昭10・12・28民集14巻2183頁 ……194
大判昭11・ 3 ・11民集15巻320頁………146
大判昭11・ 3 ・23民集15巻551頁 ………83
大判昭11・ 4 ・15民集15巻781頁………157
大判昭11・ 6 ・ 2 民集15巻1074頁 ……188
大判昭11・ 7 ・11民集15巻1383頁 ……151
大判昭11・ 7 ・14民集15巻1409頁 ……188
大判昭11・ 8 ・ 7 民集15巻1661頁 ……187
大判昭11・12・ 9 民集15巻2172頁 ……187
大判昭12・ 2 ・18民集16巻120頁 ………91
大判昭12・ 6 ・30民集16巻1285頁
　………………………………………118, 119
大判昭12・ 7 ・ 7 民集16巻1120頁………17
大判昭12・ 8 ・10民集16巻1344頁 ……203
大判昭12・10・18民集16巻1525頁 ……169
大判昭12・12・11民集16巻1945頁 ……112
大判昭13・ 2 ・12民集17巻132頁………101
大判昭13・ 2 ・15民集17巻179頁 ……188
大判昭13・ 4 ・ 8 民集17巻664頁 ……121
大判昭13・ 5 ・26民集17巻1118頁 ……205
大判昭13・ 6 ・11民集17巻1244頁 ……203
大判昭14・ 3 ・23民集18巻250頁………174
大判昭14・ 4 ・12民集18巻350頁………140
大判昭14・ 5 ・16民集18巻557頁 ………84
大判昭14・ 5 ・18民集18巻569頁………114
大判昭14・10・13民集18巻1165頁
　………………………………………111, 166
大連判昭15・ 3 ・13民集19巻530頁 ……52
大判昭15・ 3 ・15民集19巻586頁 ………85
大判昭15・ 5 ・29民集19巻903頁………169
大判昭15・ 8 ・23判決全集 7 輯29号 9
　頁 …………………………………………131
大判昭15・ 9 ・21民集19巻1701頁 ……113
大判昭16・ 3 ・ 1 民集20巻163頁………185
大判昭16・ 6 ・20民集20巻921頁………169
大判昭16・ 9 ・ 9 民集20巻1137頁………68

大判昭16・9・26新聞4743号15頁………*31*
大判昭16・9・30民集20巻1233頁………*82*
大判昭17・2・4民集21巻107頁………*21*
大判昭18・9・10民集22巻948頁………*140*
大判昭18・11・13民集22巻1127頁……*171*
大判昭19・3・6民集23巻121頁………*177*
大判昭19・3・14民集23巻147頁………*72*
大判昭19・11・24民集13巻2153頁……*192*
大判昭20・5・21民集24巻9頁………*127*
大判昭20・8・30民集24巻61頁………*91*
最判昭23・12・14民集2巻13号438頁…*178*
最判昭28・5・8民集7巻5号561頁…*197*
広島高松江支判昭28・7・3高民集6
　巻6号366頁 ………………………*39*
最判昭28・11・12民集7巻11号1200頁
　………………………………………*199*
最判昭28・12・14民集7巻12号1401頁…*36*
最判昭28・12・14民集7巻12号1386頁
　…………………………………*81, 83*
最判昭28・12・18民集7巻12号1515頁…*36*
最判昭29・2・11民集8巻2号401頁…*205*
最判昭29・6・17民集8巻6号1121頁…*36*
最判昭29・7・16民集8巻7号1350頁
　………………………………………*184*
最判昭29・7・20民集8巻7号1408頁…*36*
福岡高判昭29・8・2下民集5巻8号
　1238頁 ………………………………*76*
最判昭29・9・24民集8巻9号1658頁
　…………………………………*83, 86*
最判昭30・1・21民集9巻1号22頁……*53*
最判昭30・4・5民集9巻4号431頁…*36*
最判昭30・4・19民集9巻5号556頁…*49*
最判昭30・5・31民集9巻9号774頁…*35*
最判昭30・9・29民集9巻10号1472頁
　………………………………………*159*
最判昭30・10・11民集9巻11号1626頁…*95*
大阪高判昭30・12・24高民集8巻9号
　292頁 …………………………………*39*

最大判昭31・7・4民集10巻7号785頁
　…………………………………………*39*
最判昭31・11・27民集10巻11号1480頁
　………………………………………*177*
最判昭32・3・8民集11巻3号513頁…*214*
最判昭32・4・30民集11巻4号646頁…*211*
最大判昭32・6・5民集11巻6号915頁
　…………………………………*181, 202*
最判昭32・6・7民集11巻6号948頁…*102*
最判昭32・7・19民集11巻7号1297頁
　………………………………………*212*
最判昭32・11・14民集11巻12号1943頁
　………………………………………*101*
最判昭32・12・19民集11巻13号2299頁
　………………………………………*123*
最判昭33・6・14民集12巻9号1449頁…*83*
最判昭33・9・26民集12巻13号3022頁…*92*
最判昭33・12・18民集12巻16号3323頁
　………………………………………*203*
最判昭34・2・26民集13巻2号394頁…*11*
最判昭34・6・19民集13巻6号757頁…*108*
最判昭34・8・28民集13巻10号1301頁
　………………………………………*180*
最判昭34・9・17民集13巻11号1412頁…*56*
最判昭35・4・21民集14巻6号930頁…*55*
最判昭35・4・26民集14巻8号1046頁…*93*
最判昭35・6・21民集14巻8号1487頁…*49*
最判昭35・6・24民集14巻8号1528頁…*16*
最判昭35・10・18民集14巻12号2764頁
　………………………………………*123*
最判昭35・11・22民集14巻13号2827頁
　………………………………………*177*
最判昭35・12・15民集14巻14号3060頁
　…………………………………*177, 203*
最判昭36・2・16民集15巻2号114頁…*60*
最判昭36・4・14民集15巻4号765頁…*213*
最判昭36・5・31民集15巻5号1482頁
　…………………………………*210, 211*

判例索引　233

最判昭36・6・20民集15巻6号1602頁…19
最大判昭36・7・19民集15巻7号1875
　頁……………………………………90, 95
最判昭36・12・15民集15巻11号2865頁
　………………………………………104
最判昭37・3・6民集16巻3号436頁…93
最大判昭37・6・13民集16巻7号1340
　頁……………………………………23
最判昭37・7・20民集16巻8号1605頁
　………………………………………157
最判昭37・8・21民集16巻9号1809頁
　………………………………………170
最判昭37・9・4民集16巻9号1834頁…47
最判昭37・9・21民集16巻9号2041頁
　………………………………………178
最判昭37・10・9民集16巻10号2070頁…97
最判昭37・11・9民集16巻11号2270頁
　………………………………………138
最判昭37・11・16民集16巻11号2281頁…67
最判昭39・4・17民集18巻4号529頁…82
最判昭39・4・21民集18巻4号565頁…166
最判昭39・6・26民集18巻号968頁……174
最判昭39・9・22判時385号50頁……103, 108
最判昭39・10・23民集18巻8号1773頁
　………………………………………178
最大判昭39・11・18民集18巻9号1868
　頁……………………………………23
最判昭39・11・26民集18巻9号1984頁
　………………………………………197
最判昭39・12・23民集18巻10号2217頁
　………………………………………211
最判昭40・4・30民集19巻3号768頁…195
最大判昭40・6・30民集19巻4号1143
　頁……………………………………124
最判昭40・7・9民集19巻5号1178頁
　………………………………………168
最判昭40・9・21民集19巻6号1542頁
　………………………………………127

最判昭40・10・12民集10巻7号785頁…81
最判昭40・12・3民集19巻9号2090頁…74
最判昭40・12・21民集19巻9号2221頁
　………………………………………221
最判昭41・3・22民集20巻号468頁……180
最判昭41・5・27民集20巻5号1004頁…91
最判昭41・10・4民集20巻8号1565頁
　………………………………………169
最判昭41・11・18民集20巻9号1861頁
　………………………………………189, 192
最判昭41・11・18民集20巻9号1886頁
　………………………………………120
最判昭41・12・20民集20巻10号2139頁
　………………………………………109, 157
最判昭42・8・24民集21巻7号1719頁
　………………………………………203
最判昭42・8・25民集21巻7号1740頁
　………………………………………104, 105
最判昭42・10・27民集21巻8号2161頁
　………………………………………149
最判昭42・11・16民集21巻9号2430頁
　………………………………………200
最判昭42・11・19民集21巻9号2323頁…92
最判昭42・11・30民集21巻9号2477頁
　………………………………………210
最判昭42・12・21民集21巻10号2613頁
　………………………………………169
最判昭43・7・17民集22巻7号1505頁…72
最判昭43・9・26民集22巻9号2002頁…82
最判昭43・10・17判時540号124頁……129
最判昭43・11・13民集22巻12号2526頁…23
最判昭43・11・19民集22巻12号2710頁
　………………………………………197
最判昭43・12・24民集22巻13号3454頁…68
最判昭44・2・6民集23巻2号195頁…60
最判昭44・2・21判時551号50頁………139
最判昭44・3・20判時557号237頁……122
最判昭44・5・1民集23巻6号935頁…181

最判昭44・6・24民集23巻7号1079頁…*84*
最判昭44・11・25民集23巻11号3137頁…*23*
最判昭44・12・19民集23巻12号2518頁…*92*
最判昭45・4・10民集24巻4号240頁…*147*
最判昭45・4・21民集24巻4号298頁…*21*
最判昭45・4・21判時595号54頁…*118, 119*
最判昭45・6・24民集24巻6号587頁
………………………………………*211, 214*
最大判昭45・7・15民集24巻7号771頁
………………………………………*201*
最判昭45・8・20民集24巻9号1243頁
………………………………………*181, 202*
最判昭45・10・13判時614号46頁…*103, 233*
最判昭45・11・19判時616号65頁………*93*
最判昭46・4・23民集25巻3号388頁
………………………………………*157, 159*
福島地会津若松支判昭46・7・7判時
636号34頁………………………………*60*
最判昭46・9・21民集25巻6号823頁…*90*
最判昭46・9・21民集25巻6号857頁…*203*
最判昭46・9・30判時646号47頁………*119*
最判昭46・11・19民集25巻8号1321頁…*97*
最判昭46・12・16民集25巻9号1472頁
………………………………………*74, 77*
最判昭46・12・16民集25巻9号1516頁…*55*
最判昭47・3・23民集26巻2号274頁…*125*
最判昭47・4・13判時669号63頁………*99*
最判昭47・4・20民集26巻3号520頁…*67*
最判昭47・5・25判時671号45頁………*16*
最判昭48・1・19民集27巻1号27頁…*218*
最判昭48・1・30判時695号64頁…*118, 119*
最判昭48・1・30交通民事故民集6巻
1号1頁………………………………*220*
最判昭48・2・26民集27巻1号99頁…*119*
最判昭48・3・27民集27巻2号376頁…*169*
最判昭48・4・12金法686号30頁………*21*
最判昭48・7・19民集27巻7号823頁…*146*
最判昭48・10・9民集27巻9号1129頁

………………………………………*101*
最判昭48・11・30民集27巻10号1491頁…*92*
最判昭49・3・7民集28巻2号174頁…*151*
最判昭49・3・15民集28巻2号222頁…*219*
最判昭49・6・28民集28巻5号666頁…*211*
最判昭49・9・20民集28巻6号1202頁…*89*
最大判昭49・10・23民集28巻7号1473
頁………………………………………*200*
最判昭49・10・24民集28巻7号1504頁
………………………………………*168*
最判昭49・12・12金法743号31頁………*95*
東京地判昭50・1・20判時764号19頁…*60*
最判昭50・3・6民集29巻3号203頁…*86*
最判昭50・11・20金融法務776号28頁…*204*
最判昭50・12・1民集29巻11号1847頁…*96*
最判昭50・12・8民集29巻11号1864頁
………………………………………*212*
最判昭51・3・4民集30巻2号48頁…*213*
最判昭51・11・25民集30巻10号960頁…*219*
最判昭52・3・17民集31巻2号308頁…*147*
最判昭53・3・23判時886号35頁………*119*
最判昭53・7・17判時912号61頁………*214*
最判昭53・10・5民集32巻7号1332頁…*91*
最判昭53・12・15判時916号25頁………*145*
最判昭54・1・25民集23巻1号12頁
………………………………………*95, 96*
最判昭55・1・11民集34巻1号42頁
………………………………………*120, 151*
最判昭55・1・24民集34巻1号110頁…*90*
最判昭55・7・11民集34巻4号628頁…*81*
最判昭55・10・13判時614号46頁………*103*
最判昭55・11・11判時986号39頁…*177, 188*
最判昭55・12・18民集34巻7号888頁…*46*
最判昭56・7・2民集35巻5号881頁…*215*
最判昭57・3・4判時1042号87頁………*119*
最判昭57・6・4判時1048号97頁………*197*
最判昭57・12・17民集36巻11号2399頁
………………………………………*116*

判例索引　235

最判昭58・10・6民集37巻8号1041頁…83
最判昭58・12・19民集37巻10号1532頁…89
最判昭59・2・23民集38巻3号445頁…169
最判昭59・5・29民集38巻7号885頁…189
札幌高判昭59・11・29判タ548号232頁
　………………………………………220
最判昭60・1・22判時1148号111頁……190
最判昭61・2・20民集40巻1号43頁…189
最判昭61・4・11民集40巻3号558頁…170
最判昭61・11・27判時1216号69頁……192
最判昭63・7・1民集判時1287号63頁
　………………………………………167
最判昭63・10・13民集判時1295号57頁
　………………………………………169
最判平2・12・18民集44巻9号1686頁
　………………………………………131
最判平3・9・3民集45巻7号1121頁
　………………………………………194
最判平3・10・25民集45巻7号1173頁

　………………………………………120
最判平4・2・27民集46巻2号112頁…97
仙台高秋田支判平4・10・5判時1467
　号63頁………………………………216
最判平5・3・30民集47巻4号3334頁
　………………………………………151
大阪地判平5・5・26労働民例集44巻
　506頁…………………………………218
最判平6・7・18民集48巻5号1165頁
　………………………………………203
東京地判平8・9・24金融法務1474号
　………………………………37頁216
最判平9・4・24民集51巻4号1991頁
　………………………………………170
最判平9・6・5民集51巻5号2053頁
　………………………………………147
最判平10・6・22民集52巻4号1195頁…99
最判平11・6・11判時1682号54頁………90
最判平12・3・9判時1708号101頁……89

講説民法（債権総論）

2001年4月5日　初版第1刷発行

©著者
吉川　日出男
木幡　文徳
野口　昌宏
庄　　菊博
後藤　泰一
山口　康夫
田口　文夫
久々湊晴夫

発　行　不　磨　書　房
〒113-0033　東京都文京区本郷6-2-9-302
　　　　TEL（03）3813-7199
　　　　FAX（03）3813-7104

発　売　(株)信　山　社
〒113-0033　東京都文京区本郷6-2-9-102
　　　　TEL（03）3818-1019
2001, printed in Japan　　FAX（03）3818-0344

制作：編集工房INABA　　印刷・製本／松澤印刷

ISBN4-7972-9210-5　C3332

─── 講 説 シリーズ ───

☆ リーガルマインドを育てるための基本書 ☆
☆ ていねいな講義とわかりやすい判例解説 ☆
☆ つまずきやすいところは特に念入りに ☆

講説民法 全5巻

講説 民 法（総 則）〔補遺版〕 009204-0　■2,800円（税別）
落合福司（新潟経営大学）／久々湊晴夫（北海道医療大学）／木幡文徳（専修大学）
髙橋 敏（国士舘大学）／田口文夫（専修大学）／野口昌宏（大東文化大学）

講説 民 法（物権法） 009209-1　■2,800円（税別）
野口昌宏（大東文化大学）／庄菊博（専修大学）／小野憲昭（北九州大学）
山口康夫（札幌大学）／後藤泰一（信州大学）／加藤輝夫（日本文化大学）

講説 民 法（債権総論） 649210-5　■2,600円（税別）
吉川日出男（札幌学院大学）／木幡文徳（専修大学）／野口昌宏（大東文化大学）
庄菊博（専修大学）／後藤泰一（信州大学）／山口康夫（札幌大学）
田口文夫（専修大学）／久々湊晴夫（北海道医療大学）

講説 民 法（債権各論） 009208-3　■3,600円（税別）
山口康夫（札幌大学）／野口昌宏（大東文化大学）／加藤輝夫（日本文化大学）
菅原静夫（帝京大学）／後藤泰一（信州大学）／吉川日出男（札幌学院大学）
田口文夫（専修大学）

成年後見制度にあわせた 改訂第2版
講説 民 法（親族法・相続法） 009251-2　■3,000円（税別）
落合福司（新潟経営大学）／小野憲昭（北九州大学）／久々湊晴夫（北海道医療大学）
木幡文徳（専修大学）／桜井弘晃（埼玉短期大学）／椎名規子（茨城女子短期大学）
髙橋 敏（国士舘大学）／宗村和広（信州大学）

講説 民 事 訴 訟 法【補遺】版　■3,400円（税別）
遠藤功（金沢大学）＝文字浩（南山大学）編著
安達栄司（静岡大学）／荒木隆男（亜細亜大学）／大内義三（愛知学泉大学）
角森正雄（富山大学）／片山克行（作新学院大学）／金子宏直（東京工業大学）
小松良正（国士舘大学）／佐野裕志（鹿児島大学）／髙地茂世（明治大学）
田中ひとみ（元関東学園大学）／野村秀敏（成城大学）／松本幸一（日本大学）
元永和彦（筑波大学）

講説 商 法（総則・商行為法） 649250-4　［近刊］
加藤徹（関西学院大学）／吉本健一（大阪大学）
金田充広（関東学園大学）／清弘正子（和歌山大学）

発行：不磨書房／発売：信山社

―― 導入対話シリーズ ――

1 導入対話による民法講義（総則）〔補遺版〕009202-4　■ 2,900円（税別）
　大西泰博（早稲田大学）／橋本恭宏（明治大学）／松井宏興（関西学院大学）／三林　宏（立正大学）

2 導入対話による民法講義（物権法）649212-1　■ 3,200円（税別）
　鳥谷部茂（広島大学）／橋本恭宏（明治大学）／松井宏興（関西学院大学）

3 導入対話による民法講義（債権総論）649213-X　★近刊 予価2,800円（税別）
　今西康人（関西大学）／清水千尋（立正大学）／橋本恭宏（明治大学）／三林　宏（立正大学）

4 導入対話による刑法講義（総論）009214-8　■ 2,800円（税別）
　新倉　修（國學院大学）／酒井安行（青山学院大学）／高橋則夫（早稲田大学）／中空壽雅（関東学園大学）
　武藤眞朗（東洋大学）／林美月子（神奈川大学）／只木　誠（獨協大学）

5 導入対話による刑法講義（各論）649262-8　★近刊 予価2,800円（税別）
　新倉　修（國學院大学）／酒井安行（国士舘大学）／大塚裕史（岡山大学）／中空壽雅（関東学園大学）
　関哲夫（国士舘大学）／信太秀一（流通経済大学）／武藤眞朗（東洋大学）／宮崎英生
　勝亦藤彦（海上保安大学校）／北川佳世子（海上保安大学校）／石井徹哉（拓殖大学）

6 導入対話による商法講義（総則・商行為法）009215-6　■ 2,800円（税別）
　中島史雄（金沢大学）／末永敏和（大阪大学）／西尾幸夫（龍谷大学）
　伊勢田道仁（金沢大学）／黒田清彦（南山大学）／武知政芳（専修大学）

7 導入対話による国際法講義　009216-4　392頁　■ 3,200円（税別）
　廣部和也（成蹊大学）／荒木教夫（白鴎大学）共著

8 導入対話による医事法講義　009269-5　■ 2,700円（税別）
　佐藤　司（亜細亜大学）／田中圭二（香川大学）／池田良彦（東海大学文明研究所）
　佐瀬一男（創価大学）／転法輪慎治（順天堂医療短大）／佐々木みさ（前大蔵省印刷局病院）
　　　　　　　　　　　　　　　　　　　　　　　　　　　以下、続々刊行予定

9 導入対話による刑事政策講義　649218-0
　土井政和（九州大学）／赤池一将（高岡法科大学）／石塚伸一（龍谷大学）／葛野壽一（立命館大学）

10 導入対話による憲法講義　649219-9
　　　　　　　　　　　　向井久了（帝京大学）ほか

11 導入対話による民法講義（債権各論）649260-1 橋本恭宏（明治大学）／大西泰博（早稲田大学）

12 導入対話による民法講義（親族・相続法）649261-X 橋本恭宏／松井宏興（甲南大学）ほか

13 導入対話による商法講義（会社法）649263-6　中島史雄（金沢大学）ほか

14 導入対話による商法講義（手形・小切手法）649264-4　中島史雄（金沢大学）ほか

15 導入対話による商法講義（保険・海商法）649265-2　中島史雄（金沢大学）ほか

16 導入対話による民事訴訟法講義 649266-0 椎橋邦雄（山梨学院大学）／豊股博昭（広島修道大学）
　福永清貴（名古屋経済大学）／髙木敬一（愛知学院大学）／猪股孝史（桐蔭横浜大学）

17 導入対話による破産法講義 649267-9　　佐藤鉄男（同志社大学）ほか

18 導入対話によるジェンダー法学講義（仮称）649268-7
　浅倉むつ子（都立大学）／相澤美智子（都立大学）／山崎久民（弁理士）／林瑞枝（駿河台大学）
　戒能民江（お茶の水女子大学）／阿部浩己（神奈川大学）／武田万里子（錦城大学）
　宮園久栄（中央大学）／堀口悦子（明治大学）／橋本恭宏（明治大学）

19 導入対話による独占禁止法講義　649217-2
　金子　晃（会計検査院長）／田村次朗（慶應義塾大学）／鈴木恭蔵（東海大学）
　石岡克俊（慶應義塾大学産業研究所）／山口由紀子（国民生活センター）ほか

発行：不磨書房／発売：信山社

みぢかな法律シリーズ

みぢかな法学入門　慶應義塾大学名誉教授　石川　明　編　■2,500円
有澤知子（大阪学院大学）／神尾真知子（帝京平成大学）／越山和広（近畿大学）
島岡まな（亜細亜大学）／鈴木貴博（東北文化学園大学）／田村泰俊（東京国際大学）
中村壽宏（九州国際大学）／西山由美（東海大学）／長谷川貞之（駿河台大学）
松尾知子（京都産業大学）／松山忠造（山陽学園大学）／山田美枝子（大妻女子大学）
渡邊眞男（常磐大学短期大学）／渡辺森児（平成国際大学）

みぢかな民事訴訟法　慶應義塾大学名誉教授　石川　明　編　■2,800円
小田敬美（松山大学）／小野寺忍（山梨学院大学）／河村好彦（明海大学）
木川裕一郎（東海大学）／草鹿晋一（平成国際大学）／越山和広（近畿大学）
近藤隆司（白鷗大学）／坂本惠三（朝日大学）／椎橋邦雄（山梨学院大学）
中村壽宏（九州国際大学）／二羽和彦（高岡法科大学）／福山達夫（関東学院大学）
山本浩美（東亜大学）／渡辺森児（平成国際大学）

みぢかな倒産法　慶應義塾大学名誉教授　石川　明　編　【近刊】

みぢかな商法入門　酒巻俊雄（早稲田大学）・石山卓磨（早稲田大学）編　■2,800円
秋坂朝則（佐野国際情報短期大学）／受川環大（岐阜経済大学）／王子田誠（東亜大学）
金子勲（東海大学）／後藤幸康（京都学園大学）／酒巻俊之（奈良産業大学）
長島弘（産能短期大学）／福田弥夫（武蔵野女子大学）／藤村知己（徳島大学）
藤原祥二（明海大学）／増尾均（東亜大学）／松崎良（東日本国際大学）／山城将美（沖縄国際大学）

みぢかな刑事訴訟法　河上和雄（駿河台大学）＝山本輝之（帝京大学）編
近藤和哉（富山大学）／上田信太郎（香川大学）／臼木豊（小樽商科大学）
津田重憲（東亜大学）／新屋達之（立正大学）／只木誠（獨協大学）
辻脇葉子（明治大学）／吉田宣之（桐蔭横浜大学）／内田浩（成城大学）
吉弘光男（九州国際大学）／新保佳弘（京都学園大学）■予価　2,600円

◇みぢかな刑法（総論）　内田文昭（神奈川大学）＝山本輝之（帝京大学）編
清水一成（琉球大学）／只木誠（獨協大学）／本間一也（新潟大学）
松原久利（桐蔭横浜大学）／内田浩（成城大学）／島岡まな（亜細亜大学）
小田直樹（広島大学）／小名木明宏（熊本大学）／北川佳世子（海上保安大学校）
丹羽正夫（新潟大学）／臼木豊（小樽商科大学）／近藤和哉（富山大学）
吉田宣之（桐蔭横浜大学）　　　　　　　　　　　　【近刊】

発行：不磨書房／発売：信山社

ワークスタディ シリーズ

法学検定試験を視野に入れた これからの新しいテキスト　　教科書 ＋ 検定試験のための演習問題

★2001年3月刊行開始

1 ワークスタディ 刑法総論
定価：本体 2,000円（税別）

島岡まな（亜細亜大学）／北川佳世子（海上保安大学校）／末道康之（清和大学）
松原芳博（早稲田大学）／川添誠（宮崎産業経営大学）／萩原滋（愛知大学）／津田重憲（東亜大学）
大野正博（宮崎産業経営大学）／勝亦藤彦（海上保安大学校）／小名木明宏（熊本大学）
平澤修（中央学院大学）／石井徹哉（拓殖大学）／對馬直紀（宮崎産業経営大学）
内山良雄（九州国際大学）

2 ワークスタディ 刑法各論
定価：本体 2,300円（税別）

島岡まな（亜細亜大学）／北川佳世子（海上保安大学校）／末道康之（清和大学）
松原芳博（早稲田大学）／川添誠（宮崎産業経営大学）／萩原滋（愛知大学）／津田重憲（東亜大学）
大野正博（宮崎産業経営大学）／勝亦藤彦（海上保安大学校）／小名木明宏（熊本大学）
平澤修（中央学院大学）／石井徹哉（拓殖大学）／對馬直紀（宮崎産業経営大学）
内山良雄（九州国際大学）／関哲夫（国士舘大学）／清水真（東亜大学）

ファンダメンタル 法学講座

法律を志す人たちにおくる21世紀の あたらしい基本書

ファンダメンタル法学講座　（民法 全5巻 刊行予定）
民法 1 総則
定価：本体 2,800円（税別）

草野元己（三重大学）／岸上晴志（中京大学）／中山知己（桐蔭横浜大学）
清原泰司（和歌山大学）／鹿野菜穂子（立命館大学）

2 物権
清原泰司／岸上晴志／中山知己／鹿野菜穂子　★近刊
草野元己／鶴井俊吉（駒沢大学）

ファンダメンタル法学講座　（商法 全3巻 刊行予定）
商法 1 総則・商行為法
定価：本体 2,800円（税別）

今泉邦子（南山大学）／受川環大（国士舘大学）／酒巻俊之（奈良産業大学）／永田均（青森中央学院大学）
中村信男（早稲田大学）／増尾均（東亜大学）／松岡啓祐（専修大学）

ファンダメンタル法学講座
民事訴訟法
★近刊　予価：本体 2,800円（税別）

中山幸二（神奈川大学）／小松良正（国士舘大学）／近藤隆司（白鷗大学）／山本研（沖縄国際大学）

発行：不磨書房／発売：信山社

─── 不磨書房の新シリーズ　《 市民カレッジ 》 ───

◆市民カレッジ　　　　　　　　会計検査院長　金子　晃　編著
知っておきたい　市民社会の法

◇市民をサポートする、市民のための法律◇　　　定価　2,400円（税別）

【発刊にあたって】　「市民社会」とは？　「市民」とは？　そんな問いかけからこのシリーズはスタートしました。私たち「市民」のためのものであるはずの、市民社会の法を、はたして私たちはどれだけ知っているのでしょうか。――「市民生活」になくてはならない法知識を、ビジュアルに、わかりやすく、やさしいことばで学ぶことができる、そんな《市民カレッジ》でありたいと考えています。

◇消費者相談員資格検定試験　受験者必携！

第1章　市民社会と法［金子晃］　　第2章　市民社会における経済生活と法［金子晃］
第3章　市民社会における家族生活と法［山口由紀子（国民生活センター）］
第4章　市民社会における国家の役割［石岡克俊（慶応義塾大学産業研究所）］

《近刊案内》
市民カレッジ 知っておきたい　市民社会における**紛争解決と法**　　宗田親彦（弁護士）編著

市民カレッジ 知っておきたい　市民社会における**行政と法**　　　　園部逸夫（弁護士）編著

ゼロからの民法（財産法編）　　監修：松浦千誉・片山克行　　■2,800円
　　片山克行（作新学院大学）／小西飛鳥（平成国際大学）／中村昌美（拓殖大学）
　　中山泰道（佐賀大学）／花房博文（杏林大学）／松浦聖子（十文字学園女子大学）
　　松浦千誉（拓殖大学）／村田彰（流通経済大学）／森田悦史（国士舘大学）

ゼロからの民法（家族法編）　　監修：松浦千誉・片山克行　　■2,800円
　　遠藤みち（税理士）／岡部喜代子（東洋大学）／片山克行（作新学院大学）
　　小石侑子（杏林大学）／河野のり代（明治大学）／中村昌美（拓殖大学）
　　永山榮子（共立女子大学）／中山泰道（佐賀大学）／松浦千誉（拓殖大学）
　　松山忠造（山陽学園大学）／村田彰（流通経済大学）／森田悦史（国士舘大学）

これからの家族の法（親族法編）　　奥山恭子 著（帝京大学）　　■1,600円

これからの損害賠償法　　橋本恭宏 著（明治大学）　　予価 ■1,800円

Invitation　法学入門　　　　　　　　　304頁　■2,800円
　　岡上雅美（新潟大学）／門広乃里子（実践女子大学）／船尾章子（龍谷大学）
　　降矢順子（玉川大学）／松田聰子（帝塚山学院大学）

ケースメソッド 民　法 I　総則　【法学検定試験対応テキスト】
　　上條醇（山梨学院大学）／工藤農（東北福祉大学）／舘幸嗣（中央学院大学）
　　湯川益英（拓殖大学）／大窪久代（近畿大学）　　定価：本体　2,000円（税別）

発行・不磨書房／発売・信山社